MINERVA
人文・社会科学叢書
218

社会的企業への新しい見方
――社会政策のなかのサードセクター――

米澤 旦著

ミネルヴァ書房

社会的企業への新しい見方
——社会政策のなかのサードセクター——

目　次

序　章　サードセクター研究の行き詰まりをどのように乗り越えるか……………… *1*

1　福祉多元主義の時代のあとのサードセクター……………………………… *1*
2　本書の構成………………………………………………………………… *29*

第 I 部　理論編──社会政策・サードセクター・社会的企業

第 **1** 章　社会政策におけるサードセクターの位置………………… *39*
　　　　　──サービス給付拡大に注目して──

1　社会政策研究においてサードセクターはなぜ重要なのか……………… *39*
2　社会政策研究へのサードセクターの取り込み………………………… *40*
3　福祉国家の再編とサードセクター……………………………………… *43*
4　サービス給付拡大とサードセクターの多元性………………………… *58*

第 **2** 章　サードセクターを捉え直す ………………………………… *63*
　　　　　──弱い境界区分と制度ロジック・モデル──

1　サードセクターをいかに捉えるか……………………………………… *63*
2　サードセクターの強い境界区分………………………………………… *65*
3　サードセクターの弱い境界区分………………………………………… *75*
4　制度ロジック・モデルの有効性………………………………………… *85*
5　弱い境界区分，制度ロジック・モデル，次なる課題………………… *98*

第 **3** 章　社会的企業の二重の特定困難性とその対応 ……………… *105*
　　　　　──複数の組織形態とハイブリッド性──

1　社会的企業とサードセクターの対象特定問題………………………… *105*
2　サードセクターの典型例としての社会的企業──対象特定の困難①… *107*
3　ハイブリッド組織としての社会的企業再考──対象特定の困難②… *113*
4　社会的企業研究は対象特定問題にいかに向かい合うべきか………… *124*

5 経験的研究における主題の設定……………………………………130

第Ⅱ部　労働統合型社会的企業の成立と展開

第4章　労働統合型社会的企業の制度化……………………………139
──政策導入と組織フィールドの形成に注目して──

 1 労働統合型社会的企業の成立をめぐる論点……………………139
 2 労働統合型社会的企業の「発見」と「発明」…………………140
 3 日本国内の社会的企業の受容と政策導入………………………143
 4 労働統合型社会的企業の組織フィールドの構造化……………152
 5 労働統合型社会的企業の（未完の）制度化……………………164

第5章　労働統合型社会的企業の二つの類型………………………171
──制度ロジックの観点から──

 1 労働統合型社会的企業の多様性…………………………………171
 2 労働統合型社会的企業の類型の研究と課題……………………172
 3 法制度間比較──生活困窮者自立支援法と社会的事業所促進法の
   社会的企業像………………………………………………………175
 4 事例間比較──ホームレス資料センター調査を中心に………183
 5 制度ロジックと二つの類型………………………………………191
 6 組織形態と制度ロジックの多元性………………………………196

第6章　支援型社会的企業の支援の論理……………………………201
──専門職のロジックと市場のロジック──

 1 支援型社会的企業による福祉の生産……………………………201
 2 中間的就労についての評価と研究課題…………………………202
 3 方法──分析の焦点と使用するデータ…………………………204
 4 「生活クラブ風の村」における福祉の生産……………………206

5　中間的就労の意義と限界……………………………………………… *215*
　　6　均衡点のズレと制度ロジック………………………………………… *221*
　　7　支援型社会的企業の「福祉の生産」——専門職と市場の論理の狭間で
　　　　……………………………………………………………………………… *225*

第**7**章　連帯型社会的企業における就労環境……………………… *229*
　　　　——民主主義のロジックと市場のロジック——
　　1　就労の場としての連帯型社会的企業………………………………… *229*
　　2　社会的事業所の成立過程……………………………………………… *230*
　　3　枠組みと方法…………………………………………………………… *235*
　　4　分析結果——連帯型社会的企業の就労環境の長所と短所………… *239*
　　5　連帯型社会的企業の対等性が果たす役割と課題…………………… *248*
　　6　連帯型社会的企業のなかの就労の場——対等性と市場の論理の両立… *249*

終　章　ポスト福祉多元主義のサードセクター研究………………… *255*
　　1　本書の知見とその意義………………………………………………… *255*
　　2　サードセクターと社会政策をめぐる研究の方向性………………… *263*

参考文献……………………………………………………………………………… *271*
あとがき……………………………………………………………………………… *291*
索　引………………………………………………………………………………… *299*

序　章
サードセクター研究の行き詰まりを
どのように乗り越えるか

1　福祉多元主義の時代のあとのサードセクター

(1) 本書で扱う問題系

　本書は表題のように，社会的企業（とくに労働統合型と呼ばれるもの）についての「新しい見方」を提案するものである。ただし，この「新しい見方」は社会的企業のみに限定されるわけではなく，社会的企業を包含する概念であるサードセクター一般にも広く当てはまる。現代社会において，社会政策の問題系と関連づけながら，サードセクター，および社会的企業の望ましい捉え方を示すことが本書の目的である。

　1990年代以来，福祉社会学や社会政策研究では，NPOや協同組合，社会的企業などのサードセクター研究は一定の影響力をもち続けている。多くの研究では，政府や営利組織と並んでサードセクターは現代福祉の重要な部分を担うと想定されており，政府や営利組織よりもより適切な存在としてその重要性が説かれることも少なくない。

　しかし，サードセクターをとりまく環境は，1990年代——サードセクターが注目され，形作られた時代——とは明らかに異なっている。サードセクターの内部はより多元化し，他のセクターとの境界も曖昧化している。そのようななかで，サードセクターは，かつてとは異なる形で捉えられ，研究がなされる必要があると筆者は考えている。

　例えば，福祉供給に当たり，「福祉多元主義」は，1990年代以降の社会福祉や社会政策にかかわるサードセクターを捉える代表的な立場であった。しかし，本書では，福祉多元主義やそれに類する考え方が想定してきたいくつかの前提はす

でにリアリティを失っており，理論的な問題も抱えているという考えを展開する。社会的企業を素材としながら，社会政策におけるサードセクターの位置を再検討し，福祉多元主義の「時代のあと」にサードセクター・社会的企業を社会学者や社会政策研究者はどのように捉えればよいのかを提案すること，これが本書における主たる課題である。

　この課題に対して，本書ではまず第Ⅰ部において理論的枠組みを提示したうえで，第Ⅱ部で経験的な例証によってその理論的枠組みを検討する。この第Ⅱ部における経験的な研究課題は，2000年代以降の日本国内の労働統合型社会的企業の成立と展開にある。

　はじめに，「サードセクター」と「労働統合型社会的企業」という，本書の研究対象となる概念に対して，さしあたりの規定を与えておくことが必要だろう（ただし，この外在的視点からの規定自体は本論で修正されることになる）。サードセクターも労働統合型社会的企業も本書が位置する福祉社会学，社会政策研究では必ずしも一般的概念とは言えないため，見通しをよくする必要があるためである。

　まず，サードセクターとは，一般的には，純粋に国家でも市場でもない領域において活動する，民間かつ非営利（not-for-profit）で，制度化された組織の集合を指す。[1]具体的な組織形態としては，非営利組織や協同組合などが該当する。市民社会論やソーシャル・キャピタル研究などと結びつけられながら，1990年代以降，NPOや協同組合，社会的企業などを含むサードセクターは，社会学者を含む多様な社会科学者の関心を集めてきた。これまでのサードセクターを対象とする研究では，本書で批判的に検討するように，サードセクターは政府や市場にはない「何かのよき性質」（＝互酬，コミュニケーション的合理性，市民性など）を体現する組織の集合として，定式化が図られ，理論・経験的研究が蓄積された。

　また，本書の中心的な研究対象である労働統合型社会的企業（work integration social enterprise）とは，サードセクターを構成する下位集合の一つで，就労支援分野の社会的企業のことを指す。社会的企業の概念規定自体が簡単なものではないが，この詳細な検討は本書の中心的な課題の一つとなるので，とりあえず一般的に通常採用される，「社会的目的をもち，経済活動によってそれを達成しようとする事業体」として規定しておく。

社会によって注目され始めた時期は異なるのだが，日本国内では2000年代以降に，サードセクター研究や社会政策研究において，労働統合型社会的企業は，福祉国家の再編の文脈において注目を集めた。より具体的には，労働市場の外部に置かれる人々に社会参加を促す積極的労働市場政策（Active Labour Market Policy）を含む，アクティベーション戦略の担い手として，労働統合型社会的企業は位置づけられた。

サードセクター研究のなかでも，2000年代以降において労働統合型社会的企業は一定の流行を見せた。その背景には，欧州を出発点に社会問題化された，社会的排除という問題がある。社会的包摂のキーワードの一つは適正な形での「就労」を梃としたものであり，その包摂や統合の担い手として，労働統合型社会的企業は重要視された（Nyssens ed. 2006; Defourny 2001=2004; 藤井他編 2013）。

ただし，労働統合型社会的企業という組織形態の「発明」（あるいは制度化）は，サードセクターの下位分類として注目されただけではなく，既存のサードセクター研究の基底を揺るがすものであったと考えられる。「ハイブリッド」を中核的な性質とする社会的企業概念は，サードセクターにかかわる意味の体系（ボランティア，利潤の非分配，コミュニティなど）とは，異質なものを含みこむためである。加えて，労働統合型社会的企業概念は，これまでサードセクターとは，距離が遠かった「労働」や「経済」，「生産」との関連を想起させる。

労働統合型社会的企業への注目，それ自体にもうかがえるように，新しい状況の下で，サードセクター研究者や社会政策の研究者は，サードセクターを，これまでとは異なる形で位置づけなおすことを要請されている。本書が論じる主題は，この問題系のなかにある。まず，序章では，本書の主題とその背景，そして本書の構成を示す。

（2）福祉多元主義の時代のサードセクター研究とその限界
① 福祉国家と福祉多元主義

社会政策・社会福祉研究にとって，公私関係は「常に問われ続けてきた古くて新しい問題」であった（仲村 1981: 53）。人々の社会的必要を何らかの形で充足することが社会政策や社会福祉の目的の一つと考えられるが，誰がどの程度，その

役割を担うか（担うべきか）をめぐっては常に論争的である。とりわけ，「どのニーズのどの範囲どの水準までを『公』が責任を負うべきか，あるいは自発的・集団的な解決に委ねるべきか」（中野 2005: 64）は議論の対象となってきた。

　福祉国家は一般的には，人々の必要充足に関して公的責任が重視される国家のことを指す。その意味では公的責任の比重を高くした生活保障の体制であると言える。(2) 福祉国家の成立時期をめぐっては論争もあるが，少なくとも言えることは，先進諸国において，生活保障の公的側面が強くなったのは第二次世界大戦後である。(3) 公的扶助と社会保険を中心とした社会保障によって，人々の生存権を保障しようとした福祉国家は，第二次世界大戦後，先進諸国では多くの国で広がりを見せた。

　その結果，完全雇用を前提としつつ，失業などにより稼得力が失われるような何らかのリスクが生じた際には，公的な所得保障を通じて人々の生活は維持された（大沢 2007: 36）。福祉国家の基本的な型は，あらかじめ想定されうるリスクについては社会保険が，想定し難いリスクに関しては公的扶助が対応するものである。政府による社会サービス費（日本の場合は，社会保障給付費）をみると，イギリスでは1940年代から1950年代にかけて，日本では，1970年代から1980年代前半期にかけて増加していることが確認されている（武川 2007: 186-188）。

　しかし，だからと言って，福祉国家の成立期あるいは成熟期においても，人々の生活保障は政府のみによってなされるわけではなかった。民間組織や自発的活動は，一定の役割を果たしており，政府による社会サービス給付を中心とする福祉国家の構想のなかでも民間組織は無視されなかった。例えば，ユニバーサルな社会保障を構想した，ベヴァリッジも，著名な『社会保障』（Beveridge 1942=1969），『完全雇用』（Beveridge 1944=1951）の二つの報告書を発表した後に，第三の報告書として『自発的活動』（voluntary action）をまとめた（Beveridge 1948=1952）。Beveridgeも国家による福祉に加えて，民間の自発的活動が重要性をもつことを指摘していたのである。(4)

　福祉国家はその形成当初から，民間組織や自発的活動を必ずしも視野の外に置いたわけではなかった。しかし，福祉の生産・供給システムのなかに積極的に民間組織を取り入れ，意義を強調するようになったのは，より近年になってであり，

先進諸国では，1970年代から1980年代以降のことだと考えられる(5)。

社会政策研究で，民間組織への関心が高まった要因として挙げられるのは，「福祉国家の危機」と呼ばれる福祉国家への批判である。大きな政府を前提として生活保障をなす福祉国家の構想は1970年代後半から，強い批判の対象になった。とくに，イギリスやアメリカでは，「新自由主義的」な理念の下で，1970年代後半から1980年代にかけて，「福祉国家の危機」と呼ばれる状態が訪れた。

「福祉国家の危機」の時代において福祉国家が抱えたと問題視された課題は，財政問題と，二つの逆機能の問題としてまとめられる（武川 1998: 22-24; 1999: 第3章）。ここで，福祉国家が抱えた二つの逆機能とは，第一に，多様化する人々のニーズについて，公平な対応を原則とする福祉国家では対処することが困難であるというもの（福祉国家の非柔軟的性格）であり，第二に，福祉国家の政策は介入的であり，個人の自由を制限するというもの（福祉国家の父権主義的性格）であったと考えられる。

財政問題や二つの逆機能への対応として，注目された考え方の一つが「福祉多元主義」（welfare pluralism），あるいは「福祉の混合経済」（mixed economy of welfare）と呼ばれる考え方である（以下では福祉多元主義と表記）。福祉多元主義では，福祉の生産と供給が複数の部門によって構成されると考える。論者によって，福祉の生産と供給にかかわる部門は，三つ（法定部門，営利部門，家族部門）とするパターンも（Rose 1986=1990），四つ（法定部門，営利部門，インフォーマル部門，ボランタリー部門）とするパターン（Johnson 1999=2002; Evers 1995）も存在する。いずれにせよ，国家による福祉の生産・供給以外にも注目し，これら三者あるいは四者のバランスにおいて福祉の達成を考えるものである。福祉多元主義では，それまでの福祉国家論が，主として政府による福祉の生産・提供に重点を置いていたことを批判的に捉える。そして，より柔軟で個人の意思決定が保障された社会保障システムを実現するために，政府以外のアクターを，社会サービスの供給に含める必要があることが主張された(6)。

福祉多元主義は有力な理論，あるいは政策的コンセプトとして注目された。例えばイギリスにおいて，1978年に発表されたウルフェンデン報告の影響力は強いものであったと考えられる(7)。ウルフェンデン報告では，ボランタリー組織が果た

す役割が強調され,先に挙げた四部門(法定部門,営利部門,インフォーマル部門,ボランタリー部門)から社会福祉サービスが構成されており,相互補完しながら併存する状況が望ましいと考えられた(平岡 2004: 66)[8]。

多くの社会政策研究者はそのなかでもサードセクター(ボランタリーセクター)の役割に注目した。福祉多元主義に関連づけられて,国内外で1990年代以降,社会政策や社会福祉の論文が発表され(平岡 2004; 中野 2005),なかでも,社会福祉学では「市場型供給組織」と並列する形で「参加型供給組織」が位置づけられる分類が参照される傾向にあった(三浦 1985: 117)。そのなかでも,消費者主権や参加型福祉の文脈においてはNPOなどに代表される参加型供給組織は,少なくとも営利事業体に比べれば,(とりわけ親福祉国家的な)研究者にとって,より妥当な選択肢としてみなされる傾向にあり,近年でも一定の影響力をもっていると考えられる(安立 2008: 第3章; 上野 2011: 237; 仁平 2011:425; 宮垣 2003)。

ただし,多くの研究者はサードセクターを重要視しつつも,何をもってサードセクターとするのか,すなわちサードセクターの捉え方自体には,あまり注意を払わなかったと考えられる。サードセクターへの認識の方法自体は問題にならなかったのである。具体的には,サードセクターに注目する論者は,少なくとも,サードセクターに対して異なる二つの把握の方法を採ってきたと考えられるが,両者の相違点やその含意は十分に検討されなかった。本書はそれぞれの難点(とくに後述する「独立モデル」の難点)を解消したいといった志向をもつものである。まずは,二つの把握の方法を整理しておこう。

② サードセクターをどう捉えるか――独立モデルから媒介モデルへ

(a) 前提としてのサードセクターの流動化

サードセクターをめぐってはこれまで大きく分ければ二つの異なる捉え方が存在してきた。二つの捉え方を検討する前に,サードセクターをとりまく環境の変化について指摘する。

これまで福祉社会学では,組織形態(例えば,サードセクター組織/行政組織/営利組織)と,組織の基本的性格(例えば再分配/市場交換/互酬など)とは「理念型的な親和性」(藤村 1999: 19)があると考えられることが通例であった。例えば,「営利企業は市場交換の原理を反映」しており,「行政組織は再分配の原理を反

映」しており，「非営利組織は互酬の原理を反映」しているといった想定である（藤村 1999: 19）。

しかし，「理念型的な親和性」は，近年になって明確に揺らぎを見せている——あるいはもともと強い結びつきではなかったが，それが明確に可視化されるようになった——と考えられる。ここでは，組織形態と組織の基本的性格の関係性が揺らいでいることを「流動化」と呼ぼう。

流動化の表れの一つは，「セクター境界の曖昧化」である。営利企業に想定される行動パターンをとらない営利企業，非営利組織に想定される行動パターンをとらない非営利組織の活動は顕著になり，理論的にも経験的にも問題とされるようになった。国内でも，地域レベルの諸変数によって介護系の非営利組織も営利組織とのあいだで同質化することもあれば，異質性を維持することもあることが示されている（須田 2011）。

また，「セクター内部の多様性」もより顕在化している。「多様性」で指される側面は様々に想定しうるが，最も重要であるものは組織の目的であろう。同じセクターに属する組織でも異なる理念の下で活動しているケースはかねてより見られていたが，近年になって，その傾向は一層顕著になっていると考えられる。例えば，非営利法人格を有している場合でも，何らかの逸脱的な行為をとる「貧困ビジネス」も問題とされるようになっている。

セクター境界の流動化は，社会的企業という新しい組織形態への注目とも並行する。社会的企業の定義も多様であるが——この多様性を適切に理解することが本書の課題の一つとなる——，一般的な定義としては，2000年代初頭に社会的企業支援を推し進めた，イギリス貿易産業省（現在は改組）によるものがある。この定義では，「社会的な目的のために活動し，その収益は，株主や所有者の利潤を最大化するためではなく，主にその事業やコミュニティのために再投資される」事業体が社会的企業であるとされる（DTI 2003: 1）。

社会的企業は法人形態にかかわらず社会的目的や実際の行動への焦点を当てる。社会的企業のこのような特性は，組織の外見的形態から組織の活動ないしは帰結に焦点を移しかえる点で研究上は新しい研究主題を導く，生産的なものである一方で，何をもってすれば社会的企業と言えるのかという「対象特定の困難」を突

きつける。社会的企業という組織形態はサードセクターの他の組織形態よりも明確に、これまでの想定が通用しないことを示す。

以上のように、これまでのセクター区分の境界は揺らぎ、セクター内でも多様化が進み、実際に境界区分を横断する組織形態が新たに制度化されつつある。

(b) サードセクターの独立モデル

サードセクターの捉え方として最も標準的で研究者が採用してきたものが「セクター本質主義的」な把握法である。米澤(2011a)ではこれを「独立モデル」と呼び、その論理構成について批判的に検討した。セクター本質主義とは、「社会はいくつかの原理(合理性)によって区分され、サードセクターに含まれる組織形態は、他のセクターと区別される単一の原理を共有する(そして、その原理の拡大は望ましい)」という考え方と言い換えられるだろう。例えば、福祉多元主義は本質主義的な視点の代表例であり、基本的には、組織集合を本質的に異なる四つのセクターによって把握する認識法が採られた。サードセクターも、本質的に性格を共有する組織の集合からなるとの見方が採用されることになる。

「独立モデル」は、社会政策研究やサードセクターにかかわる社会学的研究では、広く共有されているように考えられる。それが典型的に表れているのが、第**2**章で批判的に検討する、佐藤慶幸の「ボランタリー・アソシエーション」論(佐藤 1996; 2002)や、上野千鶴子による「協セクター」論である(上野 2011)。

これらの考え方は、サードセクターを、国家や市場から独立した価値や原理を体現する組織の同質的集合としてサードセクターを把握する捉え方だとまとめることができる。国家や市場の原理ではない、第三の原理(あるいは家族とは異なるとして、第四とされることもある)が存在すると考え、それを同質的に体現するサードセクターは、国家や市場とは独立・対抗的な関係にある。

セクター本質主義とも呼べるような見方は、二つの特性を前提としている。セクター本質主義は、(1)セクター内部は少なくとも他のセクターの違いと比較するならば比較的同質的であると考えるともに、(2)セクター間の境界は明確になされると想定している。詳細は第**2**章で検討するが、簡単に上野の「協セクター」論を例に挙げて問題点を確認しておこう。上野の基本的主張は、高齢者ケアの望ましい提供者は、「協セクター」すなわちサードセクターであるというものである

(上野 2011: 234)[9]。「協セクター」論は,サードセクターには何らかの原理が存在すると想定して,そのうえでサードセクターが他の原理を有するセクターとは異なり,優位であることを主張する点で,サードセクター本質主義の典型と言える。

本書で展開される議論は,「協セクター」論,および同型の議論とは異なる捉え方を提案することを目指す。ただし,ここで問題とされることは,「協セクター」論が,サービス供給者として「過度に理想化している」とか,「国家に動員される主体を形成」しているといったものではない。そうではなくて,「協セクター」論ではセクター内の一元性と境界区分に関して,相当に強い前提を置いており,それによって重要な論点が見落とされていることを問題としたい。それが現代のサードセクター(とくに社会政策における)を捉えるうえでは重要な限界となるということである。

例を挙げよう。例えば,「協セクター」論では,先駆的事例によって「協セクター」の優位性を論証しようとしているが,これはセクター内部が同質的であることを前提としている。また,境界区分について,「協セクター」論では,様々な組織形態(例えば,「宗教法人」や「社会福祉法人」)が排除されたうえで,NPO法人に代表される「協セクター」が成り立つと想定しているが,何を含み,何を排除するかに関して複数の研究者や観察者(研究者)と実践者のあいだでズレが存在することは想定されていない。この理由は,「協セクター」論のようなセクター本質主義(独立モデル)では,「協セクター」なるものが,社会を区分する原理を体現するという形で,先験的に(観察とは独立して)存在すると考えられているためだと考えられる[10]。そのため,他のセクターとの境界の区分は,多くの人々にとっては問題なく行うことができる作業であると想定される。そして,そのうえで,研究者は,成功例だと考えられる組織が取り上げ,その事例の優位性でもって,セクター一般の優位性が論証される構図となっている。

しかし,サードセクターという曖昧な組織集合に関して,社会の成員(ある単一組織の成員ですら)が共通して組織間の境界づけをなしていることは,極めて疑わしいことである。また,境界づけがなされていたとしても(例えば法人格が同一であったとしても),サードセクター組織や社会的企業間の組織構造,規模,とりわけ目的などに関して,多様であることは明確である(さらに,現代では,ますま

す明確化しているように見える)。「協セクター」論のように,宗教的組織や専門職集団などを除外して,セクターを純化することは可能であろうが,研究者が何らかの意図によってサードセクターの含意される組織を純化しようとするならば,最終的には,サードセクター内部には,空白しか存在しなくなるだろう。

　以上のように,独立モデル(=セクター本質主義)は十分にセクター内の多様性や境界区分の問題に対応できていない。そのため,「社会はいくつかの原理(合理性)によって区分され,サードセクターに含まれる組織形態は,他のセクターと区別される単一の原理を共有する(そしてその原理の拡大は望ましい)」というセクター本質主義(=独立モデル)の想定を受け入れることはできない。結局のところ,協セクター論のような独立モデルは,「第三の領域を概念化したい」(上野 2011: 240)といった問題意識の下で,サードセクターを実体視してしまっているのである。その結果,内部の多元性や境界の揺らぎを捉え損なう結果がもたらされている。

(c)　サードセクターの媒介モデル

　「独立モデル」の考え方に対して,異なる見方をとるのが,「媒介モデル」という考え方である(「媒介モデル」の名づけは米澤(2011a)による)。これは,欧州の研究者グループによる再分配・市場交換・互酬の媒介領域として捉える見方であり,具体的には政治社会学者のエヴァースの福祉ミックスや,協同組合研究者のペストフによる福祉トライアングルなどの分析枠組みが「媒介モデル」に当てはまる(Evers 1995; Pestoff 1998=2000)。「媒介モデル」は,ポランニーの再分配・市場交換・互酬の資源配分様式をもとにして,それらが混合する緊張の領域(tension field)として,サードセクターを理解する。

　具体的に問題とされたのは,サードセクターを支える資源やサードセクターが従う目的だった。資源に関して言えば,複数の資源配分様式や原理(互酬・再分配・市場交換)の混合であると捉えられる。また,目的に関して言えば,サードセクターの目的は社会的・政治的・経済的なものの混合であるとみなされる。この結果,「独立モデル」と異なり,サードセクターの多様性は柔軟に捉えられる。例えば,再分配の要素が強いサードセクターや市場交換の要素の強いサードセクターを弁別できるからである。さらに,境界区分もより柔軟に認識することがで

きる。原理の混合であることは，サードセクターに固有の原理が存在することを前提とはしていないことを意味し，その結果，独立モデルのように原理的にセクター間の境界が引けるとは想定しないためである。その意味でサードセクターと他のセクターの境界は開放的（Evers and Laville 2004a=2007）なのである。[11]

　独立モデルと媒介モデルの区別は2000年代までほとんどなされなかった。しかし，近年では，両者の違いを強調する研究も表れるようになった。例えば，米澤（2011a）では「独立モデル」と「媒介モデル」を区分したうえで，後者の分析上の優位性を主張し，障害者就労分野の労働統合型社会的企業への事例分析によって認識利得があることを例証した。同様の議論は，カナダの非営利組織研究者であるヌットセン（2013）も行っている。彼女は，サードセクターの理論について，結果的に米澤と同様の区別を行いながら，原理が混合すると捉える理論を「現実的な視点」と整理したうえで，カナダにおける中華系の非営利組織に対する事例分析によってそれを例証している（Knutsen 2013）。

　「媒介モデル」のモデルの要点は，サードセクターは，他のセクターの原理の混合であるために，論理的にサードセクター独自の原理が存在すると想定しない点にある。そして，独自の原理をもたないことによって，境界区分に関する含意を生じる。すなわち，「媒介モデル」では，「独立モデル」のように「各セクターは異なる原理を体現するために，セクター間の区別が可能となる」という論理構成は妥当であるとは考えない。その結果，他のセクターとの境界も開放性が強調されたものとなる。

③　サードセクターの流動化と「媒介モデル」の問題

　しかし，現在でも「媒介モデル」は，日本も含めて，欧州以外のサードセクター研究では影響は限定的なものである。それは，サードセクター研究者の無理解に帰するよりは，「媒介モデル」もなお，課題を抱えていることに求められるのではないかと考えられる。米澤（2011a）でも，サードセクターの捉え方に関して，「独立モデル」と「媒介モデル」を区別することの重要性と，後者の方がサードセクターの理解のためには有効であることを示したが，「媒介モデル」の認識論的問題に関しては不十分な検討にとどまっていた。

　「媒介モデル」の限界は，第**2**章や第**3**章で詳述するが，先んじて，この内容

を簡単に示す。「媒介モデル」は理論的・経験的問題を抱える。理論的には，(a)原理や合理性といった概念は曖昧であり，(b)第三極におかれる互酬という要素は，複数の種類の価値規範を含んでいる。さらに，経験的には，(c)第3章で示すように，「媒介モデル」は，ほとんど全てのサードセクター組織を含みこんでしまい（第3章で概念化する「対象特定の探索的アプローチ」），その結果，何が「サードセクター」であるかが不明瞭となってしまう。媒介モデルは，理論的には独立モデルよりは柔軟にサードセクターの多様性や境界を把握する有力な枠組みであるが，それには限界があり，さらに「サードセクター」の経験的研究の困難を抱える。

　それでは，サードセクター概念自体を捨て去るべきであろうか。筆者は，政府でも営利企業でもない組織集合の概念――それをサードセクターと呼ぶかどうかは別としても――を捨て去ることには慎重になるべきだと考える。筆者は，他のサードセクター研究者と同様に，サードセクターを適切に捉えることの学術的・政策的な意義に同意する。

　これには二つの理由が存在する。第一に，人々は，実際にサードセクターに類する概念を用いて，企業や行政組織とは異なる活動を行うことを意図しているからであり，第二に，第1章で示すように，実際に社会政策のなかにサードセクター（政府でも営利企業でもない組織集合）を位置づけ，サービス生産・供給構造の多元性を理解することは，社会政策研究でも極めて重要な課題であると考えられるためである。しかし，重要性に比して，サードセクター研究は有効な分析枠組みは提案されないままになっている。

　以上を踏まえるならば，問題は，福祉多元主義的（セクター本質主義的）な視点が成り立たないなかで，サードセクター研究における行き詰まりをいかに乗り越えればよいのかにあり，本研究の出発点もここに設定される。「媒介モデル」ではサードセクター内部の多元性や何をもってサードセクター（あるいは社会的企業）と特定するのかに関して明確な視点を提示することができず，米澤（2011a）ではこれらの問題に取り組むことができなかった。本書ではこれに対して，後述する「弱い境界区分」や「制度ロジック」，「対象特定の制度アプローチ」といった枠組みを採用することにより，より適切にサードセクターを福祉社会学や社会政策研究のなかに位置づけようとする。すなわち，「独立モデル」の問題点は，

図序-1 サードセクターの見方と本書の研究課題

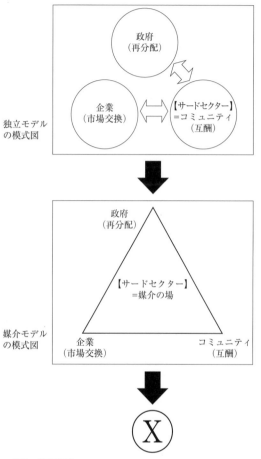

出典:筆者作成。

「媒介モデル」によって改善されたものの,「媒介モデル」も課題に直面しており,次にはこの行き止まりに取り組む必要がある。これらのモデル間の関係を簡単に示したのが図序-1である。本書の理論的課題は,図序-1における"X"を提示すること,すなわち,「独立モデル」でも「媒介モデル」でもない経験的研究を可能とする分析枠組みを提案することにある。

さらに本研究は,第一義的にはサードセクター研究および福祉社会学,社会政

策研究に貢献することを目的としているものの，さらに広く社会学一般の取り組みに対しての貢献も意図している。これまで社会学は，個人（および第一次集団）と国家のあいだに様々な形で存在する中間集団のあり方を多様な問題関心に従って探求してきた。とくに，純粋に，営利企業でも国家でもない領域の集合行為の諸活動に関心をもってきた。人々はどのように中間集団を作り上げ，いかに社会の一部を形作っているのか，そして，それを社会学はどのように認識すればよいのかという問題は，社会学一般においても重要な課題である。そして，本書で扱うサードセクターに関する知見や視角は営利企業や国家の領域の諸活動にもある程度は応用できると考えられる。社会政策の文脈で個人と国家を媒介する多様な集団を適切に捉えることを目指す本研究の取り組みは，様々な中間集団や組織現象に関心をもつ社会学の研究領域一般にも貢献する可能性をもつと考える。

（3）サードセクター捉え直しのための三つの工夫

本書では，サードセクターを把握する際に，やや曖昧な，「どっちつかず」な立場をとる。まず，政府や営利企業の領域外の組織に注目することは有意義であると認め，主流のサードセクター研究と問題意識を共有する一方で，「独立モデル」のように，市場でも国家でもない，何らかの一元的な原理や合理性を体現するものとしてのサードセクターが存在するという見方からは距離をとる。サードセクターは一つの規範的影響に従うのではなく，複数の規範的影響に従う「場」であると理解することが妥当である。さらに，「媒介モデル」も複数の規範的影響に従う場としてサードセクターを捉えるのだが，そこで強調される互酬というブラックボックスを前提とするのではなく，それを開いたうえで，組織社会学で使用される概念によって内部の多元性の分析をすることが有用であると考える。

本書で理論的に行うサードセクターの把握の方法の見直しのための，基本的主張は，三つに分けることができる。

第一に，前提として，研究者は，セクターを単位とするセクター本質主義的な捉え方（後述するように「強い境界区分」と本書では呼ぶ）は問題を抱えていることを認識する必要があるということである。セクター本質主義的な考え方に代えて，サードセクターの分析のためには，少なくとも，「組織の集合が境界づけられる

こと(国家と営利企業,サードセクターとのあいだのどこかに境界が引かれること)」と,「その範囲内の組織が同一原理を共有すること」を,等号で結びつけないことが重要である。本書では,これを「弱い境界区分」と名づけて,既存の枠組みと差異化している。

この「弱い境界区分」の発想の源流は,サードセクターの「発明」に注目した研究——社会学の伝統的用語法に従うならば「構築主義的」研究——に求められる(Hall 1992: 6 and Leat 1997; Alcock 2010)。より具体的に言えば,共有された何らかの原理に従う,同質の原理をもった制度化された組織形態(NPO法人や協同組合など)からサードセクターは構成されているという捉え方を採用するのではなく(これは本書では「強い境界区分」と呼んでいる),複数の合理性やアイデンティティをもつ,多様な組織形態(organizational forms)から,人々の認識や政策によって構成されると理解する。この見方を採用すれば,サードセクターは,多様な組織形態が実践者や政策担当者,研究者によって「制度的」に境界づけられて認識されるようになった歴史的な産物だと捉えることができる。

第二に,組織行動の多元性を理解するためには,それぞれの組織形態がいかなる価値や合理性(ロジック)に基づいて行動しているかを区分する必要がある。新制度派組織理論の用語を用いるならば,「制度ロジック」(institutional logic)の組み合わせや対立(Friedland and Alford 1991)に注目することが有力な一つの手法であると言える。制度ロジックとは「現代西洋社会の最も重要な制度的秩序のそれぞれには,中核的なロジックがある」(Friedland and Alford 1991: 248)という考え方であり,近代社会において民主主義,専門職,科学などの中核的制度には行為者や組織に行為や象徴を導く論理があると想定するものである。制度ロジック・モデルは,これまでのサードセクター研究が「原理」(principle)(Evers 1995)などとして,曖昧に使用してきた概念を再定式することができ,さらに,互酬と曖昧にまとめられていた第三項の内容の多元性を把握することができる。[12]

ここで重要であることは,「論理」(ロジック)という概念を使用するときに,資本(市場)や政治(国家)に対抗するような一元的な論理(例えば,「非営利のロジック」)をサードセクターが共有・体現すると考えないことである。むしろ,サードセクターの諸組織のような市場や国家のロジックのみに従わない組織は,

「専門職」「民主主義」などの複数のロジックの影響を受け，それらを組み合わせながら活動を行い，実際に人々の必要の充足を目指している。制度ロジックは組み合わされることで，困難状態にある人に望ましい効果を与えることもあり，一方で組織内部にコンフリクトを生じさせることもある。しかし，制度ロジックを分析枠組みとして使用することにより，サードセクター研究は，「非営利のロジック」という単一の論理に従うと考える独立モデル的想定から自由になる。

　第三に，サードセクターおよび社会的企業のロジックも多様であるとしたとき，研究対象の特定は困難性を増す。そのため，その問題に対して何らかの対応策を探らなければならない。いまや，サードセクター研究者は，人々が総じて共有する境界区分やロジックを前提とすることはできない。サードセクターおよび社会的企業を経験的研究の俎上にのせるためには「何を対象に研究すれば社会的企業（サードセクター）の性格を明らかにしたか」を明確にするという「対象特定問題」に対処しなければならない。

　その前提の下で分析対象を適切に特定するためには，社会の成員による組織の分類に注目することが有望な選択肢であると考える。ここで本書では，社会の成員の意味づけ，すなわち，「一次理論」（盛山 1995）に注目する。法制度や人々の意味づけが組織を分類しているのであれば，それを基盤にサードセクターを研究対象として設定することが対応策として考えうる。本書ではこれを「対象特定の制度的アプローチ」と呼び，分類をあらかじめ設定しないアプローチとも，研究者による操作的定義によるアプローチとも区分し，その有効性を主張する。

　以上のように，本書では，「弱い境界区分」に基づいてサードセクターを対象とする。そのうえで，多元性の分析のためには「制度ロジック・モデル」が有効であること，そして，両者を採用することでより問題が顕在化する対象特定問題に対しては，「対象特定の制度的アプローチ」といった分析上の工夫が必要であることを主張する。このような把握の方法は，サードセクターと名指されてきた組織の集合を実体視することなく，しかし，その分類が社会的な規制力をもつことをより適正に把握することを可能にする。

　概念枠組みのなかで，「制度」という概念が意識されていることは——それぞれ異なる理由と文脈からではあるが——偶然ではないと考えている。人々が作り

上げ,そして従うルールであり様式である「制度」と関連させてサードセクターを捉えることが重要であると筆者は考える。そして,サードセクター研究における制度的視点の不在こそが,これまでのサードセクター研究の大きな問題であった。そのような意味では,本書のアプローチは,総じて言えば,サードセクターの「制度モデル」と呼べるようなものであるとも言える。

　ただし,本書で「制度」というときには,近年注目される,新制度派経済学・政治学が強調する規則(ルール)として機能する制度だけを想定していないことは強調しておきたい。そうではなくて,新制度派社会学(組織論)が重視するような,人々のものの見方(認知・文化)に影響するような制度の側面を強調している(佐藤・山田 2004: 201-202)。例えば,いかなる組織を同じカテゴリのものとみなすのか,あるいは特定のカテゴリの組織に対してどのタイプの規則が適当だと考えるのかといった問題は,サードセクターのような組織群を扱ううえでは,無視できない重要な要素である。本書で強調される概念——組織ロジックや対象特定の制度的アプローチ(加えて第4章で部分的に導入する組織フィールドという考え方——は,社会の成員のものの見方に注目するものであり,それなしにはサードセクターを理解することは困難であると考える。逆に言えば,セクター本質主義では,組織の区分が,人々の置かれる立場を超えて一致すると考えられてきたのであるが,セクター本質主義の楽観的とも言える見通しは当初から無理があったのであり,サードセクターの流動化によってその問題はより顕在化するようになっていると考えることが妥当である。

　サードセクターという組織の集合が,制度的(純粋に公式的なものだけではない)にどのように区分けされているのかを把握することによって,福祉の生産・供給局面において,サードセクターを適切に位置づけることができる。ただし,この把握の方法が,実際に意味をもつかは経験的検討の成否に依存するであろう。以下に示す経験的研究はこれらを例証するために行われる。

(4) 労働統合型社会的企業の成立と展開をめぐる経験的研究

　本書の課題は理論的には,「ポスト福祉多元主義の時代の社会政策研究においてサードセクターをどのように捉えるべきか」に答えることにある。この問いに

対する暫定的な主張は，サードセクター内部は多様な組織形態から成り立っており，それを把握するためには前節で示した分析枠組みをサードセクター研究者は利用することで有意味な知見を得ることができるというものである。しかし，この見通しが妥当であるかは，理論的検討だけでは十分に説得的に論証できない。そのため，労働統合型社会的企業を対象とした経験的研究によって，これを例証することを試みる。

経験的研究の対象は，2000年代以降に注目されるようになった就労支援分野の社会的企業である労働統合型社会的企業に設定される。社会的排除や社会的包摂が注目されるようになったなかで，労働統合型社会的企業は欧州やアメリカ，日本のサードセクター研究で関心を集めてきた。国内で労働統合型社会的企業が関心を集めるようになったきっかけは，イタリアの社会的協同組合（B型）の国内への紹介である（例：田中 2004）。社会的協同組合（B型）は，就労困難者の就労の場を提供する組織であり，その制度化は欧州内外の諸国へ影響を与えた。それに触発される形で，日本国内でも最近では労働統合型社会的企業をめぐる書籍も刊行されており（例：藤井他編 2013），政策上でも一定の注目を集めてきた。[14]

まず，研究対象となる労働統合型社会的企業の基本的性格を整理し，政策的文脈を示そう。ただし，ここで紹介する社会的企業概念は一般的なものであり，より詳細な検討と本書がよって立つ立場は第3章で詳述される。

① 社会的企業概念の整理

社会的企業とは，「何らかの社会的問題に対して，事業（経済）活動を通じて問題解決を目指す事業体」のことを指すことが一般的であろう。ここで経済活動とは，財やサービスを生産し，それを販売することを意味する。国際的に著名な社会的企業の例とされるものは，雑誌販売を通じてホームレスの自立支援を行うビッグイシュー，途上国で低所得者に小口貸付を行うグラミン銀行などが挙げられる。このような形で活動を行う事業体は，日本を含めて世界各国で注目されてきた。

社会的企業という用語が，一般的に学術界や非営利組織の世界で使用されるようになったのは，欧州とアメリカであり，1990年代前半であると考えられている[15]（Nyssens and Defourny 2012: 3）。

表序-1　EMESによる社会的企業の定義

■経済的次元
(A)持続的に財やサービスの生産と販売を行う
(B)有意味な水準のリスクをもつ
(C)最小レベル以上の労働者性がある
■社会的次元
(D)高いレベルの自律性をもつ
(E)コミュニティの利益を明白な目的とする
(F)市民の集団によって立ち上げが主導される
■参加的次元
(G)資本所有に基づかない意思決定が行われる
(H)参加型の性質をもつ
(I)制限された利潤の分配を行う

出典：Nyssens and Defourny (2012: 8-9) を再整理。

　欧州の場合には，協同組合の要素をもつものと捉えられることが多かった。とくに，諸外国での法制度や研究のモデルとなったのが，詳細は後述するイタリアで1991年に成立した，社会的協同組合法である。その後，欧州諸国では，社会的協同組合を社会的企業の組織形態のモデルとして，法制度が整備された。

　その一方で，同時期のアメリカでは，より営利企業的側面の強い組織として社会的企業を捉える動きが見られた。例えば，1993年には，ハーバード・ビジネススクールにおいて「社会的企業イニシアティブ」が設置され，それ以降も有力大学のビジネススクールなどで，社会的企業や社会的起業家に関する研究・教育コースが設置された。また，社会的企業を支援する財団が設立され，州レベルや民間レベルでの認証制度（B-corporation, Low-profit limited liability company：L3C）の制度化もなされた。

　欧州とアメリカでは，様々な形で社会的企業における調査研究も進み，専門書が発刊されるだけではなく，社会的企業にかかわる研究雑誌も発刊された[16]。欧州における影響力をもった研究ネットワークとしてはEMESがある[17]（Nyssens ed. 2006）。EMESはEUから研究助成を受けつつ，欧州各国の社会的企業の実証研究も行った。その際に構築され，調査に応用された，9項目からなる社会的企業の定義は社会的企業研究では影響力をもち，日本国内でも参照されることが多い（表序-1）[18]。アメリカでは，経営学者を中心に社会的企業や社会的起業家の研究が

なされた (Dees 1998)。日本でも，欧州やアメリカの研究に影響を受けて，2000年代中盤以降，一般書・学術書を含めて多様な社会的企業にかかわる書籍が発刊されることが目立つようになってきた（日本国内における社会的受容の詳細は第4章で論じる）。

欧米ではこのような研究者グループの差異だけではなく，概念的差異も確認される。先行研究でも，欧州における社会的企業概念とアメリカにおける社会的企業概念の強調点の違いを論じた論考は少なくない（藤井 2007; 2010a; 北島 2005; Kerlin 2006; Defourny and Nyssens eds. 2008）。まずは，これらに依拠しながら両者の相違を整理しておこう。

アメリカ的概念では，社会的企業は営利企業と非営利組織の中間領域に，欧州モデルでは協同組合と非営利組織の中間領域に位置づけられる。相違点はいくつかあるが，以下の二つの点が顕著である。

第一に，強調されるガバナンスのあり方が異なる。社会的企業は，経済的目的と社会的目的のバランスをとることが必要とされるが，この方法が問題になる。アメリカ的概念では，事業の立ち上げ，経営する社会的起業家の役割が強調される。社会的起業家は，社会的目的を明確にもちながら事業を継続することが求められる。一方，欧州では多様な利害関係者の参加が強調され，民主的運営によって複数の目的を調和させることが強調される。

第二に，中心となる収入源が異なる。アメリカでの社会的企業概念においては，政府の役割は否定的に捉えられる傾向があり，市場からの収入（事業収入）が強調される傾向にある。一方で，欧州での社会企業概念は政府の役割が強調される。補助金の供出元としてはもちろんのこと，委託契約の相手先，あるいは組織の意思決定にかかわる組織の利害関係者の一部として，政府の関与が不可欠なものとされる。[19]

両者の概念化が異なる一つの理由に，概念が成立してきた歴史的環境が挙げられる（Kerlin 2006: 251-253; 藤井 2007: 109-110）。アメリカの場合には，社会的企業が注目されてきた背景には，レーガン政権下で行われた福祉の後退と連邦財政の切り詰めのなかでの非営利セクターへの政府援助の抑制があると言われる。政府からの援助が抑制されたNPOは営利化が求められ，企業との境界が曖昧化し，

純粋な慈善行為と営利活動との間に社会的企業が生じる余地が生まれたとされる。一方で、欧州では社会的企業が注目される政策的な背景として、経済成長の停滞、高失業率、および社会的排除の問題化といった「福祉国家の危機」があった。そのため、社会的企業は、後述する積極的労働市場政策（Active Labour Market Policy: ALMP）や社会サービス供給における準市場の導入などの福祉国家の再編との関係のなかで注目されるようになった。

日本の場合は、アメリカ型と欧州型の双方のイメージが混在していると考えられる[20]。ただし、一般書やマスメディアによる表象を見る限り、より一般的なレベルで影響力をもつ概念はアメリカ型のモデルであると考えられる[21]。この一因は、当初、社会的企業を紹介した研究者が、アメリカ型のモデルの理解を紹介したことによると考えられる（斎藤 2004; 谷本編 2006）。ただし、近年では日本でも、若年者や失業者など社会的排除が問題化されるなかで、社会政策と関連させて、欧州で議論される社会的企業概念にも関心が集まっている[22]。

さらに社会政策と関連づけられる社会的企業は、社会的企業を対象とした研究では、二つに分けることが一般的である。それは、(1)介護や保育などの社会サービスを供給する事業体と、(2)労働市場から排除された就労困難者（失業状態にある若年者、障害者、シングルマザーなど）に就労・訓練機会を提供することを目的とする事業体である。とくに、後者が本書で焦点化する労働統合型社会的企業である。

労働統合型社会的企業概念は、当初はEMESを中心に欧州の研究者ネットワークに関係する協同組合研究に従事してきた研究者が使用することが多かった。しかし、先行研究でも指摘されている通り、「恵まれない人々への就労支援の活動」に取り組む事業体は、アメリカでも活動していた（北島 2005: 44）。また、近年では、アメリカの研究者（社会福祉学者や経営学者）たちもこの概念を使用するようになっている（Garrow and Hasenfeld 2012; Battilana and Lee 2014）。労働統合型社会的企業概念は、大陸欧州に限定されず、世界各国のサードセクターにかかわる研究者が注目されるようになっていると言える。

以上のように、社会的企業は先進諸国を中心に注目される組織形態である。社会的企業は欧州とアメリカでは異なる概念化がなされる傾向にあり、そして、欧

州の社会的企業概念の方が，社会政策とより密接な関係の下で研究されてきた。社会政策と関連づけられることの多い欧州の社会的企業概念も，社会サービス提供型と労働統合型に大別される。このなかで，本書が焦点を当てるのは，福祉国家再編と関連して注目される労働統合型社会的企業である。この理由を，積極的労働市場政策の展開と関係づけながら次項で述べる。

② 積極的労働市場政策の導入と労働統合型社会的企業

社会的企業が問題化されたときに，国内外で最も注目された政策領域は，就労支援分野であったと考えられる。

労働統合型社会的企業が政策へと導入される過程は，アクティベーション戦略の影響力の拡大やそれに伴う積極的労働市場政策の整備と並行している。ラヴィルらは，労働統合型社会的企業の制度化過程は積極的労働市場政策の隆盛の文脈で研究されなければならないと指摘し，労働統合型社会的企業の制度化が積極的労働市場政策と並行してなされたことを示した（Laville et al. 2006: 280）。また，韓国でも2007年に社会的企業育成法が施行され，社会的企業概念を用いた政策が実施されたが，社会的企業が注目された背景には，失業者への雇用創出政策や生活困窮者の自立支援政策があった（北島 2008: 42-44; 金 2012: 46-47）。

それでは，就労支援政策はどのような文脈で社会政策において必要とされ導入されたのか。簡単な概念的な整理と，国内での展開を確認しておこう。

伝統的福祉国家は，人口構造や労働市場の構造，国際環境の変化などを背景として，福祉国家の再編（restructuring）を迫られていると考えられてきた（宮本 2006; 大沢 2007）。

伝統的な福祉国家は，「所得再分配中心でニーズ決定型」の生活保障システムであると整理できる（宮本 2006）。とくに，ベヴァリッジが構想した社会保障システムであるベヴァリッジプランに，この特徴は顕著に表れている。ベヴァリッジプランでは，基本的には完全雇用が想定され，老齢や疾病など，あらかじめニーズの発生が予期される社会的リスクは，社会保険が対応し，その外部を公的扶助で対応する形態が構想された。典型的リスクが個人に発生し，労働市場からの退出を余儀なくされる場合には，所得の欠損が起こるが，その際には，まずは社会保険によって一時的な所得保障を行われる。さらに，共有化し難い個別的な

リスクによって労働市場からの退出がなされる場合や，長期の労働市場退出に対しては，公的扶助で生計の維持が図られる。いずれにせよ，男性稼ぎ主の就労が前提とされており，稼得力が不足する場合には，そのニーズを現金給付による所得保障で補う仕組みであった。経済学者の大沢真理は，ベヴァリッジが構想した社会保障のシステムを，「本来個別的で多次元的であるリスクを所得の不足という一次元に還元し，その原因についても主要には就労しているか否かで割り切」る（大沢 2007: 36）システムであったとまとめている。

しかし，伝統的な福祉国家システムでは，対応が困難な問題が現れるようになった。これを「社会的排除」や「新しい社会的リスク」という。伝統的福祉国家では，リスクの個別化には対応することが困難であり（宮本 2006），労働市場外部の人々は所得保障はなされるものの，生産的活動からは排除されてしまう。これまでの福祉国家では想定されることの乏しかった問題が顕在化し，「社会的排除／包摂」や「新しい社会的リスク」といった問題系が注目される。これらの問題に対して福祉国家の再編の必要性が議論されることになった。福祉国家再編の方向性として，ベーシックインカムやワークフェアと並んで，人々の労働・社会活動への参与を促進するアクティベーション戦略が共通して先進国でみられる（宮本 2013a: 14; 佐口 2012: 52-53）。

それでは，福祉国家再編の一つの方向性である，アクティベーション戦略とはいかなるものであろうか。アクティベーション戦略の基本をなす考え方は，ドイツの社会学者であるアイヒホルストらによれば，「就業可能年齢にある人々にとって，何らかの有用なことをなすこと——とりわけ就労——は公的給付の終了期限まで何もしないでいることより，よいことである」（Eichhorst et al. 2008: 2）という考え方を体現する政策体系である。OECDはかねてからアクティベーション戦略を重視し，「失業給付行政と積極的労働市場政策（ALMP）の調和により，優れた再雇用サービスの提供と失業者に対する求職義務の効率的な履行強化を目指す」戦略であると定義づけている（OECD 2006=2007: 104）。労働年齢層にありながら，何らかの理由により労働市場の外部に位置する人々に対して，何らかの形で社会的に有用なことをなすように働きかける政策と言える。

アクティベーション戦略はALMPと同義と考えられがちであるが，ALMPよ

りは幅広い政策的手段を含む[24]。ALMP以外にも，財政的手法（例えば，就労福祉給付や労働費用削減，労働市場進出を阻害する税制変更）や広く就労条件を整える政策（例えばファミリーフレンドリー政策）などが含められることも少なくない（Kenworthy 2010: 438-443）。多様な政策を組み合わせることで，就業状態を促進することがアクティベーション戦略であると言える。

多様な政策的手段を区分する際には，支援的手段と要求的手段の区分が有用である（Eichhorst et al. 2008: 6）。支援的手段として，積極的労働市場政策やメイク・ワーク・ペイ，社会サービスなどが含まれ，要求的手段としては，給付水準や期間の調整，利用可能条件の厳格化，罰則条項，個人の活動への要請などが含まれる。支援的／罰則的のバランスや領域にばらつきはあるものの，先進諸国では何らかの形でアクティベーション戦略が導入されてきたことは確認されている（福原・中村編 2012; Kenworthy 2010）。

アクティベーション戦略は，福祉国家再編のなかの一つの戦略として注目されるものである。いかなる点に比重を置くかによって多様性が確認できるが，所得保障のみによって生活保障をなすのではなく，人々が生産活動に参与することに価値を置く。

次にアクティベーション戦略の中核をなす，積極的労働市場政策の日本での導入を検討しよう。

2000年代まで，積極的労働市場政策の日本での導入は限定的であり，積極的労働市場政策の社会支出対GDP比は高くはなかった[25]。しかし，2000年代以降，社会福祉・雇用政策の両方で，若年者・ホームレス・母子家庭・障害者などへの「自立支援」概念と関連しながら，積極的労働市場政策の導入が図られた（福原 2005; 2012; Takegawa 2011）。

2000年代の就労支援政策を整理したのが表序-2であり，一定の特徴が確認できる。社会福祉政策のなかでは，2000年代前半には，障害者を対象とする障害者自立支援法，ホームレスを対象とするホームレス自立支援法，シングルマザーを対象とする母子家庭等自立支援大綱が制度化された。また雇用政策には，若年者に対しても若者自立挑戦プランといったプログラムが導入され，地域若者ステーションなどが自治体に設置された。

表序-2　2000年代の就労支援策の導入

	対象者				
	障害者	若年者	ホームレス	生活保護受給者	シングルマザー
2000年					
2001年					
2002年			ホームレス自立支援法公布施行		母子家庭等自立支援対策要綱
2003年		若者自立・挑戦プラン	ホームレスの自立の支援等に関する方針告示		
2004年		若者の自立・挑戦のためのアクションプラン		生活保護制度の在り方に関する専門委員会最終報告	
2005年		地域若者ステーション事業の開始			
2006年	障害者自立支援法施行				
2007年	「福祉から雇用へ」推進五か年計画／工賃倍増計画			「福祉から雇用へ」推進五か年計画	「福祉から雇用へ」推進五か年計画
2008年			ホームレスの自立の支援等に関する基本方針		
2009年					

出典：福原（2012）；福田他（2014）；Takegawa（2011）から筆者作成。

　日本における2000年代の積極的労働市場政策の導入については，二つの特徴を指摘することができるだろう。

　第一に，2000年から2005年にかけて多くの政策が導入されているものの，アイヒホルストの類型で言えば，要求的手段が採られてきた傾向が確認できる。これらの時期の就労支援政策は，2000年代の就労支援政策の展開は就労優先の就労支援（work first approach）であると評価され（福原 2012），ネオリベラリズム化の反映と捉えられることが多い（Takegawa 2011; 仁平 2014）。とくに，日本国内では，欧州のように就業年齢層に対する公的扶助や社会手当などの所得保障的な社会支出は大きくなく（宮本 2013a: 9-11），社会保障給付を受けながら労働市場の

外部にとどまる人々の割合は高くはないことを踏まえると，自立支援は当事者の生活維持のためには十分ではないとの批判も見られた[26]。

第二に，横断的な政策やプログラムはほとんど見られず，対象者の既存の就労困難のカテゴリに応じて，縦割りで展開していった点である（例外は「福祉から雇用へ」推進五か年計画）。例えば，同時期に就業支援策を整備した韓国では，自活支援事業や社会的企業促進法などで，就業困難のカテゴリを横断して支援策が採られたこととは対照的である。

2000年代の前半では，対象者ごとに就労支援政策が導入され，支援的側面は必ずしも強くなかったと考えられる。

しかし，2000年代後半以降，これら二つの傾向には一定の変化も確認できる。就労による自立だけではなく，人々への「寄り添い型支援」という理念や，対象者カテゴリを横断する施策が部分的に導入されるようになった。

とくに，カテゴリを横断した支援的側面が顕著に表れたのが，2010年度より開始された「パーソナル・サポート・サービス」モデル事業である[27]。「パーソナル・サポート・サービス」は，2010年から三期に分けて27地域で行われた生活困難者に対する相談支援事業であり，自立に困難を抱える人に個別的・複合的な支援を行う施策である（福田他 2014: 33）。

この事業は，時限的な施策であったが，2013年に成立した生活困窮者支援法に引き継がれ，恒常的な法制化がなされた。パーソナル・サポート・サービスが整備された背景には対象や制度ごとに支援を行うのではなく，制度・対象横断的に伴走型の支援が必要であるとの意識があったと考えられる[28]。

2012年からは，パーソナル・サポート・サービスを受け継ぐ形で，就業支援や学習支援を取り入れた包括的な生活困窮者支援が議論されるようになった。この構想が法制化されたのが，生活困窮者自立支援法（2013年度成立，2015年度実施）である。生活困窮者自立支援法では，就労準備支援事業・就労訓練事業などの就労支援制度が導入された。このうち，就労訓練事業（いわゆる中間的就労制度）は，第4章で詳述するように労働統合型社会的企業の政策導入と業界の形成を進める要因となった。

以上をまとめよう。日本では積極的労働市場政策が十分に展開されてこなかっ

たなかで，2000年代において，積極的労働市場政策が導入された。とりわけ積極的労働市場政策の導入当初には支援的手段が弱く，既存の就労困難者の区分（例えば，障害者，ホームレス，シングルマザーなどの）に基づいた縦割の側面が強い。しかし，2010年代以降には，支援的手段が強化され，既存の就労困難者の区分を横断する政策も確認されるようになった。このように積極的労働市場政策は2000年代以降，性質を変えながら重要性を高めていると考えられる。

③ なぜ労働統合型社会的企業を対象とするのか

ここで，本書の意図に照らしたときに，なぜ就労支援分野という政策領域なのか，そして社会的企業という組織形態なのかを簡単に説明することが妥当であろう。

就労支援領域を扱う理由は二つに分けられる。第一に，これが近年の福祉国家再編期における特徴的な領域であることが挙げられる。福祉国家の再編では，とくに，人的資本の強化を促すような社会的投資（social investment）が重視される。そこでは，多様な就労支援を組み合わせるアクティベーション戦略は重要な意味をもつと考えられてきた（Häusermann 2012）。アクティベーション戦略の担い手として期待される労働統合型社会的企業の組織行動を理解することは，社会政策上において一定の意味をもつだろう。

第二に，より重要なことであるが，先述の通り，福祉国家の供給体制は元来，公私関係が重要な意味をもってきたが，就労支援はこの代表例であることである。公的雇用によって全ての失業者を雇うのでなければ就労支援は私的団体を一部に組み入れなくてはならない。多くの場合，民間組織での就業が最終的には想定され，就労支援の場合には全てが公的雇用という（資本主義社会では）通常は想定困難な想定を除き，政府のみによって支援を完結させることはほとんど不可能である（岩田 2006）。このような意味で就労支援領域は，政府とサードセクターを含めた民間組織との関係が一層重要になる。公私関係を重要な要素とする就労支援領域の事業体に関して適切に分析することができれば，他政策領域に対する応用も期待できるだろう。

次になぜ社会的企業を対象とするのかという問題にも言及しよう。これは社会的企業の概念特性によるところが大きい。社会的企業はサードセクター研究領域

で近年注目されてきた，既存のセクター境界を横断する組織形態である。この組織形態は複数の要素を組み合わせるものとして議論されており，人々にもそのように認知されてきた。そのため第3章で論じるように二重の意味で対象特定の困難が生じてしまう組織形態であると言える。社会的企業に対して分析枠組みの妥当性を問うことができれば，他のサードセクター組織に対しても，応用できる可能性は高いと考えられる。そのため，ここでは労働統合型社会的企業の組織行動を明らかにすることを試みる。

以上の関心に基づき，本書ではサードセクター・社会的企業の理論的検討を行いながら，就労支援分野の社会的企業の実証的検討を通して，社会政策とサードセクターの関係性の把握を目指す。

最後に，方法論的に注意した点を述べたい。本書では，多様な方法を用いてサードセクターや労働統合型社会的企業の成立と展開の輪郭を描こうとしている。その際には，もちろん，ヒアリングや参与観察などの一次データを収集しているが，それに加えて，調査報告書に示されたケースレポートなどの公開資料を二次データとして積極的に使用している。この二次データの再利用は，サードセクター研究への貢献を意図したものである。これまでのサードセクター研究では，個別事例の調査報告やケースレポートが様々な形で発表されてきた一方で，これらのデータは，研究書や調査報告書のなかで，それぞれの研究者の問題関心に沿って有効に活用されてきたものの，再利用されることは多くなく，同じ内容の情報が，異なる報告書で示されることも少なかった。

一次データはもちろん極めて重要である。しかし，複数の調査データの再分析や再利用を行うことによっても，一次データに劣らず意義のある知見の産出ができると考えている。そのため，事例研究の二次分析を含め，複数の二次データを組み合わせている。本書での取り組みの成功如何にかかわらず，組織のケースレポートなど二次データの再分析による知見産出の探求は継続されるべきであると考える。

2　本書の構成

　本書は，福祉多元主義の時代のあとのサードセクター・社会的企業の捉え直しを試みたうえで，労働統合型社会的企業の成立と活動の論理を明らかにする。本書は2部から構成され，第Ⅰ部（第1章から第3章）では，前者の問題を取り扱い，第Ⅱ部（第4章から第7章）では後者の問題を取り扱う。

　第1章から第3章にかけては理論的検討を通して，社会政策研究において，どのようにサードセクターやその内部に属する社会的企業などの組織形態を位置づけることができるのか，課題がどこにあるのかを検討する。

　まず，第1章では社会政策研究において，「なぜサードセクターが重要な存在であるのか」を検討する。これまでの研究で，サードセクターを社会政策の供給局面の分析枠組みの拡張を図った議論を整理したうえで，既存研究では，ほとんど注目されなかった社会支出におけるサービス給付割合の高まりとの関連のなかで，サードセクターの意義を捉えることが必要であることを主張する。さらに，「福祉の生産モデル」を参照しながら，サービス給付割合が高まるとすると，福祉の生産局面での複雑性が増すために，福祉多元主義といったセクター本質主義的な見方ではなく，生産局面での組織の多様性の把握が重要な主題となることを主張する。

　第1章で提示する意味で，すなわち社会サービス給付割合の高まりとの関連でサードセクターが重要であるとすると，福祉の生産にかかわる組織の多元性に注目することがより重要となる。第2章では，これまでの研究でみられた「強い境界区分」――セクターが何らかの共有された「本質」をもつとする見方――には問題があり，異なる視点をとることが必要であること，そのうえで有効な研究戦略を検討する。まず，既存のサードセクターに対する把握の方法を批判的に整理する。国内で未だ主流であると考えられる，複数の組織形態が同一の論理に従うことを前提とする「強い境界区分」に問題があることを指摘する。続いて，それに対して，複数の組織形態が混在する場として「弱い境界区分」を提案する。「弱い境界区分」に基づいた場合，研究戦略は複数ありうるが，その一つとして，

複数の組織形態の行動の違いを理解するためには新制度派組織論のアプローチ，とりわけ制度ロジックが交差する場としてサードセクターを理解するアプローチが有力であることを指摘する。

　第3章では，社会的企業概念の組織形態の概念上の特性を検討する。社会的企業ではその注目度の高さに比して実際の研究が少ない状況がある。しかし，既存研究では，経験的研究が少ない状況の要因についての検討が十分になされてこなかった。第3章では，この理由を検討し，第一に，サードセクター特有の把握の難しさを顕著に示される組織形態であることと，第二に，社会的企業概念に固有に付随してきたハイブリッド性という特性に求められることを指摘する。そして，特定困難性の問題に対応するためには，「社会的企業」概念を用いて，制度化され，人々にある程度共有されている組織形態を対象とするか，あるいは特定することなく複数の組織形態を覆う概念として利用するか，研究者による操作的定義を用いるかの，どれかをとることが必要であることを示す。そのうえで本書では，第一のアプローチである制度化された組織形態を対象とすることが，社会的企業の経験的研究を前進させるためには必要であることを主張する。

　第4章から第7章は，日本国内における労働統合型社会的企業の成立とその行動の論理を検討する。労働統合型社会的企業を対象とした，経験的検討を通じて，サードセクターを社会政策のなかで検討することの重要性を例証することを意図している。

　第4章では，本書の対象となる労働統合型社会的企業が，いかに日本国内で制度化されたかを検討する。労働統合型社会的企業の，日本国内で就労支援にかかわる社会政策への政策導入と組織フィールドの成立を問うものであると言える。2000年代までにおいても，就労支援分野で活動する事業体が活動をしてきたが，それは社会的企業として認識され，取り扱われてこなかった。社会的企業概念は2000年代中盤に受容されるようになり，就労支援政策と社会的企業が結びつくようになった。また，事業体レベルでも，様々な事業体が2010年代になって組織間のつながりを強め，社会的企業として共通の調査対象とされるようになった。これは労働統合型社会的企業の組織フィールド（業界）が構造化されつつあることを示している。本章では，とくに就労困難者一般を対象とする労働統合型社会的

企業が一つのカテゴリとして確立しつつあり，組織自体も自己認識をしていることを明らかにする。

　第**5**章では，制度化された労働統合型社会的企業が，二つの組織形態の類型に区分されることを法制度と事例分析から示す。労働統合型社会的企業を想定した法制度を検討すると，同じ就労困難者を対象とした労働統合型社会的企業であっても，異なる就労困難者への就労機会・訓練機会を提供する方式を想定していることが示される。第**3**章で展開した議論に基づきながら，本章では，これらを支援型社会的企業と連帯型社会的企業と概念化し，個別の事例でも，個別事例が異なる就労困難者へのアプローチを示すことを明らかにする。そして，制度ロジックの枠組みを用いて，支援型社会的企業と連帯型社会的企業で異なるロジックの組み合わせに従う，あるいは参照していることを示す。

　第**6**章と第**7**章では，支援型社会的企業と連帯型社会的企業による就労困難者への福祉の生産（就労機会・訓練機会の提供）と，その社会的包摂への帰結を検討する。

　第**6**章では，支援型社会的企業がいかに福祉の生産に取り組んでいるのかを検討する。支援型社会的企業の事例として，生活クラブ風の村を取り上げ，支援付きの段階的就労を特徴とするユニバーサル就労と呼ばれる就労支援を検討する。対象者へのヒアリングの再分析と参与観察，属性データの分析を通じて，ユニバーサル就労が就労困難者の必要を充足している点と不十分な点を明らかにする。本章の分析からは，市場のロジックと専門職のロジックが衝突しつつ妥協することにより，人々の仕事への包摂がなされていることが示される。

　第**7**章では，連帯型社会的企業がいかに福祉の生産に取り組んでいるのかを検討する。連帯型社会的企業の事例として，共同連のある事業体を対象として，従業者へのヒアリングから職場環境の特徴を明らかにする。ここでは，対等性を重視する民主主義のロジックと事業継続を志向する市場のロジックがせめぎ合うなかで，連帯型社会的企業において，就労困難者と非就労困難者にとって異なる長所と課題が現れていることが示される。そのうえで，働きやすい職場であることと生活維持が可能な形が保たれるためには，他の制度との関連のなかで，適切に連帯型社会的企業が位置づけられることが必要であると指摘する。

最後に終章では，これまでの議論を整理し，本書の意義と課題を示す。本研究では，社会政策のなかで人々の必要を充足する局面をよりよく理解するためには，サードセクターの多元性を十分に考慮した理解が必要であることが示される。その多元性を捉える有望な枠組みが，人々の認識に従う組織形態の区分や制度ロジックという枠組みである。福祉ミックスの状態が不安定化するなかで，人々の認識に基づいて制度化された組織形態に注目したうえで，複数の制度ロジックが交差する場としてサードセクターを理解することが，社会政策研究では重要性をもつ。さらに，本書では十分に議論することができなかった課題として，個々の組織や集団のレベルではなく，組織群や組織フィールドといったメゾレベルでの研究蓄積が必要であること，給付だけではなく規制が重要であること，現状の変化を理解するためには，福祉国家形成期の福祉国家－サードセクター関係を理解することが必要であることを指摘する。

注
(1) サードセクターと呼ばれる組織の集合は「非営利セクター」「社会的経済」「非営利協同セクター」「独立セクター」「ボランタリーセクター」などと，論者の問題意識と，置かれる社会的背景によって異なる名称で呼ばれてきた。本書では，社会的状況に対して中立的であることが多いと考えられるため，サードセクターという用語を使用する。
(2) ただし「公的責任」というときに，財源主体としての責任なのか，供給者としての責任なのか，規制者としての責任なのかについて，厳密に区分した議論は必要である。
(3) 福祉国家の定義は多様であり，社会支出が一定の割合を超えたものを指すこともあれば，社会権が制度的に認められたものを指すこともある。ここでは，簡潔な定義として「社会保障を不可欠の一環として定着させた現代国家ないし現代社会のこと」（東京大学社会科学研究所編 1984: ⅱ）を採用する。
(4) また，福祉国家に対して共感を抱く研究者も，表立って民間組織の活動を敵対視するわけでもなかった。「中央集権化された包括的福祉サービス」の完成を描いたと評された（深澤 2000: 431），ブルースによる『福祉国家への歩み』のなかでも，「『福祉国家』は，昔以上〔訳注：1950年代から1960年代を指す〕にボランタリーの活動に多くを期待しているといっても，言い過ぎではない」と述べられている（Bruce 1968=1984: 520）。

⑸ 例えば，日本では，1998年に，特定非営利活動促進法（NPO法）が制定され，2001年に施行された介護保険制度でも，非営利・協同組織が一定の役割を期待された。社会政策分野では2000年代以降，サードセクターに対する積極的な制度整備とそれを土台とした多様な活動が行われるようになった。

⑹ 民間組織による多元的な福祉供給に注目するのは日本の社会福祉研究でも見られた。代表的なものとしては三浦（1985）が挙げられる。

⑺ 同時期に日本では全国社会福祉協議会による『在宅福祉サービスの戦略』という影響力のある報告書が発行されたが，これは公的責任を強調するもので（中野 2005: 73），福祉多元主義的な考え方の導入をめぐっては，イギリスとの間で時期的なズレが確認される。

⑻ 日本でも，1985年には社会局老人福祉課に，社会福祉にかかわる民間組織振興のための「シルバーサービス振興指導室」が設けられ，福祉供給の多元化が示されるようになった（平岡 2004: 70; 中野 2005: 73）。

⑼ 協セクターは「相互作用としてのケアが成り立つ場」の分類であると述べる一方で（上野 2011: 234），「非営利民間団体の集合」（上野 2011: 458）とも述べており，空間に関する分類なのか，組織に関する分類なのか必ずしも一貫していない。多くの場合は，後者（組織）が念頭に置かれていると考えられる。

⑽ 例えば，上野はサードセクターの成熟という「歴史的事実」によって，福祉ミックス論（福祉多元主義論）が進展してきたと述べており（上野 2011: 240），明確にサードセクターは実在論的，発展論的な視点を採っている。しかし，この視点は第**2**章で詳しく論じるように，サードセクターは「発明」（構築）される側面があることを見落としたことで成り立つものである。

⑾ 欧州の研究者は自らのサードセクター理解の特徴を開放的・混合的・多元的・媒介的と認識していた。詳細は米澤（2011a: 2章）参照。

⑿ さらに，広く組織社会学で使用されている概念であるため，他の研究との相互参照可能性を高めることも期待できる。

⒀ 例えば，ハバーマス的なシステム合理性／生活世界の図式を，そのまま企業・政府／サードセクターに対比的に当てはめる見方（佐藤 1996）はその典型であり，本書ではこのような見方とは距離をとる。

⒁ 詳細は本書の第**4**章を参照。

⒂ ただし，1970年代においてすでに社会的企業や社会起業家という言葉が使用されていたことを指摘する研究者もいる（Ridley-Duff and Bull 2011: 57）。

⒃ 例えば，Journal of Social Enterprise, Journal of Social Entrepreneurship, International Journal of Social Entrepreneurship and Innovation などの雑誌であり，

⑯ Voluntasなどの非営利組織研究の専門雑誌でも社会的企業が論じられることも増加した。

⑰ EMESの正式名称は，"l'émergence des entreprises sociales en Europe"であり英訳はEmergence of Social Enterprise in Europeである．EMESはヨーロッパにおける社会的企業の研究者ネットワークである．1996年に発足し，サードセクターや社会的企業に関する調査研究や学術交流を図っている．

⑱ この9項目の定義は，当初は社会的次元と経済的次元の二次元に分けられて整理されていた。その後，修正がなされ，社会的企業は経済的次元，社会的次元，参加的次元の三次元（dimensions）から定義されると整理されるようになった。

⑲ 実際の社会的企業の活動を見ると，アメリカ的な概念，欧州的な概念は厳格に分けることが難しい。ただし，その特徴を理解するうえでは，欧州とアメリカでは異なる強調がなされて，概念化がされていることを理解することは有益である。

⑳ 同様に，アジアで最初に法制化がなされたと考えられる韓国の社会的企業育成法は，社会的目的に関して社会サービスと就労支援を中核に置きつつも，それ以外の地域貢献的な目的も認められるもので，両者の要素が混在していると考えられる。

㉑ 欧州でも，大陸とアメリカにはさまれる形のイギリスは，アメリカと欧州のイメージが混合していることが指摘されている（北島 2005）。

㉒ 例えば，第4章で詳述するが，日本の政府文書でも，欧州の成功例を挙げながら，社会的企業による雇用の拡大の必要性が論じられている（厚生労働省 2009）。

㉓ ケンウォーシーはアクティベーション戦略が各国で採用されるようになった理由として，福祉国家の財政強化，公正性，貧困削減，社会的包摂，女性の自立と充足，（国際機関による）外部促進といった理由を挙げている（Kenworthy 2010）。

㉔ もちろん，アクティベーション政策の中核をなすのは，公的雇用，職業訓練，マッチングなどのALMPであると考えられる。OECDによる報告書でも，その柱は，「求職支援の提供や雇用職業サービスとの定期的なコンタクト，および一定の失業期間後への参加義務付けなどによって，求職者のより積極的な求職努力を奨励すること」であると述べている（OECD 2006=2007: 104）。

㉕ 積極的労働市場政策関連の社会支出総額の対GDP比はOECD諸国と比べても対象12か国9位である（OECD 2009=2011: 195）。

㉖ 日本では，労働年齢層にある人々に対しては，生活保護以外には生活維持を可能とするだけの現金給付はほとんど見ることができないため，福祉的機能を代替していたものは家族であったと考えられる。

㉗ 福田他（2014: 33）は，「近年の新しい動きとして，対象者を限定しない支援の方向性が模索」されていると指摘している。同様に，厚生労働省の吉田拓野は，「対象者

を限定せず，様々な支援を組み合わせて行う『ユニバーサル』な支援に対するニーズが高まっている」とし，「PS〔パーソナル・サポート・サービス〕では，そのようなニーズに応えるための事業として引き続き，具体的支援の蓄積を行うとともに，その中で様々な評価に取組むことにより，より普遍的な制度への昇華を目指していくべき」(吉田 2012)であると述べている。パーソナル・サポート・サービスは対象ごとの支援という区分をこえた支援の萌芽であると考えることができる。

(28) パーソナル・サポート・サービス検討委員会では，モデル事業実施前に「対象（高齢者，障害者，女性，若者，子どもなど）や制度（介護，福祉，医療，就労支援など）別に構築した支援体制では，どこでも複雑に絡み合った問題の全体的な構造を把握し，受け止めることが難しい」という意識の下，「当事者の抱える問題の全体を構造的に把握した上で，当事者の支援ニーズに合わせて，制度横断的にオーダーメイドで支援策の調整，調達，開拓等のコーディネイトを行い，かつ，当事者の状況変化に応じて，継続的に伴走型で行っていく支援」が必要だとの認識を示している（パーソナル・サポート・サービス検討委員会 2010: 1)。

(29) 就労支援を公的部門で行うことも想定できるが，最終的に雇用されるときに，基本的には民間事業者の力を借りる必要がある。

第Ⅰ部

理論編
――社会政策・サードセクター・社会的企業――

第1章
社会政策におけるサードセクターの位置
——サービス給付拡大に注目して——

1 社会政策研究においてサードセクターはなぜ重要なのか

　本章では，本書の主題である「サードセクターを捉え直すこと」がなぜ重要であるのかを議論する。とくに，社会政策・福祉国家研究にとって，サードセクターが重要な論点となる理由を論じる(1)。本書では，サードセクターの社会政策領域における役割に焦点を当てるものであり，いかにサードセクターを捉え直す作業が社会政策研究に貢献するかを明確にする必要があるためである。

　社会政策研究では，サードセクターは重要であると指摘されており，そして，その関心はサービスの民営化や緊縮財政を特徴とする，福祉国家の後退期以降において，より顕著となっていると考えられる。これまでの社会政策・福祉国家研究では，サードセクターは何らかの政府・市場以外の原理を体現する第三項として位置づけられてきたものの，ただし，いかなる理由で，社会政策研究のなかで，サードセクターが重要な存在であるか，詳細には議論はなされてこなかった。

　このような状況に対して，本章では，社会政策研究のなかでサードセクターの重要性を論じるときには，社会支出に占める社会サービス給付の拡大との関連で(2)検討されなければならないということを主張したい。さらに，社会サービス給付の増加のトレンドのなかで社会政策が社会に対して果たす役割——人々の必要（ニーズ）の充足——を十分に理解するためには，その提供システムのなかの組織群の多様性を適切に把握することが不可欠である。サードセクターは供給組織の多様性を理解するための手がかりである。これは，既存研究において，サードセクターを第三項として捉え，その共通の性格を強調して意義を認める立場とは異なるものである。

以上のような主張のために本章では以下の三つの節において議論を展開する。第2節では，福祉国家・社会政策研究において，1990年代以降に，サードセクターを取り入れる議論が多く展開されたことを検討する。第3節では，福祉国家研究において，サードセクターを取り入れることがなぜ重要なのかを福祉生産のメカニズムから検討する。最後に本章で展開した議論を整理する。

2 社会政策研究へのサードセクターの取り込み

(1) 社会政策研究の問題系

社会政策や福祉国家の研究者は，多様な問題意識から労働などにおける一次分配のあり方や社会保障などにおける二次分配（再分配）を対象に研究が蓄積されてきた。[3]

社会政策研究の問いの焦点の一つは，社会政策によってどのように人々に影響があるかにあった。すなわち，諸制度や諸実践が組み合わさりながら，社会政策がいかに人々の必要を充足するかが問題とされた。

社会政策による必要充足の側面が福祉国家研究のなかで，いかに位置づけられるかに関する理解を助ける論考として，ヒックスとエスピン-アンデルセンの議論がある（Hicks and Esping-Andersen 2005）。これは，社会学における福祉国家（社会政策）研究を整理したものであり，彼らによれば，福祉国家研究は大きく分ければ二つの主題に分けられる。

第一に，「なぜあるタイプの福祉国家が成立したのか」という問題である。これは，福祉国家を被説明変数として，それに対する政治勢力や社会変動などの社会的諸要因との関連を解き明かそうとする研究である。この例としては，機能主義的な福祉国家論（Wilensky 1975=1984），権力資源動員論（Esping-Andersen 1990=2001）や新制度派政治学による福祉国家論（Pierson 1994）による諸研究が当てはまるであろう。

第二に，「福祉国家の政策がいかに個人の福利を向上させ，不平等を緩和するのか」という問題である。これは福祉国家を説明変数として，福祉国家および社会政策が社会の構造や人々の福利をいかに改善するのかを解き明かそうとする研

究である。後者の研究は社会政策学者であるミッチェルが行った，ジニ係数の緩和や貧困削減効果に注目する研究がその例となるだろう（Mitchell 1991=1993）。国内における社会政策の効果や機能を解き明かそうとする研究の代表的な例としては，大沢（2007; 2013）や埋橋（1997; 2011）などが挙げられ，福祉国家のあり方を説明変数として，年金や家族関連制度のアウトプットや成果に注目している。

前者は「福祉国家の形成」の研究，後者は「福祉国家の効果や機能」の研究と言い換えることができるだろう。本書全体を通じて焦点を当てる主題は，後者の課題である。福祉国家や社会政策の効果や機能をめぐる主題においては，社会政策に関して，人々の生活の必要を充足することのあり方の実態や目指すべき方向性を問題とする。

（2）供給局面の諸研究とサードセクターの取り込み

近年では，福祉国家（社会政策）による必要の充足の帰結を主題とする系統の研究に関して，これまで対象とされてきた政策や主体の領域を拡大させる志向が確認できる[4]。

対象拡大の方向性の一つとして確認されるのは，民間組織，とくに非営利組織への視野の拡大である。民間部門は営利部門と非営利部門に区分されることが多いが，1970年代後半以降の社会政策・福祉社会学において民間非営利組織の集合であるサードセクターは一つの焦点となっていたと言ってよい[5]。福祉国家研究・社会政策研究における主体として民間非営利部門を取り入れる考え方のなかでは，序章で詳論した，福祉多元主義が影響力をもったが，それ以外に，ソーシャル・ガヴァナンス，条件整備国家，生活保障システムなどの分析枠組みが使用された。ここでは序章で説明した福祉多元主義以外の枠組みを確認しよう。

2000年代の中盤以降，ソーシャル・ガヴァナンス概念が福祉領域で使用されてきた（山口他編 2005; 武川 2006）。政治学者の宮本太郎は「福祉国家は依然として重要な主体であるが，この多中心化した制度空間を複合的に捉えるアプローチが必要になっている」（宮本 2005: 1）としてソーシャル・ガヴァナンスの重要性を唱えた。この考え方では一国単位で考えることの批判とともに，主体としての政府に加えて営利組織・非営利組織・社会的企業なども含めて民間組織を含めた，

社会サービス供給の調整過程を明らかにしようとした。

また，アメリカの社会政策学者であるギルバートは，福祉国家が条件整備国家（Enabling State）へと変容していると主張する（Gilbert 2004）。ギルバートによれば，福祉国家は変容しつつあり，民営化，就労支援，選別的目標，帰属意識に基づく連帯が重視される「私的責任に対する公共の支援」が政府の中核的な役割となる（Gilbert 2004; 加藤 2006: 328-329）。政府は直接的なサービス供給者としての役割から後退し，その代わりに，営利／非営利の民間組織がサービス提供者としての役割を担う。

国内では，生活保障システム（生活保障ガバナンス）概念も提示され，影響力をもちつつある（大沢 2007; 2013）。経済学者の大沢真理は公共事業等によって生じる雇用保障も含めて広義の福祉国家を捉えることの重要性を指摘しつつ，サードセクターや社会的経済などの民間組織の役割を含んだ概念である生活保障システム（ガバナンス）という分析枠組みを提示した。大沢は，「民間の制度・慣行と政府の法・政策が相互作用し，かみあい（かみあわずに），暮らしのニーズが持続的に充足される（されない）しくみ」（大沢 2013: 56）を生活保障システムと定義し，既存の福祉国家研究の供給領域の射程の拡大を図ってきた。

福祉供給のなかで民間組織を含めて相対的に社会政策供給を捉える試みは，現代を対象とするだけではなく，歴史的な社会政策の供給システムも対象とする研究にも認められる。経済史家の高田実は「福祉は，家族，企業，地域社会，相互扶助団体，慈善団体，商業保険会社，宗教組織，地方公共団体，国家，超国家組織などの多様な歴史主体と多元的な原理によって構成された構造的複合体」であるとし，「福祉の複合体」（mixed economy of welfare）として，福祉の展開を捉えた（高田 2012: 6）。福祉の形成に関して，政府部門ではなく様々な私的な諸主体の取り組みやそれらの相互作用を捉える試みは，福祉国家史のなかでも近年注目されている（長谷川 2014）。

それぞれの概念構成は差異を含みながら，政府に加えて民間非営利組織も社会政策のシステムの中に含めて，人々の必要の充足を捉えることが必要であると説くことにおいて共通点をもつ。民間非営利組織が担う役割は，必ずしも明示的に合意されているわけではないが，人々の必要を充足する仕組みの一つとして，民

間非営利組織が焦点化されたことは,近年の社会政策をとりまく諸学説の一つの特徴として確認することができる。

3　福祉国家の再編とサードセクター

(1) 福祉国家によるサービス給付の拡大とサードセクター

① 福祉国家の再編におけるサービス給付の拡大

　以上にまとめた通り,社会政策や社会福祉の領域では,民間非営利組織の集合であるサードセクターは1990年代以降,研究者や政策担当者,実践家のなかで強い関心を集め,重要な主題であると考えられてきた。しかし,なぜ,サードセクター組織は社会政策において重要な存在であるのかという点の明確な合意は存在しないと考えられる。

　民間供給組織への関心が高まる理由として,本章で提起したい論点は,福祉国家におけるサービス供給の拡大が重要であることである。給付国家におけるサービス供給の比重の高まりがサードセクターへの関心を呼び出しており,サービス供給拡大の文脈でサードセクターの役割を理解しようとするときに,セクター単位での把握法には限界があると考えられる。サービス供給の比重が高まることにより,サードセクターを含めた民間組織の配置と社会政策の関連が注目されることを本節では明らかにする。

　1990年代以降,福祉国家は再編期を迎えたとされるが,この時期の特徴の一つは,サービス給付の比重の高まりである。サービス給付は医療などの分野で伝統的に福祉国家のなかで一定の役割を占めてきたが(Kautto 2002),比較社会政策研究の関心の中心は年金や生活保護などの現金の移転であったと考えられる。しかし,近年では,社会支出の領域でも高齢者介護や就労支援サービスなどの,サービス給付の拡大が確認されている(Castles 1998: 187)。充実したサービス給付は新しい社会的リスクの対応などの新しい社会変動に対応するうえでの重要な変化の一つであると考えられてきた。例えば,宮本は「二〇世紀型福祉国家においては,一般に男性稼ぎ主の完全雇用への依存が強かったために,社会保障は彼の所得の中断に備える現金給付が軸になってきた」と述べたうえで「これに対し

て，雇用と家族の揺らぎが強まる時代には，就労や家族を支援するサービス給付の比重が高まらざるを得ない」（宮本 2013a: 11）と指摘する。

　社会支出におけるサービス供給の比重の高まりは，先進国共通の現象であり，サービス供給の高まりは社会支出の国際比較データから確認することができる。図1-1は，OECD Social Expenditure Database（SOCX）を用いて，医療以外の政策領域での現物給付が占める対社会支出の割合について1980年と2009年の数値を比較したものである。図1-1からは，日本も含む多くの先進諸国で，1980年と2009年を比較した際に，現物給付割合の上昇が確認できる。伝統的にサービス給付が充実していたと言われていた北欧だけではなく，大陸欧州や，カナダとアメリカを除くアングロサクソン諸国でも現物給付割合は上昇している。

　サービス給付の拡大は，複数の要因が関連している。その一つは，家族の変容などを背景とした，新しい社会的リスクの顕在化である。家庭内で主にケア役割を担ってきた女性が，労働市場へ進出することによって，家族内ケアの社会化が要請される（Daly and Lewis 2000; 大沢 2007）。サービス供給の比重の高まりは，SOCXデータを用いて尾玉他（2012）の研究が確認している。尾玉らはOECD21か国の社会支出の推移を検討したが，家族・高齢関連の政策分野における現物給付の対GDP比の上方収斂を明らかにした。現物給付の大きな割合を占めるのは医療分野の給付であり，これは，福祉国家形成期にも問題とされた疾病リスク——ただしそのリスクの内容は技術変化，社会変化とともに大きく変化している——を反映していると考えられるが，近年の現物給付の増加の多くを説明するのは家族や老齢分野である。

　また，サービス給付は積極的社会政策（Active Social Policy）や社会的投資（Social Investment）との関連で重要性が強調されることもある（Nikolai 2012: 96）。積極的社会政策や社会的投資という考え方は，論者によって意味合いが異なるものの，知識経済化などを背景としながら，社会政策の目的や手段として，受動的な所得保障だけではなく，人々の活動促進——人的資本開発や人的資本の有効な活用，子どもの貧困対策など——も含めようとする考え方を指す（Morel et al. 2012:1-2; Jensen 2012: 23）。この点に関連して，経済学者の埋橋孝文は，サービス給付の重要性について，「社会保障，社会福祉に占めるその意義は今後ますます

図 1-1 医療以外の現物給付の総社会支出に占める割合の変化

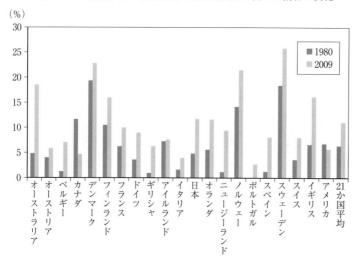

出典：OECD SOCX（https://www.oecd.org/social/expenditure.htm〔2017年2月1日最終アクセス〕）より筆者作成。

大きくなっていく」（埋橋 2011: 8）と述べ，その理由として，「現金給付が労働インセンティブに負の影響を及ぼす」一方でサービス給付は「サービスを受ける本人もしくはその家族の労働可能性を高め，労働供給を増加させる効果」（埋橋 2011: 8-9）があることを挙げる。埋橋がいうように，サービス給付は労働への誘因を阻害することが少ないと考えられるゆえに，より能動的な福祉国家を構想するうえでは高い重要性をもつと考えられる。

以上のように，伝統的福祉国家で想定されていた社会構造や社会的リスクの変容に伴って，現金給付中心型の福祉国家システムは変容を迫られている（宮本 2006）。この一つの変化の方向性がサービス給付の重要性の高まりであり，これは先進諸国に共通して確認することができる。

② サードセクターとサービス給付の関連

ここまで，福祉国家の供給側面におけるサービス給付割合の拡大を示してきたが，サービス給付の拡大と，サードセクターを重要視するようになったことは時期的に重なっており，両者は以下に述べるように一定の関連性をもつと考えるこ

とができる。サービス給付割合が高まることにより、サービス供給を担う存在として、多様な形態をとる民間組織が重要性を増すと想定されるためである。もちろん、論理的には、すべてを公的機関が運営することもありうるが、多くの諸国では形は異なるものの、民間組織が社会サービス供給において導入されている。これはサービス提供に関しては現金給付と比べて、公的機関以外の組織がかかわる余地が大きくなるためではないかと考えられる。

　この理由を検討した論考に、アスコリとランスによる『福祉ミックスのジレンマ』がある（Ascoli and Ranci 2002）。サービス供給割合の高まりとサードセクターの重要性の高まりの関連性については、国内の社会政策領域におけるサードセクター研究ではあまり主張されることは多くはないが、該当書では、その冒頭で、社会サービスの比重の高まりとの関連で、民営化の進展を論じている。その冒頭でアスコリとランスは新しい社会的リスクへの対応としてこれまでの現金給付中心のシステムでは十分に社会的必要（ニーズ）に対応できず、ケアサービスなどの社会サービス供給が重要性を増すことを指摘する（Ascoli and Ranci 2002: 1-2)。[9]

　アスコリとランスは社会サービス供給の必要が増す「新しい社会的リスクの時代」において、国家が「パラドクシカル」な状況に陥る（Ascoli and Ranci 2002: 2）と指摘している。ここでパラドクシカルな状況とは、国家が新しいニーズに対応しなければならないと同時に、現在の組織状況を維持するのならば社会支出を拡大することが困難であることを指す。実際のサービス供給においては、財源面、供給面共に、国家が社会サービスを丸抱えするとは考えづらい。そのように考えると、社会支出のサービス割合の高まりと民営化は関連しているというアスコリとランスの指摘は説得力をもつ。

　サービス給付の担い手として非営利組織を含む民間組織は大きな役割を果たすことは日本国内の政策導入の経過にも見て取れる。例えば、社会サービスや高齢者福祉の分野で伝統的にサービス給付の担い手となったのは、非営利法人である医療法人や社会福祉法人であった。社会学者の平岡公一は、1980年から1995年の社会福祉施設数の推移を整理し、1980年代後半から、新たに整備される施設の大半を私営施設（ただし社会福祉法人など認可型供給組織が多い）が占めることを指摘

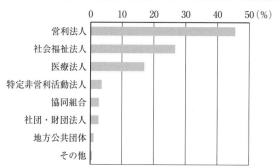

図1-2 日本国内の開設（経営）主体別事業所数の構成割合

出典：「平成24年介護サービス施設・事業所調査の概況」より筆者作成。

している（平岡 2004: 72-73）。この傾向は，1990年代以降加速していると考えられ，例えば，居宅介護支援事業所では，2012年時点では行政組織（地方自治体）が直接運営する事業体は全体の1.1％に過ぎず，残りの98.9％は営利組織や社会福祉法人などの民間事業所である（図1-2）。障害者支援領域でも，伝統的／非伝統的な非営利法人が参入し福祉多元化が進展している（村田 2009）。少なくとも日本国内では，伝統的にも社会政策のサービス給付の担い手として非営利組織が活動しており，さらにサービス給付が増大するとともにサードセクターの影響力も強まっていると考えられる。

社会サービス給付とサードセクターの関連性は国際比較データからも確認できる。社会サービス供給において，どの程度，非営利組織が役割を果たすかを示すデータは整備されているとは言い難い。例外的にジョンズ・ホプキンス大学が実施した非営利組織の国際比較調査（The Johns Hopkins Comparative Nonprofit Sector Project: 本書ではJHCNSPと略す）が，非営利組織の概況を間接的とは言え示している（Salamon and Anheier 1994=1996）。JHCNSPは，1990年代における非営利組織の規模と性格の国際的な比較を目指した調査プロジェクトであり，日本の非営利組織研究においても大きな影響を与えた（安立 2008: 31; 橋本 2013: 70）。JHCNSPにおいては非営利組織の構造・操作的定義（the structual-operational difinition）を採用し，国際比較がなされた。これは本書の第**2**章，第**3**章で確認する

ように問題がないわけではない。しかし，非営利組織にかかわる国際比較のために利用可能なデータは乏しいため，これを使用する。

まず，JHCNSPのデータは調査対象である非営利組織と（教育を含めた広義の）社会政策の関連性の強さを示している。JHCNSPによれば，1995年時点で，非営利組織の従業者の半数を超える人々が広義の社会政策の関連分野で活動している。JHCNSPにおいては，非営利組織の規模を示す指標として非営利組織で勤務する労働者数・ボランティア数を用いている。この指標でみると，対象22か国の非営利組織で働く労働者の約6割以上が，福祉（18％），医療（20％），教育（30％）の社会政策にかかわるサービス供給分野である（Salamon et al. 1999: 15）。

サービス給付の拡大は非営利組織の拡大と並行しているのだろうか。非営利組織の増加が社会サービス割合の増加との関連性が検証できる時系列なデータも，十分には整備されていないが，部分的には，サービス給付分野での非営利組織は増加傾向にあることをJHCNSPのデータが示している。彼らの調査では，アメリカ，イギリス，フランス，ドイツ，イタリア，オランダ，イスラエルと他一国[10]の非営利組織で働く労働者の規模拡大が明らかにされた（Salamon et al. 1999: 29-31）。このデータによれば，1990年と比べて1995年においては非営利組織の労働者数は24.4％増加しているが，この労働力増加の40％が医療であり，32％が社会サービス[11]，さらに，14％が教育関連であるため，1990年代前半の比較可能な諸国の非営利組織の労働力増加の8割以上が，広義には社会政策にかかわるサービス給付での労働力の増加によって説明できることを意味している。限定的なデータではあるものの，以上を踏まえるならば，非営利組織の拡大とサービス給付の強調は関連性があると考えることは妥当であろう。

ただし，サービス給付の拡大とサードセクターの規模の変化は単線的なものではなく，片方の増加（減少）がもう片方の増加（減少）を導くとは限らない。強調しなければならない点は，サービス給付の拡大は各国で共通して「サードセクターへの関心」を喚起したが，「サードセクターの規模や役割のパターン」は社会ごとの差異が存在すると想定されることである。

これまでの研究からは，両者のあいだに類型的関係が推測される。例えば，サラモンとアンハイアーは，非営利組織の国際比較研究において，非営利組織の規

第1章 社会政策におけるサードセクターの位置

表1-1 非営利セクターの社会起源理論による分類

政府による 社会福祉支出	非営利組織の規模	
	低位	高位
低 位	国家主義 日本	リベラル アメリカ イギリス
高 位	社会民主主義 スウェーデン イタリア	コーポラティスト ドイツ フランス

出典：Salamon and Anheier (1998: 240).

模と社会支出の規模（現金給付も含む）を基準とする「社会起源理論」(social origins theory) によりそのパターンを示した（表1-1）。これは，歴史的動態を踏まえた，先進諸国の類型化の提案であり，主張の核は福祉国家（政府）の規模と非営利セクターの規模の関係の単線的関係──例えば，片方が増大すれば，もう一方も増加する──の想定を否定することにあった。ただし，彼らの分析結果には，ランスが指摘するように，問題点も存在する（Ranci 2002: 33）。福祉レジーム論の枠組みでは脱商品化指標を基準とするが，社会起源理論では社会支出の多寡を福祉国家のパターンの基準とするため，例えば，イタリアとスウェーデンが同じ社会民主主義レジームのなかに収まるという社会政策研究者が首肯し難い結果が生じている。[12]

これに対して，より説得的にサービス給付とサードセクターの関係を整理した議論として，欧州のサードセクター研究者であるエヴァースとラヴィルの類型論がある。彼らは，ジェンダー関係も踏まえて，福祉レジームと関連づけながら，サードセクターの社会単位での分類を行っている（Evers and Laville 2004a=2007）。具体的には，公的なサービス給付の手厚い社会民主主義レジームでは，サードセクターは，サービス給付を直接供給する主体になるのではなく，政府などへのアドヴォカシー的役割（表出的役割）を果たす場面で期待される。自由主義レジームや南欧諸国では前者は市場，後者は家族のなかでの女性が担うため，財やサービス供給者としてのサードセクターの役割は限定的である。また保守主義レジームの諸国では，サードセクターは政府との緊密な連携の下でサービス供給の重要な担い手となるという。[13] この指摘を踏まえると，サービス給付とサードセクター

図1-3 非営利組織の労働力規模と現物給付の対GDP比

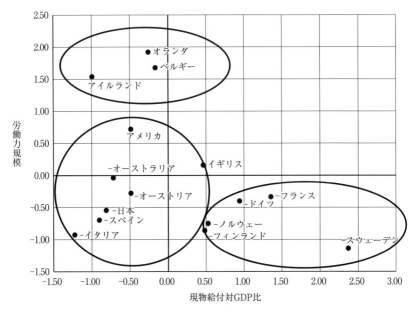

注:それぞれの数値は標準化している。軸上の数値も標準化されたものである。
出典:JHCNSP (Salamon et al. 1999; 2004) とOECD SOCXデータより筆者作成。

の規模にはパターンが想定できそうである。

ただし,彼らは比較可能な経験的データをもとに議論を展開しているわけではないため,類型化は,理論的な推論にとどまっている。この点に関して,JHCNSPとSOCXデータを組み合わせることでこの推論を補完できる。図1-3は,筆者が作成した,JHCNSPとSOCXデータの両者が整備されている,15か国[14]の非営利組織の規模(非営利組織の労働力が全労働者に占める割合)と1995年時点[15]でのサービス給付の割合を示した散布図である[16]。

図1-3からは,非営利組織の規模とサービス給付の割合の両変数に関しては大まかな分類が可能だと考えられる。この検証のために,両データについてクラスター分析を行ったものが図1-4である。図1-4では,完全には,エヴァースとラヴィルの類型論と重ならないが,彼らの類型論と類似性をもつ三つのクラス

図1-4 15か国のクラスター分析の結果を示したデンドログラム

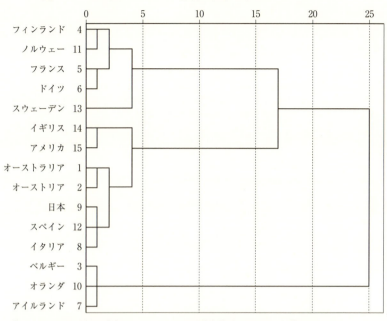

注:クラスター分類の手法は,ユークリッド距離を使用したウォード法による。
出典:JHCNSP (Salamon et al. 1999; 2004) とOECD SOCXデータより筆者作成。

ターに区分することができた(図1-3)。

　クラスターは以下の三つに区分される。第一に,サービス給付が大きく,非営利組織の規模が小さい諸国である。これはスウェーデンを典型とする北欧諸国およびそれよりは若干ではあるが非営利組織の規模が大きいドイツ・フランスが当てはまる。第二に,サービス給付の規模は中程度で,非営利組織の規模が大きいオランダやベルギー,アイルランドなどの諸国である。最後に,両方とも規模が大きくはない南欧および日本も含む自由主義レジームである。以上を踏まえると,エヴァースとラヴィルの類型論と一致しているのは社会民主主義,自由主義,南欧諸国であり,彼らの類型論と差異が確認できるのは保守主義諸国の性格である。少なくともJHCNSPのデータを用いる限り,保守主義諸国のなかでもサードセクターの規模について大きな差異が確認でき,ドイツやフランスなどは非営利組織

の規模が大きいとは言えない。この点に関してはデータの整備も含めて，詳細な議論が必要であろう[17]。

限定されたデータからだが，サードセクターの規模とサービス給付の関係を分析した。以上を踏まえると，サービス供給のあり方とサードセクターの規模は類型化可能な関係性が存在することを推測することができる。この関係は，単線的なものではなく，主としてサービス供給を担うと考えられた女性の労働市場参入の程度などのジェンダー的要因や，各国の制度構造などの何らかの要因によってパターン化されると推測される。データ整備とともに，より一層の検討が必要であり，本分析では要因特定までは困難であるが，とりあえず，サードセクターを含めた民間組織の影響力の高まりは，サービス給付の重点化という背景——すなわち福祉国家の再編——のなかで理解する必要があることまでは指摘してよいだろう。

（2）サービス供給構造の多様性

社会サービス給付の拡大，および，社会サービス給付とサードセクターの関係性を検討した。以上を踏まえると，サードセクターが影響力を高めていることは，サービス供給の比重の高まりという社会政策の質的変化との関連で検討する必要があることがうかがえる。

この前提の下では，福祉多元主義のようにセクター単位で供給構造の多様性を理解する方法には大きな問題があると考えられる。これまで，多くのサードセクター研究は，〈参加型／市場型〉といった区分や，〈営利組織中心／サードセクター中心〉といった区分に基づき，サードセクターの影響力が強い福祉供給のパターンを擁護してきた（Pestoff 2009; 上野 2011）。これらの議論では，セクター単位での区分に大きな意味があると考え，福祉国家の変容のなかで，特定の性格を共有した組織の集合（セクター）の比重が高まっていること，そして，高まることが望ましいと考えている。しかし，筆者は，単一の原理を体現するものとサードセクターを捉えて，その拡大を擁護することは，社会サービス提供場面における必要充足を理解するためには不適切であると考える。

本章での主張は，社会サービス給付の比重が高まったことにより，福祉の生

第1章　社会政策におけるサードセクターの位置

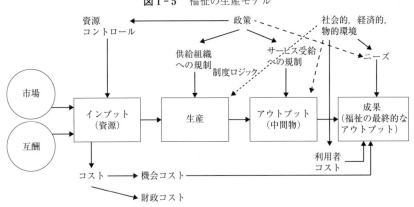

図1-5　福祉の生産モデル

出典：Mitchell（1991=1993:11）から一部修正。

産・供給の多様性が増していること，そしてそのために多様な組織主体から構成されるサードセクターが結果的に注目されており，研究者もその多様性に十分に配慮しなければならないことである。このとき，社会サービス給付と現金給付のニーズ（必要）を抱える人々への帰着のメカニズムの違いの理解を助けるのが，福祉の生産モデルである（図1-5）。

福祉の生産モデルはイギリスの社会政策学者であるヒルらがアイディアを提示し（Hill and Bramley 1986）[18]，ミッチェルが，所得移転構造の分析のために利用し，一定の影響力を示した（Mitchell 1991=1993）[19]。福祉の生産モデルは福祉供給のなかで，インプット，生産，アウトプット，アウトカムの四つの局面を区分し，さらに環境的要因を視野に入れる。日本でも，福祉の生産モデルは埋橋（1997; 2011）や大沢（2013）で応用されている[20]。

社会政策研究における，福祉の生産モデルの意義は資源と生産，アウトプット，アウトカムを区分し，諸研究の位置づけを整理する視点を提供した点にある。この枠組みを使用することで社会政策にかかわる諸研究が何を問題としているのかその整理が明確になる。同じ，社会政策（福祉国家）の供給を問題としていても，どれだけの資源（インプット）が投入されたのかに注目するのか，どのような形で現金給付が提供されているのか（生産），給付がどのように個人に帰着してい

るのか（アウトプット），さらにその給付によってどのように個人の福利が改善しているのか，あるいは社会的不平等が解消しているのか（アウトカム）はそれぞれ異なる問題群である。例えば，社会学者のウィレンスキーの社会支出を重視する研究（Wilensky 1975=1984）は投入される資源量に注目しているため，「インプット」に注目したものであることがわかり，エスピン-アンデルセンの脱商品化アプローチ（Esping-Andersen 1990=2001）は福祉供給の「生産」に焦点を当てたものであることが理解される。福祉の生産モデルを使用した，ミッチェル自身は，アウトプットや成果に焦点を当てることが必要であると考え，Luxembourg Income Study（LIS）データを用いた国際比較研究を実施した。

なお，図1-5ではオリジナルの図表から三つの点で修正を行っている。第一に，政策から生産とアウトプットにそれぞれ矢印が出ている「組織マネージメント」「サービスの様式」は原著でも内容は不明確であった。これは生産構造とサービスの受け手の規制と読み替えることができると考え，それぞれ「供給組織への規制」「サービス受給への規制」に変更した。第二に，社会的，経済的，物的環境から福祉の生産へ矢印を伸ばし，とくに社会的環境が福祉の生産組織に対して複数の規範的影響を与えうることを明示した。例えば，社会的必要の充足という同様の目的をもっていたとしても，本書の後半で論じるように，それが専門職的論理を重視するのか，民主主義的論理を重視するかによって福祉の生産の方法は変わってくる。この詳細は，第**2**章や第**5**章において，制度ロジックとして論じるものである。第三に，資源について政策からの矢印しか出されていなかったものであるが，市場と互酬を追加している。近年の社会政策供給に従事する事業体の研究を見ると，政府からの資源だけではなく，市場を介した利用料収入や互酬を介した寄付やボランティアなども大きな役割を占めている。実際に，市場交換と互酬，政府からの資源である再分配を組み合わせることにサードセクターの特徴があるとの研究もある（Gardin 2006; 米澤 2011a）。本書では，資源構造は主たる論点にはしないが，重要な点であると考え，修正した。

福祉国家の社会サービス給付の比重の高まりとの関連では，福祉の生産モデルにおける四つの局面のうち，福祉の「生産」場面が重要な意味をもつと考えられる。社会サービス給付の際には，福祉の生産が意味することは，例えば，多様な

第1章 社会政策におけるサードセクターの位置

組織による高齢者の介護サービスの産出や，本書の後半部で主題とする社会的企業による就労機会・訓練機会の産出と理解することができる。サービス給付の場合，ミッチェルらが焦点を当てた現金給付を比較すれば，資源からアウトプットに転換する生産局面の多様性は，サービス給付において格段に高まると考えられる。

　ここで，現金給付とサービス給付（現物給付）の「生産」場面の違いを検討しよう。公的扶助や年金などの現金給付では，中央政府・地方政府と個人のあいだを媒介する要素（個人や組織）は，サービス給付と比べて相対的には多くはないと考えられる。もちろん，それぞれの現金移転の基準が脱商品化的か否か，普遍主義的か否か，財源方式が保険方式か税方式かといった相違は存在し，重要である[21]。しかし，一度，制度が確定すれば，例外はあるものの（例えば生活保護受給における水際作戦など），生産場面における政府と個人を媒介する要素はサービス供給と比べると多くはない。

　現金給付に比べて，介護，育児，就労支援サービスなどのサービス給付の場合，政府と個人を媒介する要素は，はるかに複雑である。サービス給付の場合，何よりも第一にサービスを担う労働（者）が必要であり[22]，それを管理する組織，さらにその組織を統御するルールや組織に対する資源配置が必要となる。労働者と利用者のあいだの関係でも，サービスが必要を充足するかどうかの判断も，専門職によるものや当事者参加によるものなど多様である。また，単独の供給組織のレベルに限定しても，様々な組織変数の違い——規模が大きいか／小さいか，法人格として営利か／非営利か——が問題になるだろう。さらに，ある地域や政策領域ごとの組織の布置に焦点を当てるならば，メゾレベルでの諸変数——特定地域におけるサービス供給組織が寡占的か／非寡占的か，専門的（Specialist）組織が多いのか／総合的（Generalist）な組織が多いのか——といった点でサービス供給のあり方は異なると考えられる。さらに個々の組織は独立してサービス供給を行うのではなく，組織間でネットワークを形成したり，あるいは系列化すると考えられる。サービス供給の場合には，資源がいかにアウトプットにつなげられるのか，そのパターンは現金給付と比較してはるかに複雑となり，その供給体制の構成を明らかにする問題の重要度は高まる[23]。

この点に関して，ミッチェルが依拠したヒルらの枠組み（Hill and Bramley 1986）が，当初は，必ずしも国家を単位としたものではなく，多様な供給主体（agency）の効率性を問題にするために作り出されたことにも配慮する必要があるだろう。ミッチェルやそのモデルを応用する埋橋，大沢らの論考では国家単位の現金のやり取りを基本的な分析対象とし，一定の成果を得てきた。しかし，ヒルらの当初のモデルは地方自治体や学校などの組織単位のサービス給付の効果と効率性を分析することを目的にモデル化を図っている。

　社会政策研究においてサービス給付の重要性が高まるとすると，インプットからアウトプットにいたる「生産」場面の理解——すなわち再分配の中心である政府と個人とのあいだに存在する組織群や，自律性をもちながら必要を充足する組織群の布置（constellation）を明らかにすること——が必要となる。この点に関して，営利／非営利，行政／民間，公式／非公式の諸変数や，組織規模，組織アイデンティティなどが，既存のセクター区分を横断し，また折り重なりあって現れる組織形態のあり方を理解することが重要になっていると考えられる。このような福祉国家の変容に伴う，研究的要請と，サードセクターという諸組織を同質なものとして把握する方法（序章で言う独立モデルのような）はズレが大きく生じている。ここにおいて，営利や行政，家族と並列的で独立した位置にある一元的な「セクター」と考える弊害が顕著に見られると考えられる。事項でこの弊害を検討しよう。

（3）セクター本質主義の問題点

　より具体的にセクター本質主義の問題点を指摘しよう。ここでセクター本質主義とは，セクターに属する組織群が共有する原理を体現することを意味する。サービス給付の影響力が増すなかで，社会政策のプロセスを理解するためには，これまで通常，採用されてきたセクター単位で供給構造を把握しようとする試みは，重大な限界を抱える。問題は大別すれば，二つに分けることができるだろう。第一に，セクター単位の認識ではセクター内部の多様性を認識することができないことである。第二に，第一の点の裏返しであるが，他のセクターに属するとされる組織との境界の曖昧性に対応できないことによる。

第 1 章　社会政策におけるサードセクターの位置

　サードセクターが単一の原理からなる組織の集合と捉える見方は，社会政策供給の効果を問題にする際に大きな障壁となる。極端な例を挙げよう。(1)一般的に「営利セクター」に属すと考えられる地元に根差した中小企業と，(2)一般的に「サードセクター」に属すと考えられる専業主婦が中心に始めたNPO法人による介護サービス事業所，(3)一般的に「営利セクター」に属すと考えられる多国籍企業が運営する大規模介護事業体と対比する場合，サービス供給の幅や利用者参加の程度，サービスの質などの点に関して，境界線はどこに引けるのであろうか[26]。一般的には，(1)の中小企業は，(2)のNPO法人と，(3)の多国籍企業のあいだでどちらに近いと言えるかについて，先験的な主張をなすことはできないだろう。しかし，セクター単位で供給構造を把握する考え方では，(1)と(3)を同一のセクターに含めて分析を行うことになる。研究上において，サードセクター概念を用いる際の意義の一つは，営利／非営利，参加／専門的，宗教／世俗的といった，多様な組織的性格を検討の対象に含めることができることにあると考える。しかし，セクター本質主義はその意味での組織の多様性を捉え損なってしまう。

　サービス給付の意義が高まるなかで，通常想定されてきた組織形態の区分では不十分である。例えば，最近の研究では，高齢者の訪問介護という同一分野の事例においてさえ，基礎自治体レベルの地域変数の差異によって，営利／非営利組織の行動パターンが近接したり，差異が維持されることが明らかにされている（須田 2011）。また就労支援の事業体は同じ障害者分野であったとして，異なる社会的包摂のアプローチをとっていることが示されている（米澤 2011a）。

　すべてのサードセクター組織が一律に，他のセクターと異なる形で，福祉の生産によってアウトプットを生じさせると捉える視点は妥当性をもたないと考えられる。少なくともセクター単位で差異が存在することは，あらかじめ所与とされるべきではなく，何らかの経験的探究に基づいた論拠が必要な事柄である。しかし，このことはサードセクター研究ではあまり重視されなかった。これに対し，例えば，社会学者のディマジオとアンハイアーは，アメリカの非営利組織研究において，非営利組織に対して，その複雑さや多元性にもかかわらず，「自発的」「独立した」「民間の」といった，「称賛を込めた，しかし誤解を生むような形容詞」を用いて性格づけがなされてきたと批判的に論じている（DiMaggio and

Anheier 1990: 153)。これは現代の日本のサードセクター研究にも当てはまる。市民的，革新的，民主的といった，「称賛を込めた，しかし誤解を生むような形容詞」が非営利組織一般に当てはまることは自明視されて論じられてきたのである。しかし，それらの性格は曖昧なまま前提とされることが多く，その内容が問われることは少なかった。

　ここで重要なのは，法人形態，所有者，ガバナンス構造，資源配置，依拠する規範などの様々な観点からみて多様な組織群が含まれているサードセクターの特質である。多様な組織形態の集合を共通した何らかの本質でくくることは困難であろうし，そのような研究上の取り組みは必要ではないかもしれない。むしろ，サードセクター研究で問題とされた諸変数のあり方に注目して供給構造の理解を進めることが必要である。

　以上を踏まえると，サードセクターを，セクターとして同質性を強調する視点は，サービス給付が増大するなかで供給構造が多様化する様態を捉えるためには，分析上の大きな不自由を抱える。この点から，サードセクターと社会政策の相互関係に関心をもつ研究者は，セクター単位での把握を乗り越える視点を得る必要——すなわち福祉多元主義のようなセクター中心的な見方を乗り越える必要——がある。そして，とくに「説明変数としての福祉国家」に関心をもつ研究者は，この供給構造の多様性をよりよく把握しなければならない。

4　サービス給付拡大とサードセクターの多元性

　本章では，「なぜサードセクターが社会政策において重要な主題となるのか」という問題を検討した。

　まず，社会政策・福祉国家の研究主題を成立と効果の二つに分けたうえで，後者の主題のなかでサードセクターが社会政策・福祉国家研究に取り込まれたいくつかの例を整理した。そのうえで第3節では，サードセクターが社会政策・福祉国家研究で重要性を増した理由としてサービス給付の拡大との関連性を検討した。サービス給付が社会支出のなかで割合を高めていることを示したうえで，サービス部門が非営利組織において重要な役割を占めていることを提示した。さらに，

「福祉の生産モデル」を用いて，サービス給付が増加することにより，現金給付と比較したときに福祉の「生産」場面の多様性が増すことを指摘した。本章第3節で分析した通り，サービス給付の拡大は，すなわち非営利組織の拡大を単線的には導かないとしても，サービス給付が拡大するなかで，個人と国家をつなぐ，福祉の「生産」場面が重要な意味を占め，そのなかの多様性を理解することの要請が高まると考えられる。

本章で示した通り，サードセクターはサービス給付の相対的な重要性が高まり，個人と政府をつなぐ場面における福祉の「生産」場面の多様性が高まるがゆえに，社会政策研究において重要な主題となると考えることができる。このような福祉の生産場面の多様性を把握するためには，福祉多元主義のような，セクター単位で対象を把握するような概念枠組みでは，十分に福祉の生産の内容を解き明かすことは困難である。

以上の認識に立ったうえで，我々は新しい時代におけるサードセクターの把握法，そして福祉ミックスを考えることが必要になる。続く第**2**章では，セクター単位での捉え方を重視してきた既存のサードセクターの把握法を批判的に整理したうえで，ありうる代替的なアプローチを提示する。

注
(1) 本書では，サードセクターは，社会政策研究に関連づけられて検討されるが，本章の視点は，環境問題等の他の社会問題の領域のサードセクター組織にも拡張することが可能であると考える。加えて，本書では，サードセクターのサービス供給の側面を焦点化させる。サードセクターには，サービス供給の機能以外にも，アドヴォカシー機能をもつことが注目されてきたが，この側面は主としては扱わない。ただし，本書の基本的主張は，政治過程におけるサードセクター組織にも適用可能だと考えている。
(2) ここで社会支出とは「厚生（welfare）に対して逆効果（adversely affect）の状態である家計や個人への支援のために行われる公的・私的制度による給付の供給および，世帯や個人を対象とした財政の拠出」のことを指す（Adema 2001=2002: 4　訳文は一部変更）。
(3) いわゆるドイツ的な社会政策と呼ばれるものは基本的に一次分配を中心とした必要充足に焦点を当てており，イギリス的な社会政策と呼ばれるものは二次分配を中心に問題を立てる傾向があった。近年では，両者を統合的に捉える試み（例えば生活保障

第Ⅰ部　理論編───社会政策・サードセクター・社会的企業

　　　システム，機能的等価の議論）や，両者の相互作用（脱商品化論や社会的投資）に焦点が当てられるようになった。
(4)　その方向性の一つとして，経済政策が社会的必要を充足する効果を視野に入れる研究が挙げられる。例えば，社会政策のみではなく，その機能的代替である公共事業政策に注目する研究（井手 2013）や雇用保障に関心を向ける研究が登場した（宮本 2008）。これらの研究は，直接的に人々の必要を充足させる狭義の社会政策以外に，直接的には必要の充足を意図しない公共政策や強い雇用保護が国によっては社会政策を代替することを示した。
(5)　序章でも確認したように，その一つのきっかけが1978年に発行されたウルフェンデン報告である。
(6)　高田は福祉多元主義ではなく，「福祉の複合体」という表現を用いるが，これには「有機的な構成をもった歴史的な動態であることを強調」（高田 2012: 7）する意図がある。
(7)　2008年にリニューアルされた社会政策学会学会誌の第一号の巻頭言において，労働経済学者の兵藤釗がアソシエーションと社会政策の関連性を主題としたことは示唆的である（兵藤 2008）。
(8)　アルバーは，比較社会政策研究においても現金移転中心の分析に集中していることに対して，サービス給付をより焦点化する必要があることを主張した（Alber 1995: 133）。
(9)　このことは，社会学者の富永健一が指摘する，家族機能の弱体化によって福祉国家が「呼び出された」とする拡大の議論（富永 2001）とパラレルなものである。家族機能の弱体化などの社会変化の帰結として，新しい社会的リスクが生じ，それに対応するために，何らかの形で家族外部のサービス給付はより重要な意味をもつようになる。ただし，ここで富永の議論では見逃されている局面にも注意するべきである。富永は家族の弱体化に伴い，自動的に福祉国家の拡大が起こると考える傾向にある。しかし，民間組織や資源には多様性があることを見逃してはならない。供給主体について考えると，民間営利組織や民間非営利組織が担うこともありうるし，財源主体としても，再分配的な資源（税・社会保険料財源）に加えて市場を通じた資源，互酬による資源も重要な意味をもつと考えられる。
(10)　原論文ではこれらの国々の1990年から1995年にかけて時系列比較が可能な8か国の雇用規模の変化が論じられている。残りの一か国はおそらくハンガリーと考えられるものの原著では特定可能な表記がない（Salamon et al. 1999: 29-31）。
(11)　西欧諸国では（おそらくイギリス，フランス）では社会サービスにかかわる労働力の増加が50％と他の諸国より高いことが示されている（Salamon et al. 1999: 231）。

⑿ 彼らはその後，対象国を22か国に増加させた分析を行っている（Salamon et al. 1999）が，そこではイタリアとスウェーデンは対象国に含まれていない。
⒀ ランスの論文はこの点に示唆を与える，有力な類型化の試みである（Ranci 2002）。彼は，複数の統計データを組み合わせることによって，サードセクター組織の収入に占める国家からの資金の割合とサードセクターが社会的ケアに占める割合の二つの組み合わせによって，ドイツなどの補助金モデル，イタリアなどのサードセクター支配モデル，ノルウェーなどの国家支配モデル，イギリスの在宅ケアなどの市場支配モデルの四つに区分している。この類型化の試みは，対象国が少ないため本章の分析とは直接関連づけることは難しいが，国家ごとの差異だけではなく，政策領域ごとの区分をなしており，意義深い試みである。
⒁ 対象国は，オーストラリア，オーストリア，ベルギー，フィンランド，フランス，ドイツ，アイルランド，イタリア，日本，オランダ，ノルウェー，スペイン，スウェーデン，イギリス，アメリカである。
⒂ 1995年時点を時期として採用したのは，JHCNSPの調査年数に近いと判断されるためである。
⒃ ただし，ここでの非営利組織の定義は，第3章で検討するように人々による分類に基づいたものではなく，JHCNSPの操作的定義によるものであることには注意が必要である。
⒄ 欧州の研究者はアメリカの非営利セクター概念の問題として協同組合や共済組合が考慮に入れられていないことを指摘することが多いが，この箇所に限っては，比較分析の対象はとりわけ結社（association）となっている。
⒅ 福祉の生産モデルにはナップが社会サービスの効率性分析のために使用したバージョンもあるが（Knapp 1984），ヒルらはこのモデルとは異なるものとして自己のモデルを位置づけている。
⒆ ここでいう福祉とは，人々の必要を充足するために，様々な主体（多くは公的主体）によってなされる，社会的な意図をもってなされる現金・現物給付のことを指し，そのような給付を生み出すことを「福祉の生産」と言う。「社会的」の意味はOECD報告書の定義に従い，「個人間の再分配」を伴うものを想定している（Adema 2001=2002: 4）。
⒇ 大沢（1996）以降，大沢は福祉の生産モデルをジェンダー関係等の要素を含めて再構築を行っているが，本書では，福祉の供給に関して，インプット，生産，アウトプット，アウトカムを区分した点を強調している。そのため，ここではミッチェルが使用したモデル（Mitchell 1991=1993）を基礎として用いる。
(21) 生産局面の一つの類型化の試みがエスピン-アンデルセンの福祉レジーム論の三つ

⑵　の類型である（Esping-Andersen 1990=2001）。

⑵　遠藤（2016）は社会政策研究において，近年，社会保障・社会福祉にかかわる公共サービス労働の重要性が高まっていることを指摘している。

⑶　医療などの伝統的と考えられるサービス供給の領域でも，専門職や提供体制のあり方が近年になって改めて焦点化されている（例：猪飼　2010：2章）。

⑷　埋橋はサービスの重要性を指摘するなかで，福祉の生産モデルによる枠組みをサービス給付へも適用することを可能性の一つとして指摘している（埋橋 2011: 9）。

⑸　もちろんサービス給付の場合において何が適切なアウトプットやアウトカムであるのかの検討も重要な主題である。アウトプットは実際に受け取ったサービスの量や質が問題となり，アウトカムは，個人の生活状況の改善，例えば主観的生活満足度や健康関連QOLの改善や，世帯の場合は，個人の潜在能力が高まることによる世帯の一次分配の改善，となる場合がありうるだろう。介護予防事業におけるアウトカムとして健康関連QOLの指標であるSF-8を設定して事業の参加的性格と関連づけた研究として筆者が共著者として参加している小笠原他（2013）がある。

⑹　日本国内ではときに，サードセクターが縦割りであり，まとまりや一体性を欠くため社会的影響力が小さいことが問題視されることがある（藤井 2010b: 154; 後 2009: 201）。そのような立場をとることは運動論的にもありうるし，また一つの社会科学的な主張としてありうると考える。しかし，サードセクター組織群が，一つのものとして「まとまる」ことがいかなる意味で必要なのかは必ずしも規範的には自明ではないため，根拠づけも含めた主張が求められるだろう。

第2章
サードセクターを捉え直す
―― 弱い境界区分と制度ロジック・モデル ――

1　サードセクターをいかに捉えるか

　本章では，サードセクターの捉え方を検討し，序章で提示した問題設定に適合的な捉え方を提案する。換言すれば，本章の課題は，「サードセクターとは何か」という問いに研究者はいかに答えてきたのかを整理し，サードセクターの「把握の方法」（見方）を再検討することである。より具体的には，これまで強い影響力をもってきたサードセクターの捉え方を「強い境界区分」とまとめ，この問題点を指摘する。そのうえでそれとは異なる捉え方として，「弱い境界区分」と呼ぶことができる研究群が存在することを示し，そのうえで有力な研究戦略（「制度ロジック・モデル」）を提示する。

　これまで社会政策や福祉国家に関連づけて，サードセクターを研究対象としてきた研究者の主たる関心は，セクターを単位とした相対的な優位性や役割分担の探求にあった。しかし，セクター単位とする研究は，多くの場合，セクター単位で何らかの共有する原理（合理性）が存在することを前提としている。本章ではセクター区分に関して「強い境界区分」とは異なる捉え方を行っている研究潮流を示し，後者の有効性を主張する。

　サードセクターをいかにして把握するかは，サードセクター研究者にとって大きな課題であった。標準的研究では，株式会社／非営利組織／公企業など，所有形態（form of ownership）に基づいた概念化がなされることが一般的であると考えられる。とくに，経済学的研究では，利潤の非分配制約（nondistribution constraint）[1]が重要とされ，それによって非営利組織の行動特性が説明できると考えられてきた。利潤の非分配制約を非営利組織の組織行動を分析するうえで絶対視

することは，すでに社会学者を中心として1990年代初頭には批判され（DiMaggio and Anheier 1990; DiMaggio 1987; Alford 1992），さらに，近年では異なる捉え方が本格的に提案されるようになった。

　非標準的な捉え方を明確に指摘した論文として，影響力のあるアメリカの非営利組織の研究者であるクレイマーによる「サードミレニアムにおけるサードセクター」("A Third Sector in the Third Millennium")がある（Kramer 2000）。クレイマーは論文の冒頭で，次のように，アメリカの非営利組織研究における，二つの非営利組織の捉え方が存在することを指摘する。

> ［引用者注：非営利セクター研究の］<u>支配的な視点</u>は，政府の主要なパートナーとして，①対人サービスの供給者，②文化や芸術の振興者，③市民社会の擁護者と中核（core）の領域といった場面でのサードセクターの急速な制度化を強調する。第二の，より<u>周知されていない視点</u>は，境界の曖昧化と組織間の強い相互依存を見逃していることを理由に挙げて，所有形態を基盤としたセクターモデルの有効性を疑問視している（Kramer 2000: 1. 下線は引用者による）。

　クレイマーは，該当論文でセクター間を境界が明確であるという視点の問題点を批判しつつ，影響力の弱い「周知されていない視点」を擁護している[(2)]。本章の焦点も，クレイマーのいうところの「支配的な視点」／「周知されていない視点」のそれぞれが，いかにしてサードセクターの理論的布置に位置づけられるかを明らかにしたうえで，後者を擁護することにある。

　本章では，「周知されていない視点」を中心に，サードセクターの捉え方の再検討を試みる。本章の構成は以下の通りである。まず第2節で，クレイマーが批判した「支配的な視点」のサードセクター研究の展開を「強い境界区分」モデルと名づけて整理する。そして，そのうえでこのような把握の方法から展開される社会政策分野の研究プログラムの特徴と問題点を論じる。続いて，第3節では，「強い境界区分」に対して，セクターの境界区分の社会的構築に注目した諸研究の存在を示したうえで，セクターの境界区分をなす基準以外の性質をサードセク

ター組織に見出すことの非妥当性を主張する。このような捉え方を「弱い境界区分」モデルと名づけ，その妥当性を検討する。そして，第4節では，「弱い境界区分」に基づいたときにサードセクターの多元性を分析する枠組みとして，ハイブリッド性を強調する議論（媒介モデル）を検討し，その問題点を指摘したうえで，「制度ロジック」という視点が有用であることを示す。最後に本章の議論をまとめる。

2　サードセクターの強い境界区分

(1) サードセクターの独立モデル

　クレイマーが区分したサードセクターの捉え方のうち「支配的な視点」とはいかなる研究蓄積の流れのなかに位置づけることができるであろうか。まずここでクレイマーのいうところの「支配的な視点」を整理する。

　クレイマー自身は，必ずしも「支配的な視点」「周知されていない視点」の詳細を議論してはいない。しかし，「支配的な視点」は大きくは二つに分けることができると考えられる。彼が，仮想敵としているのは，非営利組織の経済学的研究で前提とされてきた，所有形態によって組織の区分を図る捉え方である。しかし，それと同時にクレイマーの提案する「周知されていない視点」は，これまで主流であったサードセクターの本質主義的アプローチとも区分されるものである。

　サードセクターの捉え方を整理するうえで参考になるのが，カナダの非営利組織研究者であるヌットセンによる整理である（Knutsen 2013）。ヌットセンは，非営利組織研究において，三つの理論的想定が非営利組織理論の発展経路を跡づけたという。三つの理論的想定とは，(1)アイデンティティなき非営利組織，(2)特異な組織形態としての非営利組織，(3)境界なき非営利組織である（Knutsen 2013: 987-988）。クレイマーが提案する新しいサードセクターの捉え方（「周知されていない視点」）はヌットセンがいうところの(3)境界なき非営利組織と一致し，クレイマーがいうところの「支配的な視点」は前者二つ（アイデンティティなき非営利組織・特異な組織形態としての非営利組織）と重なると考えられる。以下では，ヌットセンの整理を参考にして，サードセクターを把握する際の理論的前提を整理し，

問題点を描き出す。なお「周知されていない視点」＝「境界なき非営利組織」については，本章第3節で記述する。

① アイデンティティなき非営利組織（残余モデル）

第一に，非営利組織は残余として捉えられた。非営利組織に早くから焦点が当てられたアメリカで，最初に非営利組織を研究対象としたのは経済学者であった。これらをヌットセンは，アイデンティティなき非営利組織と概念化した。これらの研究では非営利組織の存在は，「非営利の特性は他の組織［訳注：一般企業や政治団体］に由来する理論を用いて理解」されたためである（Knutsen 2013: 987）。ここでは，簡単に「残余モデル」と呼ぼう。

残余モデルの一つとして，最初に影響力をもった考え方が，「政府の失敗理論」である。政府の失敗理論を定式化したのは，公共経済学者のウェイズブロッドである。社会構成員の選好の多様性を前提として，公共財の供給の量や価格を決定するときに政府の場合，投票によって決まる政府が供給するならば，中位投票者の選好が優先されると考えた。この状況の下で，有権者の選好——例えばサービスの量と質の配分にかかわる——の多様性に政府は十分に対応することができないため，それを埋め合わせる組織として非営利組織が必要とされると考えた（Weisbrod 1975）。

次に，市場の失敗から非営利組織の存在を説明する「契約の失敗理論」も影響力をもった。経済学者のハンスマンが，この議論の提案者として有名である。ハンスマンは，医療や介護など情報の非対称性が発生するサービスや財の取引においては，利潤の非分配制約をもつ非営利組織では，消費者を裏切って利益を得るインセンティブが弱い。そのため，それらの領域における非営利組織の存在を説明できると考えた（Hansmann 1980）。さらに，市場の失敗と関連させた枠組みとしては，供給側に注目する，供給サイドの理論や消費者統制の理論などもある（橋本 2013）。市場の失敗理論では，「情報の非対称性の条件下では，それらの組織がより信頼できる様式で振る舞うことを約束することで，非営利の形態は消費者の役に立つであろう」ことを想定するものとまとめることができる（Young [1998] 2012）。[3]

「残余モデル」は経済学を中心に影響力をもった。このモデルでは，非営利組

織が「特有のアイデンティティ」をもつとは想定されず，他の組織形態の「失敗」の下で存在や役割が理解される（Knutsen 2013: 987）。初期のサードセクターの理論において，利潤の非分配制約をもとに非営利組織は，残余的な意味づけを与えられてきた。

② 特異な組織形態としての非営利組織（原理共有モデル）

経済学を中心とする残余的な捉え方に対して，非営利組織の価値をより積極的に捉えようとする非営利組織の研究者が現れた。残余モデルが経済学者を中心として発展してきたことに対して，これらの研究は，非営利組織をとくに専門とする研究者によって主導された。ヌットセンはこれらの考え方を「特異な組織形態としての非営利組織」と概念化している。「特異な組織形態としての非営利組織」を捉える研究では，非営利組織は画一的で，独立した組織形態であると考えた（Knutsen 2013: 988）。これらの考え方は，非営利組織が何らかの特性を共有するものであるため，ここでは「原理共有モデル」と言い換える。

原理共有モデルの代表的なものとして，アメリカの非営利組織研究者のサラモンによる「ボランタリーの失敗理論」がある。これは，市場の失敗や政府の失敗によってサードセクターが存在するという考えを反転させたものであり，ボランタリーの失敗理論では非営利組織のサービス供給の不十分さが先にあって，その不十分さを補う役割を市場や政府が補うものである（Salamon 1987; Salamon 1995=2007）。これは，残余モデルを逆転したものであると言えよう。

また，アメリカの社会福祉学者であるローマンによる「コモンズ」としての非営利組織という考え方も，非営利組織に共有される価値に注目したものである（Lohman 1992=2001）。ローマンが強調するのは，コモンズ（commons）概念であり，ローマンは，非営利組織やボランタリーアクションの核として共同保有された資源や目的が存在することを主張し，参加の非強制性や目的の共有によって市場や政府と区別されると考えた（Lohman 1992=2001: 67-68）。

同様に，非営利組織の核に何らかの積極的な価値・原理・合理性を見出そうとする視点は，アメリカの社会学者であり，ボランティア研究の先駆者の一人でもあるD.H.スミスの論考にもみられる（Smith 2000）。アメリカNPO学会の会長も務めたスミスは，2000年に出版された著作において，「自発的な利他性」（voluntaristic altruism) を非営利セクターの核にあるものだと考える。そして,「自発的な利他性」を含む草の根団体 (grassroots association) の重要性を,既存の研究枠組みは十分に捉えておらず,「自発的な利他性」を含まない組織群を不用意に対象に含めていたことを問題視する。

サラモン,ローマン,D.H.スミスによる原理共有モデルは,「残余モデル」に対する反発として理解できる。実際に,ローマンは,経済学者による消極的な理論 (negative theory) に対立させる積極的な理論 (positive theory) としてコモンズを供給する非営利組織の役割を理解することが必要であると説いている (Lohman [1989]2012:158-159)。

非営利組織に積極的な価値を見出そうとする考え方は,同様に日本国内でも影響力をもった。この代表的なものは社会学者の佐藤慶幸によるボランタリー・アソシエーション論である(佐藤 1996; 2002)。国内のサードセクター研究の先駆的研究者である佐藤慶幸はコミュニケーション合理性を体現するものとしてアソシエーションやサードセクターを理解しようとした。佐藤は,市場でも国家でもない領域を「共セクター」として捉え,協同組合やNPOによって構成されると考えた(佐藤 1996)。

このように,サードセクターの原理共有モデルは国内外で強い影響力をもった。前提とされるか,あるいは探求の対象とされるかの差異はあるものの,サードセクターが本質を共有する独立した組織集団であるとする想定は根強かったと考えられる。

原理共有モデルが影響力をもった背景にはこの考え方が,非営利組織の経験的研究を発展させたこともあるだろう (Knutsen 2013: 988)。ヌットセンは,サラモンらによる国際比較研究も原理共有モデルの一群に含めている。第1章でも紹介した,サラモンらによる国際比較プロジェクトは,非営利組織を五つの定義——組織化されている,民間である,自己統治している,利潤の非分配制約がある,強制的ではない——によって非営利組織を独立した領域として概念化した。第1章でも見たように,このような把握法は世界各国の非営利組織の規模を測定することを可能とし,非営利組織発展の経験的な要因分析が行われた (Salamon and Anheier 1998)。

しかし，原理共有モデルは困難を抱え込む。積極的に何らかの原理が存在するためサードセクターの重要性を主張することは容易となる。その一方で，多元的なサードセクターを一元的なものとして措定することで，その多元性を把握することが困難になる。ヌットセンは，原理共有モデルは単一なセクターが存在すると想定するが，ジレンマに直面することになると指摘する。実際には非営利セクターは，「研究者や非営利組織が期待するほど，多くの場合に，［引用者注：セクターとして］独特（unique）なものではない」ためである（Knutsen 2013: 988）。そして「病院や大学から，教会やコミュニティーセンター，さらには政治的なアドヴォカシー的組織，国際援助機関まで含む非営利組織は，非常に多様」(Knutsen 2013: 988-989) であり，「これまでのどの理論も正確にこれらの［引用者注：多元的］な性格を特定することができなかった」(Knutsen 2013: 989) と述べる。

このようなヌットセンの整理は説得的である。サードセクターの擁護者が想定するような，サードセクターに共有される原理について，研究者は誰も示してこなかったし，おそらく示すことは困難である。

・・・

残余モデルと原理共有モデルはサードセクターが共有する原理が積極的か消極的かの違いはあるものの，明確にセクター境界を区分して，それぞれのセクター内では共有される原理を想定する意味で共通点をもつ。この二つを，サードセクターを他のセクターから本質的に独立したものとみる見方として「独立モデル」と呼称しよう。独立モデルには，様々なバリエーション（自発性，コミュニケーション合理性，互酬性，市民性……）があるが，多くの研究はセクター単位での共通性を強調する考え方を採用してきた。そのうえで，サードセクター組織が，社会や社会内の活動領域（文化，社会サービス，医療など）ごとにサードセクター組織が占める割合の多寡を説明するという存在問題（origin）や，サードセクターやそれ以外のセクターで，いかなる行動上の差異があるかという行動問題（behavior）が問題とされた（DiMaggio and Anheier 1990）。

サードセクターに何らかの原理が存在する（あるいは共通して不在である）とする捉え方，すなわち独立モデルは強い影響力をもった。社会政策や福祉にかかわるサードセクターの研究もこの考え方を基盤として進展してきた。次項でみるよ

うに，残余的・原理共有的な把握の方法はセクター間の相対優位性をめぐる議論や最適混合の解を導こうとする議論を呼び込んだ。

（2）社会政策研究における独立モデルの応用

サードセクターが，他のセクターと原理的に異なるものとして概念化されることは，アメリカと同様に日本国内でも標準的なものであったと考えられる（安立 2008; 佐藤 1996; 橋本 2013）。何らかの原理を共有する組織の集合であるとするサードセクター概念化は，社会政策研究で何らかの規範的主張をなすとき，セクター間のバランスの望ましさを問うような最適混合についての研究主題や，どのセクターが他のセクターに比べて，サービス提供に関して担うことが望ましいのかといった相対優位についての研究主題を導いた（上野 2011）。

① 上野千鶴子による「協セクター」論の基本的構図

近年の研究で，両者の結びつきが顕著に表れているのが，社会学者の上野千鶴子による『ケアの社会学』で展開された「協セクター」論である（上野 2011）。上野による「協セクター」の概念化はサードセクターのある種の捉え方の典型とも呼べるものであり，さらにその捉え方に基づいて独立モデルによる典型的な社会政策にかかわる規範的主張を行っている[4]。

ここでは，上野のサードセクターの捉え方を批判的に検討することで，社会政策におけるサードセクター独立モデルの難点を明らかにすることを試みる。すでに上野（2011）の実証面での妥当性への批判は，すでに社会学者の朴姫淑によってなされている（朴 2011）。朴によれば，上野の「協セクター論」は「同等な尺度で比較されていないので，そのなかで協セクターの相対的優位を主張することができない」という（朴 2011: 369）。このような朴による批判は妥当なものであると考えられる[5]。しかし，本章で焦点を当てようとする側面は，上野による知見の妥当性ではなく，上野によるサードセクターの捉え方とそれに基づいた規範的な主張の論理構成にある。上野のサードセクターの把握の方法は，これまでの国内で蓄積されてきた独立モデル的な考え方の特徴が明確に表れたものである。上野はサードセクターを他とは異なる原理をもったものとして区別し，そのうえで相対優位や最適混合の主張を試みている。

上野のサードセクターの概念化は，独立モデルの一つであると言える。上野は，政府（官），企業（民），家族（私）とは異なる組織の集合としてサードセクター（協セクター）が存在することを指摘する。そして，「官／民／協／私の最適混合」も「福祉ミックス論の一つだが，いわゆる福祉ミックス論を唱える論者の問題意識には，わたし自身を含めて協セクターを官と民から分離して概念化したいという共通の動機がある」と主張している。そして，この背景には，「『公でもなく私でもない』領域の実践が成熟してきた歴史的事実」（上野 2011: 240），すなわち協セクターの成熟と発展が存在すると述べる。上野は，協セクターが成熟してきたことを背景に，「協セクターを官と民から分離して概念化したいという共通の動機」（上野 2011: 240）に基づいて，政府，企業，家族とは異なる原理をもつ組織群としてサードセクターを捉えようとする。ここから見られるのは，政府・営利企業・家族（インフォーマル）のセクターを区分したうえで，官と民，インフォーマルセクターとは決定的に異なる性質を体現する，何らかのよき性格を共有する組織の集団としてサードセクター（協セクター）を捉える把握の方法である。

　上野はサードセクターを官や民から分離して独立して捉えるとの想定が国際的にも共通する研究潮流に基づくものであることを指摘する。例えば，エヴァースらによる欧州のサードセクター論は，伝統的な官セクターに近い事業体や宗教組織をサードセクター論から排除したと述べる（上野 2011: 224）。

　しかし，このような主張は，諸外国のサードセクターの研究史を正確に捉えたものとは言い難いと考える。本章で後述するように，エヴァースらによる福祉ミックス論では，アメリカの（新制度派）経済学者による，政府から独立した部門としてサードセクターを捉える視点（残余モデル）を批判し，それぞれの社会の歴史的文脈を踏まえることを強調した。その際には，社会によっては，政府部門とサードセクターの重なりや境界設定の困難さが存在することが主張された（Evers and Laville 2004a=2007）。例えば，彼らの編著におけるオランダやドイツの研究では政府からの独立性の強くない組織もサードセクターに含めている[6]。

② 「協セクター」論の社会政策にかかわる政策的主張

　さらに，「協セクター」論では社会政策にかかわる規範的主張がなされる。ここで，主張されるのは，協セクターの「相対優位」とそれに基づいた，「最適混

合」の主張である。ここで協セクターの相対優位とは，セクター単位でサードセクターが他のセクターと比較した，優位性・劣位性にかかわる議論であり，最適混合とは，セクター単位でいかなる役割分担が望ましいかを示そうとする議論である。

まず相対優位の議論に関しては，上野はいかなる高齢者ケアの提供が望ましいかという問いを立てたうえで，「協セクターの市民事業体がその提供するケアの質だけではなく，福祉経営のうえでも他のセクターの事業体と比べて相対的に優位性を持つという仮説」（上野 2011: 264）に基づいて介護事業体の実証的研究を行った[7]。実証分析の結果，上野は上記の仮説は検証されたと主張する。上野によれば「介護保険制度のもとのサービス提供事業において，準市場におけるイコールフッティングの競争のもとでは，官／民／協の三つのセクターのうち，官および民と比較しても協セクターの事業体が，相対的に優位にある，すなわち利用者にとってもワーカーにとっても利益が高く，かつ経営的に見ても持続可能な選択肢であると判定することができる」（上野 2011: 412）という。

さらに，最適混合について，上野は次のように主張する。「(1)私的セクターにおける選択の自由に加えて，(2)ケアの社会化については市場化オプションを避けることがのぞましく，(3)ケア費用については国家化が，(4)ケア労働については協セクターへの分配が，福祉多元社会の『最適混合』についての現時点での最適解」（上野 2011: 237）であるという。すなわち，上野は，一定の選択の自由が確保されたうえで，財源負担は政府セクターが担い，サービス供給はサードセクターが担うことが最適であると考えている[8]。

上野が示そうとした，協セクターにかかわる「相対優位」「最適混合」の立論には，独立モデルを社会政策に応用した際の典型的な主張が見て取れる。上野は，(1)社会が異なる原理で区分されることから，(2)そのうち一つの原理を体現するものであるサードセクターを見出すことができることを導く。さらにその前提に基づいて，(3)セクター単位での比較や役割分担の構想が可能となるのである。

しかし，上野の議論では，社会が何らかの原理によって区分されることやその区分の一つをサードセクターが体現することの，理論的・実証的な検証は見られない。多くの独立モデルをとる研究者と同様に，社会が何らかの原理によって区

分されることも，そして，そのなかで固有の原理をサードセクターやそれ以外のセクターが体現することも，暗黙のうちにそうあると前提にされているだけである。しかし，後述するようにサードセクター自体が混合的な原理に基づくこと，そして，セクター境界は可変的であるという側面があることを踏まえるならば，セクター単位での比較や役割分担の議論は成り立たない。

上野は，サードセクターにかかわるいくつかの前提を自明視している。例えば，境界の引き方は一通りではないかもしれない。また，セクターと区分されている組織集合が従う規範（原理）は混合的であるかもしれない。これらの可能性を想定しておらず，セクター区分とその相対優位の検討，望ましい役割分担を論じている。しかし，ここで展開されているような「協セクター」（サードセクター）をめぐる社会政策的な提言は，これらの前提が疑われると成り立たなくなってしまうだろう。以上の意味で，独立モデルをもとにサードセクターを捉え，規範的な提言をなすことの問題がここに存在する。

（3）強い境界区分の定式化

以上に見たように，これまで有力であったサードセクターの捉え方では，何らかの意味で本質や原理（合理性）が異なるため，他のセクターと区分できる想定に基づいていた。このような捉え方をここでは「強い境界区分」と呼ぶことにする。

強い境界区分は以下に定式化することができるだろう。

【テーゼA】：固有合理性の前提
　　社会はいくつかの原理（合理性）によって区分され，サードセクターに含まれる組織形態は，他のセクターと区別される原理を共有する
【テーゼB】：境界一元性の前提
　　原理（合理性）に対応する形で，社会の成員は営利企業・政府とは異なるセクターを見出す（発見する）ことができる
【テーゼC】：セクター単位での政策提言
　　研究者や実践者，政策担当者はセクター単位での比較や役割分担の議論

が可能となり，それは有意味であり効果的である

　以上の命題に集約される捉え方が「強い境界区分」である。ここでとくに重要なのはテーゼAとテーゼBであり，テーゼAは，「固有合理性の前提」，テーゼBは「境界一元性の前提」とまとめることができるだろう。その二つの前提を社会政策や社会福祉の領域のサードセクターに適用した際に，テーゼC「セクター単位での政策提言」が導かれる。両者を前提とするときに，社会政策研究におけるサードセクターはセクター単位での相対優位性の探求や最適混合の探求へと結びつけられており，このような考え方はひとまとめのものとして扱われてきたのである。

　だが，「サードセクターは，他のセクターと区別される共有された原理をもつ」ことや，「社会の成員はセクターを見出す（発見する）ことができる」との考え方は妥当な主張であるのだろうか。本章冒頭で示したようにクレイマーの「周知されていない視点」で指しているものは，「強い境界区分」の見方とは異なる見方であると考える。そして，筆者の理解では，サードセクター研究では，体系化は未だなされていないものの，その多様性や，境界区分の曖昧さ，あるいはセクター間の相互依存性を正面に見据えたうえで，強い境界区分とは異なる把握法を採用する研究群が蓄積されてきた。

　以降の節では「強い境界区分」に対抗する捉え方として相互に関連づけられず，展開されている研究群をたどる。そして，このような見方を「弱い境界区分」と名づけたうえで，「弱い境界区分」に基づいた研究が，「強い境界区分」に基づいた研究よりも少なくとも社会政策研究にとっては有益であることを主張する。弱い境界区分において，多様な組織群が想定されるなかで，さらに多様性を価値規範の観点から区分する枠組みとして，制度ロジックを基盤とすることが有用であることを示す。

　このような弱い境界区分は，国内の研究では支配的なサードセクターの強い境界区分の想定に対する代替案として示される。国外のサードセクター研究では「サードセクターは，他のセクターと区別される共有された原理をもつ」（テーゼA）ために「社会の成員はセクターを見出す（発見する）ことができる」（テーゼ

B）という論理立てに対して，異なる捉え方が提案されてきた。まず，テーゼBに対する異なる視点を採る研究を示したうえで，テーゼAに対する異なる視点をとる研究を取り上げよう。

3　サードセクターの弱い境界区分

(1)「発明」されたものとしてのサードセクター

「強い境界区分」の考え方からすれば，サードセクターは「発見された」(discovered) ものである。政府でもない営利企業でもない領域に属すサードセクターは何らかの原理を共有し，同質性をもつゆえ，それを人々は組織の集合をサードセクターとして見出すことが可能となると考える。政府でもない，営利企業でもない領域は，社会や時代を超えて主に参加的性格や市民性などの点から同質性をもち，それは成熟したり立ち遅れたりするものとみなされることもある。このような視点からすれば，日本と比べれば，アメリカや欧州のサードセクターは伝統的に強い影響力をもつと考えられており，日本でも1990年代以降，市民社会が成熟してきたために，「発見」されたのだと考える。

これに対してサードセクターは，「発明された」(invented) 側面を強調した研究もみられる。この系統の研究は，必ずしも強い影響力をもつことはなかったと考えられるが，着実に展開されてきた。これらの研究は，サードセクターを，何らかの本質をもった領域があらかじめ存在する領域とは捉えない。そうではなくて，政策担当者や学識者，実践家によって作り出された結果によって生じた，複数の多様な組織群を結果的に統合する境界区分であると考える。クレイマーが指摘する「周知されていない視点」はこのような研究も含むものであると考えられる。

① アメリカにおける非営利セクターの発明

政府，ビジネス，市民社会と区分し，市民社会と非営利セクターを重ね合わせる見方は，アメリカでも伝統的で影響力あるものだと考えられる。アメリカはトクヴィルが見出したように結社の国であるとみなされ，国内でボランタリー・アソシエーションを論じるときには，参照先とされてきた（佐藤 2002）。しかし，

第Ⅰ部　理論編―――社会政策・サードセクター・社会的企業

一部のアメリカの非営利組織の歴史的研究は，このような見方とは異なる姿を描き出している。

アメリカの非営利組織の歴史研究者であるP.D.ホールは，『非営利セクターの発明』（*Inventing Nonprofit Sector*）のなかで，いかにアメリカの非営利セクターが「発明された」ものであるかを示した。ホールは，「非営利組織がアメリカの組織領域のなかで重要でなじみのある一部となったのはきわめて最近のこと」（Hall 1992: 13）だと述べ，規模の拡大が起きたのは1960年代以降だと指摘する。

インディペンデントセクターとも言われるアメリカの非営利セクターが実体的なものとみなされるうえで，大きな影響を与えたのは各種の財団の取り組みである。とくに1977年に発表されたファイラー委員会報告書による影響力は大きい（須田 2001; Hall 1992）。ホールによれば，アメリカでは一部の非営利組織に対して，内国歳入法の規定に従い501(c)(3)という免税特権が与えられているが，免税特権を利用して反アメリカ的志向をもつ団体の資金源にされているという右派からの批判，一部の富裕層のために用いられているのではないかという左派からの批判を受けるなど，第二次世界大戦後，長く論争の対象となった。これに対して財団側も多様な対抗策をとったが，そのなかで強い影響力を発揮したのが，ロックフェラー財団が出資し，組織したファイラー委員会であった。

1977年にファイラー委員会は報告書を発表した。これは慈善免税団体全体の役割や社会的意義を示し，非営利組織（慈善免税団体）の雇い主としての役割や各種社会サービスの担い手としての役割を記述し，分析したものであった（Hall 1992: 78）。ホールは，このファイラー委員会の調査報告は「慈善免税団体がアメリカの政治的・経済的・社会的生活において，一貫し統合がされた『セクター』を構成するという単なるアイディア（only an idea）だったものに実体を与えた」（Hall 1992: 78）と評価している。さらに，ホールは同書のなかの別の箇所で次のように主張する。

　　［訳注：1970年代以前は］学者は，「それが存在するから」といった理由で非営利セクターについて何かを書き始めることはなかった。チャリティ，教育，病院，博物館，社会福祉などの特定の種類の非営利組織についての文献は広範に存在

したものの，諸活動がひとつにまとめられた「セクター」の一部としてこれらを扱う試みは，1970年代以前にはなされなかった（Hall 1992: 244）。

逆に言えば，これまでは異なる組織群として捉えられたものが，非営利セクターとして捉え直されたのは，アメリカでも1970年代以降なのである。ホールの主張について，非営利組織研究者のフランキンは，「一貫したセクターであるという考え方は，有用性を失いつつある，ほとんど共通点を持たない膨大で多様な組織集団を単に覆う発明」と言い換えて紹介している（Frumkin 2002: 16）。この視点からすると，多様な組織群は何らかの原理を共有するために，一つのセクターとなった視点は妥当とは言えない。そうではなくて，一種の利益を守るために作り出された近年の「発明」とする見方が説得力をもつ。

同様に社会を政府，ビジネス，市民社会の三つのセクターに区分するようなアメリカにおける標準的な見方に対して異論を示す論考も確認される。政治社会学者のアルフォードも，社会を三つのセクターに区分け，サードセクターが独立的なもの，あるいは自発的なものとみなすことは困難があることを指摘している（Alford 1992）。彼によれば，「非営利組織」概念は「異なる社会的役割を持つ，非常に多様な組織形態群をひとまとめにし，経済的，政治的利益をつなぎ合わせる政治的言語の象徴的機能」（Alford 1992: 43）をもつものである。ここでは，非営利組織という言葉について，多様な諸組織をひとまとめにする機能をもつものと強調している。また，クレイマーはより直截的に「三つのセクターの区分がなされることは，慣習上の取り決めである」と主張する（Kramer 2004=2007: 303）[10]。

以上のように，結社の国の代表例としてみなされてきたアメリカにおいても，非営利セクター概念や政府／営利企業／非営利という区分は極めて最近になって形成された構築物だとする見方が提案されてきた。このような捉え方は，何らかの原理があり，それを体現する領域を「発見」するという見方とは距離があるものと考えられる。

② イギリスにおけるボランタリーセクターとサードセクターの発明

同様の視点による研究は，イギリスでも見られる。イギリスでは，非営利セクターではなく，ボランタリーセクター（voluntary sector）という呼称が好まれる

傾向にある。アメリカにだけではなく，イギリスにおける公私関係も日本のサードセクター研究の参照先となることが多い。しかし，日本では伝統的なものと考えられる傾向のある「ボランタリーセクター」観念も，社会政策学者のシックスとリートの「委員会によるイギリスにおけるボランタリーセクターの発明」（6 and Leat 1997）という論文によれば，1970年代以降の「発明」だとされる。

　この論文では，ホールの研究も参照しつつ，イギリスにおける，ボランタリーセクターに対して，「イギリスのボランタリーセクターという観念は発明され，それは近年になってのことであり，その際に委員会や知識人の役割が決定的であったこと」を主張した（6 and Leat 1997: 33）。組織形態の区分が問題となり，ボランタリー「セクター」というアイディアが形作られたのは1970年代のウルフェンデン委員会の影響による。そして，1990年代のディーキン委員会によって[11]，ボランタリーセクターは公共政策の領域として再構成された[12]。その背景にはアメリカの非営利組織研究の影響や，様々な領域を経済的に捉える発想があったとする。

　政府でもない営利企業でもない領域に，いかなる組織形態を内部に包含するのかは，固定的なものではなく，可変的なものであることも，近年のイギリスのサードセクター研究は示している。労働党政権下の2000年代においては，ボランタリーセクターに代えて，サードセクターという用語法が広く用いられるようになった（Carmel and Harlock 2008: 160）。ここでセクターのなかに加えられたのは，伝統的チャリティだけではなくて，協同組合や社会的企業といった組織形態であり，これらの組織形態がサードセクターの範疇に含まれることになった。この論文では，このように組織形態が加えられ，サードセクターとして統治可能な領域として，まとめ上げられた過程を批判的に論じている（Carmel and Harlock 2008: 156）。

　サードセクターの統一性は，様々なアクターの戦略の結果によるものだと主張する論者もいる（Alcock 2010; 2011）。オルコックは，サードセクターが労働党政権下において，統合的なアイデンティティを獲得したものの，これは様々な利害関係者による戦略的なものであったことを主張した（Alcock 2010）。彼は，これまで挙げた論者と同様に，サードセクターはもともと同質的なものではなく，多

様な下位集団から成り立っていると主張する。サードセクターが保持しているかにみえる統一性（unity）は，実践者や研究者，政策担当者によって構築された，戦略的な統一性（strategic unity）である[13]。

このような見方からすると，日本では伝統的なものと捉えられがちな，イギリスのボランタリーセクター概念（組織のくくり方）も，戦後に構想された多様な組織をひとくくりにした「発明」の側面をもっている。どのような形で組織がまとめられ，区分されるかは利害の関係する問題であることも近年の研究は示している（Hall 1992: 6 and Leat 1997; Alcock 2010）。このような捉え方は，サードセクターには共通する何らかの本質的原理があり，それに応じて境界区分がなされるという考え方と異なるものである。

③ 境界区分の可変性

これまでに挙げたアメリカとイギリスの非営利セクター研究に共通するのは，セクター区分の引かれ方は何らかの本質を反映したものであることを否定していることである。時代や社会ごとにセクターの境界区分は可変的であり，そして，アイデンティティの共有がなされているために境界が引かれる――すなわち，セクターの発見――という側面だけではなく，境界が引かれることによって，アイデンティティや何らかの原理が見出される側面が存在することである。とすれば，組織の境界線は絶対的なものではなく，社会的背景や利害関係によって異なるものである。ディマジオとアンハイアーの言葉を借りるならば，どの社会，どの時代でも通用するような「非営利性」（non-profitness）なるものは存在しないことをこれらの研究は示している（DiMaggio and Anheier 1990: 154）。

以上の研究群は，本章第2節でまとめた強い境界区分の諸研究が前提としている前提を問い直すものである。これらの研究を踏まえるならば，サードセクターが存在しそれが発見されるという視点は問題を抱えることを意味する。サードセクターに本質的な通時代・社会的な性格を想定するのではなく，多様な組織が集合として，その時代や社会の状態に応じて境界づけられるという，控えめな想定がなされるべきである。このような主張は，「サードセクターなるもの」の拡大を望む人々にとっては容易に受けいれられないかもしれないが，少なくとも，アメリカやイギリス――日本の非営利組織研究に影響を及ぼしている両国――では

非営利部門はその利害関係者によって政策や財団，研究によって境界づけがなされた側面は否定することができないと考える。

　ここで，我々は，強い境界モデルのテーゼB（境界一元性の前提）に対して，異なる立場をとることができる。セクターの「発明」を明らかにしてきた研究は，何らかの原理を体現するものとしてサードセクターがあるよりは，それまで異なるものであった組織群が一つのものとして認識され，サードセクターが形作られることを示している。この認識と形成は，特定の組織形態の集合がセクターとして「制度化」（institutionalization）されることと言い換えられるだろう。これが意味することは，セクターの区分がいかになされるかは，あらかじめ決められているわけではなく，区分線の引き方には複数の可能性がありうることである。社会・時代ごとの状況に応じてその境界は引き直され，引き直されることによって組織の行為パターンは変容しうる。

　以上の研究から言えることは，サードセクターという"くくり"は，本質的な組織集合ではなく，社会的状況によって複数の異なるタイプの組織がまとめられうる組織集合であることである。(14)ここで，重要な点は，セクターが包含する組織集合は，可変的で構築的であることを認識することである。以上を踏まえて，サードセクターの強い境界区分とは異なる把握の方法を提案しよう。

（2）サードセクターの内因的／外因的定義の混同と対策

　サードセクターの内部が多様であり統一性のないものであるのならば，サードセクター概念自体を空虚な概念として捨て去ることも可能であろう。しかし，多くの研究者はそのようには考えてはいないし，本書でもその立場はとらない。

　サードセクターの内容は多様であることが常に強調されてきたが，それでもサードセクターなるものが存在することには一定の意味があるものだと考えられてきた。本章冒頭に述べたクレイマーの論文でも，境界の曖昧さを強調するエヴァースの福祉ミックス論の重要性を指摘しながら，セクター区分を「最小化する」（minimize）ことには肯定的な主張をなすものの，セクター区分を捨て去ることが必要であるとは主張しない（Kramer 2000: 15）。それではサードセクター概念によって我々は何を問題とするべきなのだろうか。

第2章 サードセクターを捉え直す

　サードセクターを問題とするとき,我々は「組織の分類」を問題としていることに注意を払うべきである。ここで,組織の分類の対象とされるものは,個々の組織であったり組織形態であったりする。組織形態は,法的に規定されることもあるが(例えば,NPO法人,社会福祉法人,株式会社),法人格と一致しないこともありうる(例えば,ワーカーズ・コレクティブ)。このような組織や組織形態の区分を,我々はサードセクターを論じようとする際に問題としている。

　組織の分類というときに,サードセクターに含まれる組織とサードセクターに含まれない組織を区別する方法が問題となる。ここで,有用なのはサードセクターの定義に関して,外因的なアプローチと内因的なアプローチを区分するオルコックの指摘である(Alcock 2010)。外因的なアプローチとは他のセクターとの関係からサードセクターを定義する方法であり,例えば,協同組合研究者のペストフの福祉トライアングル(図2-1)は,市場でも政府でもない領域がサードセクターであると主張しており,外因的なアプローチの一つである。一方で,内因的なアプローチとは組織がもつ共通の性格があることをもって定義する方法である。内因的なアプローチの例としては,サラモンらによる先にも挙げたJHCNSPの操作的定義が挙げられている。外因的定義と内因的定義は部分的に重なるところもあるが,セクター区分の方法を区分するうえでは,有効であると考えられる。

　サードセクターをめぐる概念上の混乱の要因の一つは,サードセクターを問題とするときに外因的アプローチによる区分をなしているにもかかわらず,内因的な要素が混じりこむことに求められる。ここでは外因的定義の一つとされるペストフの福祉トライアングルを例にとろう(図2-1)。福祉トライアングルはサードセクター研究では国内外で影響力をもつ考え方であり,何よりも,サードセクターとそれ以外のセクターの区分を考えるうえでは明確な視点を提示しているものである。

　彼は,公式/非公式,民間/公的,営利/非営利の三つの基準によって,組織を区分している。ここで公式かつ,民間かつ,非営利の領域がサードセクターである。ただし,境界区分は明確ではあるが,境界線上に位置する組織もあり,境界区分は曖昧であるとも言える(Evers and Laville 2004a=2007)。例えば,組織形態が営利(出資者への利潤分配を認める)であっても非営利組織と類似する行動を

第Ⅰ部　理論編──社会政策・サードセクター・社会的企業

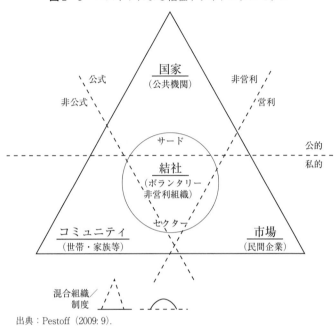

図2-1　ペストフによる福祉トライアングルモデル

出典：Pestoff（2009: 9）.

とるものもある（例えば，ソーシャルビジネスという組織形態）。また，公的な補助金の割合が高く，運営管理が行政の監督の影響を強く受ける組織（例えば，社会福祉法人という組織形態）もあり，法人格が存在しないものの公的に認知される組織形態（例えば，ワーカーズ・コレクティブという組織形態）もある。これらは境界線上に位置すると考えられ，そのためサードセクターは境界線を横断して存在すると言える。しかし，明確にどちらと判別することが難しい組織・組織形態であっても相対的に営利組織や行政，家族・近隣と異なる組織を区別することができると考えられる。

　問題は，このような区分を行った次の段階にある。他組織と区分されるために用いられた性格以外の要素がもちだされることが少なくない。外因的なアプローチにより区別された組織は，問題とされた境界区分以外の性格においても，異なる性格を共有すると想定される傾向にある。例えば，外因的に区分されたサード

82

セクターが民主的であるとされたり (Pestoff 2009: 8),「友愛」や「連帯」などの性格をもつとされる (富沢 2008: 55)。

　より具体的に議論するため,サードセクターで頻繁に強調される性格として,参加的性格を例に挙げよう。公式／非公式,民間／公的,営利／非営利という基準によって,サードセクター組織が区分されたとしても,区分されたサードセクターが参加的であるかどうかは,探求して明らかにすべき課題であって,前提とすることはできない。探求したとしても非営利,民間,公式と区分された組織（サードセクター）のなかで参加的性格をもたないものを見つけ出すことは容易なことである。逆にその外部で参加的政策をもつと想定するものを見つけ出すことも容易であると考えられる。サードセクターを他のセクターと異なるものと位置づけるのならば,それ以上の性格をもつかどうかは前提とされるものではなく,経験的な問題となる。しかし,このような不用意な意味づけが,サードセクターを問題とするときには頻繁になされる。

　サードセクターをとりまく「組織の分類」は,性差や人種などによる「人々の分類」と状況が類似している。研究者は,人々を区分しているときのような注意深さを,組織を対象とするときには見失ってしまうことがままある。多くの社会科学者は「女らしさ」や「男性性の本質」のような概念をあまり採用しないし,採用したとしても極めて慎重に取り扱うだろう。その一方で,「組織の分類」を論じるときには,「NPOらしさ」や「サードセクターらしさ」を暗黙の裡に想定する傾向にあり,ときに雄弁に語ってしまうことすらあると考えられる。しかし,そのような境界区分に伴う性格は前提とされるべきではなく,少なくとも検証されるべき仮説である。

　「組織の分類」をなすとき,研究者は,外因的定義をなしているにもかかわらず,内因的定義をすべり込ませてしまう傾向にある。例えば,公式／非公式,民間／公的,営利／非営利という境界区分によって,サードセクターなるものを区分する。これは,政府でもなく,市場でもなく,あるいは家族・近隣でもない組織や集団を見出すことができることを意味している。このような区分は社会政策の文脈では,非営利かつ公的かつ公式的な組織（行政）,営利かつ民間かつ公式的な組織（営利企業）,非営利かつ民間かつ非公式（家族・近隣）からなる組織以

外が，福祉供給にかかわることを認識可能にする意味で有益である。だが，サードセクターは，公式かつ，民間かつ，非営利という境界区分とされた基準では，同質性をもつかもしれないが，それ以外の性格を共有するとは限らない。外因的に区切られた組織の性格がいかなるもので，それらがいかに分布しているのかは前提とされるべきものではなく，探求されなくてはならない課題である。そして「発明」を問題としてきた研究群が示した通り，この境界区分のなかの組織は同質的な性格をもつとは限らない。

このような問題に対して，本書では「弱い境界区分」を提案する。これは，セクター区分自体を認めないものではなく，他のセクターとの境界区分をなしたとして，それ以上の性格についての前提を置かないことが，少なくとも研究上は望ましいとする考え方である。同種の主張をなす研究者も確認できる。例えば，先に挙げたアメリカの非営利組織研究者のフランキンは，「政府の一部でも，市場の一部でもない活動群を特定することで，強制力が用いられず，営利が基本的誘因ではなく，所有の境界が明確に引かれない空間を認識できる」と指摘し，アメリカの非営利組織の動向を議論する（Frumkin 2002: 16）。ここでは，消極的に性質を述べていることに注意が必要である。またイギリスの公共政策研究者のオズボーンは，非営利組織の多様性の問題に対応するために，多元性を覆い隠さず，他の組織との相互依存を受け入れる「分析的というよりは記述的な」セクター概念を提案している（Osborne 2013: xxx）。彼らの主張は，境界区分をなしたうえで，それ以上の想定をしないという点で本書の主張と重なっていると考えられる。

研究者はサードセクターを問題としながら，控えめな境界区分をなすことができるし，そのような見方は妥当性をもっていると考えられる。すなわち，セクター間に，公式／非公式，民間／公的，営利／非営利という意味で境界線は引くことができる——すなわち，政府，営利企業，家族・近隣とは異なる領域を見出すことができる——にしても，そのような境界線内の組織に，分類基準以外の共通した性格（本質）が存在するとは想定しない見方を採ることは可能であり，それは，より現実に即したものであるだけではなく，第1章でも確認したような多元性の把握を求める研究上の要請に応えるものである。このような捉え方をなすことにより，我々は境界問題や多元性問題をよりよく把握することができる。

ただし,「弱い境界区分」を採用することにより,どのように「組織の分類」をなせばよいかの問題が新たに生じる。とくに,次節で論じるようにセクター内で多元的な規範が存在することを想定すればなおさらである。これは,第3章で論じる研究対象設定の困難が生じることを意味する。この問題は,第3章で詳しく論じる。

・・・

　本節を整理しておこう。本節の検討から導かれることは,人々が組織や組織形態を慣習的あるいは制度的な基準をもとにして「いくつかのセクターに区分すること」と,セクターとして区分された組織や組織形態が「その区分に用いた基準以外の何らかの性質に関して同質性がある」と想定することは切り離して考えることができることである。これは,本章の冒頭に示した,クレイマーによる後者の考え方(Kramer 2000: 1)と重なる。このような考え方を「弱い境界区分」モデルと呼ぶ。

　「弱い境界区分」を用いることにより,第1章で問題とした,サードセクターの多元性を強調する問題に答えることの下準備はできた。次なる問題は,その多元性をどのように分析することができるかである。この問題に対して,サードセクターが固有の原理をもつのではなく,複数の原理のハイブリッドと捉える視点は有効な見方だと考えられる。次節では,弱い境界区分のもとでどのように多様性を理解することができるかを検討しよう。

4　制度ロジック・モデルの有効性

　弱い境界区分のモデルに従った場合に,どのようにサードセクター組織が従う行動パターンの多元性を把握することができるだろうか。ここで手がかりになるのが,サードセクターに関して,本書に近い立場で研究を進めてきた研究者による,原理の混合の視点である。

　彼らは,サードセクターに単一の原理が存在すると想定するのではなく,複数の原理の混合がサードセクターの特徴であると考えている(Alford 1992; Evers 1995; Kramer 2000)。本節ではサードセクターの多元性を把握する枠組みとして,

ハイブリッド性が重視されてきたことをまず検討し,さらに,これまで曖昧だった混合される原理・要素を「制度ロジック」(institutional logic)[16]として把握するアプローチが有用であることを主張する。

(1) サードセクターの媒介モデル

サードセクターが複数の原理・要素の混合であると最初に明確な形で提示したのは,ドイツの政治社会学者であるエヴァースによる福祉トライアングルモデルである (Evers 1990; 1993; 1995; 2005)。エヴァース (1995) は,サードセクターを,政府の原理,市場の原理,コミュニティの原理が重なり合う場に位置する「緊張の領域」(tension field) であると捉えた。「緊張の領域」として捉えることにより,サードセクターは,複数の資源や複数の合理性がせめぎ合う領域であるとみなされた。このような考え方をここでは米澤 (2011a) に倣って媒介モデルと呼ぼう。

媒介モデルの重要な含意は,独立モデルのような固有の合理性を認めない点にあると考えられる。このことは,エヴァースが中心的な論敵としている対象が,ハンスマンなどの新制度派経済学者による制度選択論であるため見えづらく,またエヴァース自身も強調しないため必ずしも明確ではないのだが,複数の合理性がせめぎ合う場として捉えることは,サードセクター特有の単一の合理性を想定しないことを含意している。そのため,エヴァースの立場は,国内外であまり強調されることは少ないものの,サードセクターが単一の原理によると考える独立モデルからは区別される視点であると捉えることが妥当である。

エヴァースのモデルは,欧州の多くの研究者に影響を与えた。例えば,序章でも示した,欧州の社会的企業研究のネットワークであるEMESは,エヴァースの枠組みに強い影響を受けながら研究成果を蓄積した (Evers and Lavile 2004a=2007; Nyssens ed. 2006)[17]。とくにEMESの研究者はポランニーの再分配・市場交換・互酬という資源配分様式の類型論を重ね合わせて,社会的企業やサードセクター組織の特徴として,資源・ステークホルダー・目的が混合する性格にあることを示そうとした (Nyssens ed. 2006)[18]。また,クレイマーも最も有効な枠組みとして,エヴァースらの福祉の混合開放システムを挙げている (Kramer 2004=2007)。ヌットセンも,本章第1節で検討した論考のなかで,最も現実的なアプローチとして,

エヴァースの枠組みを一つに挙げながら，複数の原理の混合としてサードセクターを理解する研究潮流を示している（Knutsen 2013）。

さらにブランゼンらは，よりハイブリッド性を徹底したサードセクター観を提案している（Brandsen et al. 2005）。サードセクターがハイブリッドであることは不可避で永続的なものであり（Brandsen et al. 2005: 758），これまでサードセクターの研究者が特定を試みてきた，あるいは前提としてきたサードセクター固有の合理性は存在しないかもしれないと述べる。彼らは次のように述べる。

組織が実際に行う事柄から，見出すことができるようなサードセクターの典型的な合理性は存在しないという可能性もありうる――し，可能性は開いておかなければならない。このような場合，サードセクターを，競合的価値と調整方法［methods of coordination］のなかで緊張が増幅される，あるいは解消される……社会の中心的な領域として捉えることがより適切であるかもしれない（Brandsen et al. 2005: 761）。

ここで彼らは，サードセクターに特有の合理性は存在せず，複数の原理・要素を混合する性格こそが，サードセクターの核となる性格であると捉える。彼らは，サードセクターに固有の合理性を認めない考え方が，学術界や実践者などのサードセクターの支持者（advocates）に受け入れられない可能性を指摘しつつ，同時にサードセクターに固有の合理性があるという実証的な基盤がないのであれば，それが存在しない可能性を受け入れるべきであると主張している（Brandsen et al. 2005: 761）。彼らの主張は，単一の原理が存在することは前提とすべきことではなく，論証の対象であることと理解することができるだろう。ブランゼンらの主張は，エヴァースやEMESの研究者によるハイブリッド性の主張をより明確に指摘したものである。

以上のように，再分配・市場交換・互酬の交差する領域としてサードセクターを捉える見方が提案されてきた。この視点のもつ重要な含意は，サードセクターの固有の原理を想定しない点にある。これは，独立モデルのような，サードセクター特有の原理が市場や国家から区別して存在するとした捉え方と対照的である。

すなわち，サードセクターに関して，何らかの単一の原理を見出そうとするのではなく，複数の論理や資源の組み合わせからなると考えるのである。[19]エヴァースらの複数の原理の重なりとして捉える視点は画期的なものであったと言える。

（2）媒介モデルの問題と制度ロジック

① 媒介モデルの問題点

しかし，媒介モデルによる，サードセクターの把握法は，サードセクターの多元性を捉えるうえでは，不十分な点が確認できる。続いてこの考え方の問題点とその対応策を示そう。

エヴァースらの媒介モデルの問題点を，二つ指摘することができる。第一に，何が媒介されるかが不明確であることと，第二に，政府と営利企業の明確さと比べて，もう一つの極がやはり残余として捉えられ，多様なものがひとまとめにされていたことである。

第一の点について，エヴァースやEMESの研究者，ブランゼンらは，サードセクター特有の本質があるものではなく，資源や合理性が混合される領域としてサードセクターを捉えたことは共通している。しかし，混合されるものについては「資源」に加えて「合理性」（原理）が持ち出されることが多いものの，「合理性」（原理）が指すものは必ずしも明確ではなかった。エヴァース自身も，「原理」や「合理性」という言葉を使用することもあれば（Evers 1995），「目的」「ガバナンス」「企業アイデンティティ」といった概念を使用することもあった（Evers and Laville 2004b=2007）。ここで意図されているのは，組織が従う目的や望ましいあり方といった，組織がそれぞれにもつ目指すべき規範的な秩序のことを指すと考えられる。

次に第二の点について，媒介モデルでは政府や市場という要素はおおむね共通しているものの，第三項にあたる要素が必ずしも明確ではなかったことが挙げられる。個別世帯（Evers 1990）と言われることもあれば，コミュニティ（Pestoff 1998=2000）と呼ばれることもあった。影響力のある捉え方は互酬（Evers and Laville 2004a=2007）として捉えるものであった。この三極目の項が残余的であり，複数の内容が含まれ区別されていない状態になっていることに問題がある。

このような問題点を乗り越える有望なアプローチとなりうるのが、最近のサードセクター研究で注目されている「制度ロジック・モデル」である（Smith 2014; Skelcher and Smith 2014; Knutsen 2012）。制度ロジックとはアメリカの新制度派組織論で蓄積された概念である。この制度ロジックがサードセクターの組織や組織形態に混合されて影響を及ぼす考え方は有望な一つの具体化の仕方であると考えられる。

「制度ロジック・モデル」が有望であるのは、媒介モデルの限界を乗り越える点にある。このような利点について示す前にまず、制度ロジックがいかなる意味をもった概念であるかについて説明を加えよう。

② 制度ロジックという視点

制度ロジック（institutional logic）とは、米国を中心に発展した新制度派社会学（新制度派組織論）で蓄積された概念である。新制度派社会学は、組織行動を資源などの技術的環境だけではなく、ルールや文化などの制度的環境に関連させて理解する研究群を指すが、近年、制度的環境の多元性に焦点があてられるようになった。

個人や組織の行動パターンは、その組織や個人が置かれる社会制度――家族制度や政治制度、市場制度など――の固有のロジックによって導かれることに注目する考え方であり、政治社会学者のフリードランドとアルフォードによって提案された（Friedland and Alford 1991）。[20]彼らは、選好の文脈依存性を軽視する合理的選択論や逆に選好を決定論的に理解する政治学的新制度論、さらにディマジオやパウエルなどの新制度派組織論も制度の内実（content）に注意を払っていないことを批判し、新しい制度の理論が必要であると説く。彼らは、個人の利害や権力が、近代社会の複数の社会制度によって形成され、制度的源泉（institutional source）なしには組織や個人の行動を理解することができないことを強調する（Friedland and Alford 1991: 244-245）。

彼らは、「現代西洋社会の最も重要な制度的秩序のそれぞれには、中核的なロジックがある」（Friedland and Alford 1991: 248）と考える。この中核的なロジックとは、「それぞれの制度の組織化原理を構成し、また組織や個人が琢磨するために利用可能である、物質的実践と象徴的構築物のセット[21]」である（Friedland and

Alford 1991: 248)。例えば，彼らによれば，資本主義のロジックは，蓄財と人間の活動の商品化であり，民主主義のロジックは，参加と人民による人間の活動のコントロールの拡張である。これらの制度ロジックは，「象徴的に基礎づけられ，組織的に構造化され，政治的に擁護され，技術的・物質的に制約され，そしてそれゆえに歴史的に限界がある」（Friedland and Alford 1991: 248-249）ものである。

　フリードランドとアルフォードによる制度ロジックの定式化はわかりやすいものとは言えず，後になって，再定式化が図られた。例えば，制度ロジックの枠組みを受け継ぎながら組織変化などの研究を進展させた，組織社会学者のソーントンとオカシオは制度ロジックを「個人が彼らの物質的存続を生産・再生産し，時空を組織し，彼らの社会的リアリティに意味を付与するような，社会的に構築された，物質的実践，仮定，価値，信念，および規則の歴史的パターン」（Thornton and Ocasio 2008）と再定式化している。また，社会学者の佐藤郁哉と山田真茂留は，より簡潔に制度ロジック（佐藤らの訳語では「制度固有のロジック」）を，「それぞれの制度領域には追求すべき目標や価値あるいは評価の基準といった点で独特の原理ないしはロジックがあること」（佐藤・山田 2004: 296）と表現している。家族，市場，政府，科学，宗教などの諸制度には組織化や行動を導く，基本的な制度固有の価値規範の型（と実践の型）が存在すると考え，そのような型に従う個人や組織行動を研究するアプローチであると言い換えられる。このような理論的展開を経て，多くの組織現象を対象として，制度ロジックの概念を使用した研究が見られている（例：Scott et al. 2000: ch.6）。[22]

　制度ロジックの特徴の一つは「社会を間制度的（inter-institutional）なもの」と捉える点にある（Thornton and Ocasio 2008: 104）。制度ロジックの種別にはいくつかのバリエーションが存在するが，フリードランドとアルフォード自身は，「資本主義」「国家」「家族」「宗教」「科学」「民主主義」を西欧近代社会において中核的な制度であると考え，それぞれの制度が組織構造の規範的源泉となるとみなした（Friedland and Alford 1991: 243）[23]。制度ロジックは，家族や民主主義，市場などの社会制度がそれぞれ異なる様式で，組織や個人の行為に対するルールを与え，認知的な枠組みを提供し，物質的実践の指針を与えるロジック（Logic）をもつとする考え方である。

そのため，制度ロジックを用いることで，組織や行為者が同時に複数のロジックの影響を受けることを想定できる。制度ロジックを用いた研究例として，出版業界における行為パターンの変化を示したソーントンとオカシオの研究がある。これは，出版業界において，専門職（編集者）のロジックから市場ロジックへの変容のなかで，出版社の意思決定のあり方が変化していることを明らかにしたものである (Thornton and Ocasio 1999)。ただし，時代ごとに支配的な制度ロジックの型を特定し，それぞれで異なる組織の行動が見られることを示すのは一つの制度ロジックの応用の方式であるものの，佐藤はこのような研究は制度ロジックの利点を生かし切れていないという（佐藤 2003）。むしろ制度ロジックの重要な意義は，それまで制度的環境とひとくくりにしたものについて組織や個人の従う規範の複数性を認識し，その間の葛藤を認識することを可能にさせる点にあると考えられる（佐藤 2003）。

③ 制度ロジックのサードセクター研究への応用

制度ロジック・モデルは，組織が従う規範の多様性や葛藤を柔軟に分析することを可能にする考え方である。非営利組織研究におけるエヴァースなどが概念化してきた合理性や原理と重なる。ただし，後述するように，エヴァースらは合理性や原理を無規定で使用しており，それと比べると制度ロジックは，一応の定義は与えられており，媒介モデルでは捉えることが困難な価値規範の多元性を把握することが可能である。

非営利組織研究に対してもこのような制度ロジックを用いる研究が表れている。制度ロジック概念の始祖のひとりであるアルフォード自身も非営利組織には，対立する（制度固有の）ロジックが埋め込まれていることを主張していた (Alford 1992: 37)。ただし，制度ロジック概念は，非営利組織研究では近年になるまで，あまり注目されなかった。

ハイブリッド性と制度ロジックを関連付けた論文は，2010年代に入って目立つようになっている。例えば，S.R.スミスらは，理論的に制度ロジックの非営利組織研究への応用を検討し，その可能性や研究の方向性を示した (Smith 2014; Skelcher and Smith 2014)。とくに，スケルシャーとスミスは非営利組織研究のなかでハイブリッドが問題とされながらも，理論化が不十分であることを指摘し，

制度ロジックを用い，制度ロジックが混在する領域として，非営利組織を理解することが有効であると提案している (Skelcher and Smith 2014: 2)。彼らはロジックの組み合わせを理論的に区分しながら，ハイブリッドとしてのサードセクターを制度ロジックと結びつけることの重要性を強調する。

実証的に制度ロジックの概念を応用する研究例もサードセクターの関連領域で見られるようになった。例えば，社会的企業を対象とした，ゲロウとハセンフェルドの研究も，「社会サービスの論理」と「市場の論理」の二つの異なる制度ロジックが組織内で混合され，対立している組織として社会的企業を理解しようとしている (Garrow and Hasenfeld 2012; 2014)。また，ヌットセンはカナダの16団体の非営利組織を対象にした研究で，組織ごとに「民主主義」「家族」「宗教」「専門職」といった異なる制度ロジックをもとに活動が行われていることや，そのような併存状況が政府や市場からの資源流入によって影響を受けていることを示した (Knutsen 2012)。また，トレーシーらは，イギリスの社会的企業を対象に「営利の論理」と「非営利の論理」が対立し，そのような対立から新しい社会的企業の組織形態が成立することを示している (Tracey et al. 2011)。

このように複数の制度ロジックが影響する組織形態の集合としてサードセクターを捉える視点による研究が蓄積されつつある。制度ロジック概念を用いて，サードセクターの複数の合理性を捉える視点をスケルシャーとスミスの用語を参考にして「制度ロジック・モデル」とここでは呼ぼう (Skelcher and Smith 2014)。これらの研究では直接的にエヴァースらの媒介モデルとは独立して展開されつつも，複数の原理が葛藤する場としてサードセクターを捉えようする志向性において，考え方の基礎は共通していると考えられる。

④ 制度ロジック・モデルのサードセクター研究における意義

制度ロジックをサードセクター研究に応用することの意義について確認しておこう。

第一の意義は，これまで曖昧に使用されてきた合理性や原理といった曖昧な概念より，より定式化された（研究の蓄積のある）定義を「混合されるもの」に与えることができる点である。スケルシャーとスミスはブランゼンらの合理性のハイブリッドとしてのサードセクターの把握法に対して，合理性の概念化に問題を抱

えると指摘する（Skelcher and Smith 2014: 2）。確かにエヴァースも含め合理性や原理のハイブリッドとしてサードセクターを捉える見方では，合理性や原理が何を指すかは不明確であった。制度ロジック概念は，まだ確定された定義は見られないものの，「原理」や「合理性」といった概念をより広く組織社会学の議論のなかに位置づけることができるという意味で有効性をもつと考えられる。[24]

そしてそれ以上の意義は，サードセクターが従う規範の多様性を捉えることができる点にある。エヴァースらの福祉ミックス論やEMESの研究者による社会的企業論では，ポランニーの資源の配分様式を援用する形で，再分配，互酬，市場交換の組み合わせによってサードセクターの性格を捉えた（米澤 2011a）。エヴァースらによる媒介モデルは，これまで非営利組織論や協同組合論で使用されてきた経済／社会といった二分法に比べて，より柔軟な分析枠組みを提出している。

しかし，問題は先にも述べた通り，彼らが概念化した「互酬」に代表されるような三極目の内容が，極めて曖昧であったことにあると考える。この理由の一つは彼らが理論的背景として強調するポランニーの枠組みとの不一致にあると考えられる。ポランニーの資源配分様式の類型は，そもそも物質的資源の「制度化された移動」の分類であった（Polanyi 1977=1980: 89）。これを踏まえれば，媒介モデルは，サードセクターが利用する資源——とりわけ，補助金，事業収入，寄付といった金銭的な資源——に関する説明に対しては理論的に関連づけることができる。[25]しかし，媒介モデルでは，目的やアイデンティティといった組織が従う価値や信念と言った規範的秩序に関しても，再分配＝国家，市場交換＝営利企業，互酬＝コミュニティと一致すると考えてきたが，ここに問題がある。再分配や市場交換はともかく，それ以外の規範的秩序は互酬としてまとめられており，サードセクターが影響を及ぼされる規範的秩序の多様性を過度に単純化してしまっている。[26]

媒介モデルではなく，制度ロジック概念を用いることで国家や市場以外の規範的秩序の多様性を考慮することができる。制度ロジックでは，市場と国家以外に宗教，コミュニティ，専門職，企業，民主主義といった，制度固有の秩序や合理性の多様性を認める。とくに，経験的研究のなかでカナダの非営利組織の基礎と

第 I 部　理論編────社会政策・サードセクター・社会的企業

図2-2　「独立」「媒介」「制度ロジック」モデルの組織形態と原理の対応関係

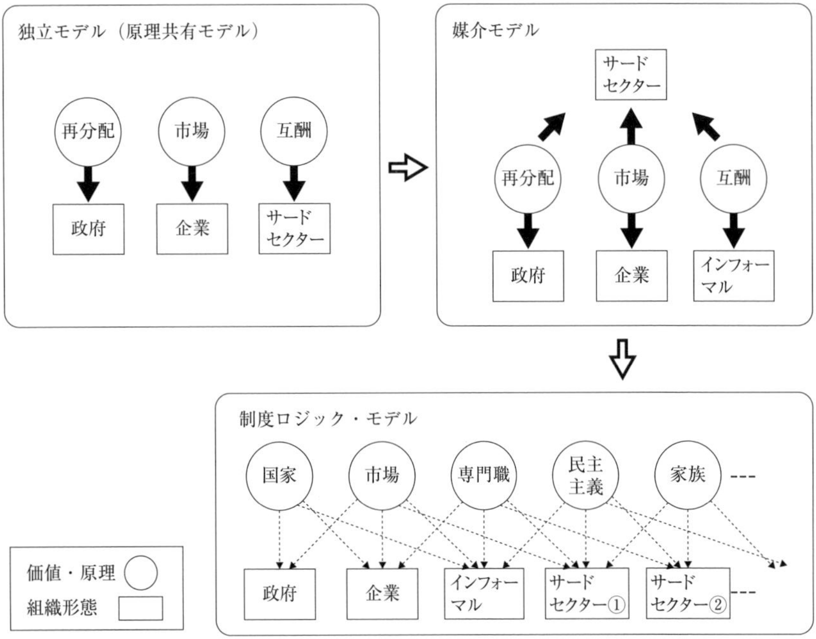

独立モデル（原理共有モデル）

再分配 → 政府
市場 → 企業
互酬 → サードセクター

媒介モデル

サードセクター
再分配 → 政府
市場 → 企業
互酬 → インフォーマル

制度ロジック・モデル

国家、市場、専門職、民主主義、家族、---
政府、企業、インフォーマル、サードセクター①、サードセクター②、---

価値・原理　〇
組織形態　□

出典：筆者作成。

して，これらの市場・国家以外の制度ロジックが存在することを示しているのが先にも示したヌットセンの研究である（Knutsen 2012）。互酬概念のなかでまとめられてきた論理のなかに，民主主義，宗教や家族，専門職といった多様な価値や信念にかかわる制度ロジックが存在することを彼女の研究は示している。この研究の意義は，市場・国家以外の規範的な秩序を示すパターンが一通りでないことを示した点である。

　原理や合理性（制度ロジック）と各種組織形態の対応関係を示したモデル図が図2-2である。

　独立モデルでは単一の原理を，政府・企業・NPOといった組織形態がそれぞれ体現すると考えられた。それぞれの組織形態と原理が一対一で対応している点に特徴がある。媒介モデルでは，政府，企業，インフォーマルセクターはそれぞ

れの原理を体現するものと考えられており，一方で，サードセクターは再分配・市場交換・互酬の原理が混合される領域として捉えられた。それに対して「制度ロジック・モデル」ではサードセクター組織を含めた多様な組織形態が，複数の論理が混在しながら活動するものとなる。これはサードセクター以外の組織群にも当てはまり，行政組織や企業もまた複数の制度ロジックの合理性を参照する。このような考え方の下では，それぞれの区分される組織形態がいかなるロジックを混合させながら活動しているのかが問題となる[27]。

ここで，「制度ロジック」の枠組みと独立モデルで想定されてきた「論理」の使用法の違いを確認しておこう。制度ロジックが競合する場としてサードセクターを捉えることは，独立モデルに立った研究者が，同じ「論理」という術語を使用してサードセクターを捉えようとする際と対照的である。日本の非営利組織研究の原型を作り上げた佐藤慶幸は，生活クラブ生協の重要性を指摘する際に，以下のように述べる。ここでは資本の論理と対応する「生活の論理」に従うものとしてサードセクターを捉える点が見て取れる。

「資本の論理」一本やりで突進し日本列島を改造してきた結果もたらされてきた多くの負の遺産をどのようにして克服していくかということが，ポスト産業社会の日本の課題であ［り］……資本の論理に代るものは「生命の論理」であり，「生活の論理」である（佐藤 1996: 11）。

同じ論理（ロジック）という術語を使用しながら，複数の論理のセットに従うと想定する捉え方と，資本や国家の外部のロジックをひとまとめとしてロジックを体現するもの（生命・生活……）と捉える佐藤慶幸による見方は大きく異なっている[28]。エヴァースらの媒介モデルや制度ロジックを用いたサードセクター研究が示しているものは，独立モデルとは異なる非営利組織の捉え方である。

制度ロジック・モデルは，サードセクターと境界づけられる組織群が必ずしも単一の論理に従わないこと，すなわち，サードセクター特有の合理性の存在を前提としなくてもよいことを示している。本研究では，この制度ロジック・モデルを経験的研究において採用し，サードセクターの多元性を分析する枠組みとして

使用する。

　ただし，制度ロジック・モデルをサードセクターに適応するにあたって，いくつか注意点がある。

　第一に，制度ロジック・モデルでは，実際の制度・組織活動（例えば実際に生活している家族）と，それを理論的基盤とする規範的な制度ロジック（例えば家族のロジック）は区別されるものである。具体的には，フリードランドとアルフォードは，家族や企業の実際の活動（実践）は，家族や企業のロジック（価値規範）をそのまま体現するのではなく，別水準のものとし，複数の制度ロジックに従うと捉えている。例えば，フリードランドとアルフォードは，現代の家族は，家族のロジックを体現するのではなく——とくにフェミニストの取り組みによって——家族の論理に加えて市場の論理の対立の場となっていることを指摘する(Friedland and Alford 1991: 256-257)。このように制度ロジックと実践とは区別されて捉えられる。

　第二に，制度ロジックのセットは演繹的に見出されるような，固定的なセットがあるわけではなく，発見的概念とみなせるような概念である。例えば，フリードランドとアルフォードは，先にも見た6つのロジックを区分したが，それとは異なる7つの制度ロジックのセット（家族・コミュニティ・宗教・国家・市場・専門職・企業）を，現代の制度ロジック研究を牽引するソーントンらは提案している(Thornton et al. 2012: 73)。また，第**5**章でも示すように(189-190頁)，社会的企業研究に制度ロジックを適応した研究でも，多様な制度ロジック概念が使用されている（他の組織形態の研究でも同種の状況がある）。より研究が発展すれば，確定的なセットが見出される可能性はあるかもしれないが，少なくとも今のところは，制度ロジックが先験的に存在すると考えるのではなく，実際の組織の活動を検討したうえで，どのような規範性に組織や個人が従っているかを見極めるような発見的概念として捉えた方が良いと考えられる。

　第三に，筆者は制度ロジック・モデルが今後のサードセクター研究に適応するべき，唯一のモデルであると考えているわけではない。媒介モデルの延長線上の有効なモデルの一つの可能性として捉えている。北米の非営利組織研究では他の展開も見られている。例えば，本章でも取り上げたヌットセンは，制度ロジック

概念の他に,組織アイデンティティに注目してセクター境界の不明確化を説明しようと試みている(Knutsen 2016)。

このような注意点はあるものの,サードセクター研究に対して,制度ロジック・モデルは媒介モデルから一歩進んだ,有望な枠組みと考えていいだろう。

⑤ 制度ロジック・モデルの定式化

ハイブリッドにかかわる諸研究が,サードセクターを異なるセクターの原理や資源,合理性の混合として捉えるのは,強い境界区分のテーゼA(固有合理性の前提:本書73頁)とは相反すると言える。テーゼAとは異なり,一連の研究は,社会をいくつかの原理によって区分するが,単一の原理を体現するものとして,サードセクターがあるとは捉えない。強い境界区分は,サードセクターは共有される原理を体現すると捉えることに対して,ハイブリッドであるとする捉え方は,複数の原理の混合であると捉える。

これまでのサードセクター研究は,政府でも市場でもない論理は単一のものであり,サードセクターに固有の制度ロジック,いわば「非営利のロジック」があって,それにサードセクターの諸組織が従っている,あるいは従うべきであると想定していた(上野 2011; 佐藤 1996)。しかし,複数の制度ロジックが影響を果たす場のなかにサードセクター組織が位置すると考えるならば,そのような想定は非現実的なものとなる。そして,サードセクターの多元性の一端は複数の異なるロジックが重なる場にサードセクターは位置すると捉えることにより,説明できると考えることができる。

「弱い境界区分」を用いて,さらに「制度ロジック・モデル」に従った際に,その認識を「強い境界区分」のモデルで示したテーゼと対応させる形で提示すれば下記の通りとなる。

【テーゼA'】:価値・合理性の重なりと複層性
　　サードセクターやその下位集合が参照する合理性は,制度ロジックが複合的に組み合わさり,そのパターンは多様である

【テーゼB'】:セクター境界の可変性と構築性

社会は間制度的ないくつかの原理（制度ロジック）に区分されるが，サードセクターの境界はこの原理と，直接対応せず，境界は時代や社会の文脈に応じ可変的である

【テーゼC'】：合理性の重なり，境界の可変性を踏まえた政策提言
人々がなす組織の分類に注目して，それぞれいかなる制度ロジックに従っているかを特定したうえで，組織行動の比較や組織形態の役割分担の議論をすることが有意味である

　強い境界区分と同様にテーゼA'やテーゼB'がより重要であり，テーゼC'は，これらの捉え方を社会政策領域の研究に適応した場合に導かれる。このような見方は，強い境界区分の想定に比べれば単純とは言えないものの，より実態に即したものであろう。このような視点からの分析が必要になると考えられる。
　本書で採る「弱い境界区分」や「制度ロジック・モデル」は，サードセクターに固有の合理性が存在することを認めない点で，これまでの主流派のサードセクター論とは異なるものである。サードセクターが従う合理性は複数の組み合わせがありえて，それによっていかなる行動上の差異が存在するかを示すことが，これからのサードセクター研究には求められると考えられる。

5　弱い境界区分，制度ロジック・モデル，次なる課題

　本章では，サードセクターの捉え方の変遷を踏まえたうえで「強い境界区分」と「弱い境界区分」の区別を試み，後者を採用する場合の研究戦略のあり方を提示した。まず，第2節で強い境界区分がどのような想定に基づいているのか，そして強い境界区分を用いたときにどのような社会政策の規範的主張が導かれるのかを示した。第3節では，強い境界区分に対して弱い境界区分の定式化を行った。ここではセクター区分ができることから，セクター区分以外の要素がセクター内で共有されることは導かれないことを示した。第4節では，弱い境界区分に適応した分析枠組みとして，媒介モデルと呼べるような考え方が存在するものの限界

図2-3 サードセクターの捉え方をめぐる諸理論の配置

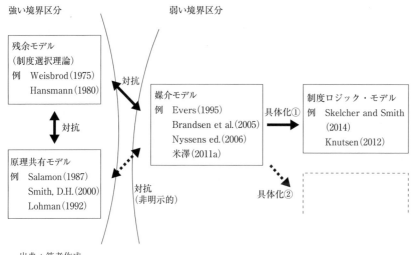

出典：筆者作成。

を抱えることを示し，さらに制度ロジックの枠組みを用いることによって，よりよくサードセクターの多様性が理解される可能性を示した。

本章で整理したサードセクターのモデルをまとめたのが図2-3である。境界区分をなすときに用いる基準以外の性格をサードセクターが共有するとする見方が，強い境界区分であり，そこには残余モデルや原理共有モデルが位置する。それに対して区分がなされる性格以外の性格がサードセクターに共有されることを前提としない見方が，弱い境界区分である。この考え方には媒介モデルと称したような考え方があるが，それをより具体化した一つの可能性として，制度ロジックの混合としてサードセクターを捉える考え方がある。他にも多様性を把握する枠組みは想定されるだろうが，本書の焦点は制度ロジックの混合によるものである。(29)

このような研究プログラムは，原理の探求を望み，セクター単位での比較や役割分担の探求よりも，よりよく社会政策における必要の充足に関する探求に資すると考える。このような研究プログラムに沿って，労働統合型社会的企業というカテゴリが成立し，そのなかで二つの典型的な類型が区分され，それぞれの類型

において，二つの異なる制度ロジックのセット——市場と専門職／市場と民主主義——を組み合わせながら就労の場が提供されるプロセスを明らかにする。

しかし，サードセクターの経験的研究を有意味になすためにはまだ検討しなければならない課題が残されている。「境界の一元性」を前提とすることができないとき，可変的な境界をもつセクターを，どのように研究者は経験的研究の対象とすればよいだろうか。研究者は企業や政府とは異なる「サードセクター」あるいは「サードセクターの下位分類」をどのような意味で特定し，経験的研究の対象とすることが可能なのか，その対応策を示さなければならない。よって，問題はサードセクターの対象特定に移される。次章で問題とされることは，「境界が可変的」である場合，そして「原理が共有されない」場合に，いかにサードセクターやその下位区分を特定するかの問題に移される。

続く第3章では，経験的研究をなすために必要となる対象特定問題に取り組む。とりわけ「社会的企業」には，サードセクター由来の対象特定の困難性と社会的企業の概念固有の対象特定の困難性が存在すると考えられる。我々は，どのように対象を設定すると，「サードセクター」や「社会的企業」を研究し，有意味な知見を産出することができるのか。次なる課題は，この対象特定問題が生じる要因を示し，その対応策を示すことである。

注

(1) 「利潤の非分配制約」とは組織所有者への利潤配当の禁止を意味する組織上の特性のことを指す。

(2) この論文のなかでは，セクター境界の曖昧化に対応する新しいパラダイムとして，四つの理論——対人サービスの政治経済学，組織生態学，新制度論，混合開放システム——を提案しているのだが，本章の主題は，それぞれのパラダイムの有効性を直接的に吟味することではない。

(3) ここでは詳述はしないが，一部の政治学者は民主主義の失敗から非営利組織の存在を捉えようとした。これも残余モデルに位置づけられるとヌットセンは捉えている。

(4) 上野はサードセクターを「協セクター」と呼称するが，基本的にはサードセクター概念と「協セクター」概念に大きな差異は認められない。

(5) 朴が指摘した以外の問題点を簡単に述べると，一般化可能性の問題が指摘できるだ

ろう。上野（2011）で示された事例は，先進事例のみしか取り上げられず，その特性をもって，協セクター総体の優位性が把握されたと理解することは困難である。

(6) 上野は宗教組織からの認識上の分離もサードセクター論の特徴であると指摘しているが，これは妥当な指摘であると言えない。また，宗教組織に関しても，アメリカのサードセクター研究の教科書（Powell and Steinberg eds. 2006）や，欧州の研究（Evers and Laville 2004a=2007）では，宗教組織は含まれる。加えて，宗教組織が一般的な非営利組織研究から排除される傾向に対してはD.H.スミスから批判もされている（Smith 2000: 236）。

(7) 上野の協セクター論の優位性を説明しようとする論理は，政府の失敗，市場の失敗論の延長線上にある。政府セクターとの差異を分析した鷹巣町の事例は，中位投票者の意思を超えて特殊な選好を満たそうとするときの政府セクターの限界を示している（上野 2011）。また，企業との差異に関しては，利潤の分配対象がいないことにより，労働者にとって搾取が存在しないことを前提としている。これも，市場の失敗論（Hansmann 1980）と比較的よく似た論理構成である。

(8) この分担の構想は上野の独自のものと言うよりは，サードセクターに関心をもつ研究者の多くが認めるところである（北島 2002; 原田 2010; 仁平 2011）。

(9) 非営利セクターの形成に関しては社会調査がある種の社会的なリアリティを創り出している。このようなメカニズムはより一般的に考察される必要があるだろう。

(10) ただし，クレイマーはこのような表現をホールの論文からの引用（参照されているのはHall 1992: 28）とするが，筆者が参照したホールの原文の同ページにはこのような文章は確認されない。

(11) ただし，オルコックはウルフェンデン報告，ディーキン報告の両報告書でも，すでにセクター内部の組織が多様であることや，あるいは本質がないという指摘がなされていると述べている（Alcock 2010）。

(12) ベヴァリッジも戦後直後，民間非営利の自発的活動に関する報告書を発表したが（Beveridge 1948=1952），このときの焦点は，非営利組織ではなく，あくまで自発的行為（Voluntary Action）のスタイルや原理に向けられた（6 and Leat 1997: 35）。

(13) ロチェスターは，セクター内部の多様性を強調し，セクターは存在せず，政策担当者や実践家などの活動のなかで作られたものであると指摘する（Rochester 2013）。ロチェスターの主眼は，サードセクターのなかでもよりインフォーマルなものを焦点化させる点にあるため，本書の問題設定とは異なるものであるが，ロチェスターの主張のうちでも，オルコックの書評が重要であると強調する，「実際には，ボランタリー〔＝サード〕セクターなるものは存在しない」（Alcock 2014）という部分は本書の主張と重なっていると考えられる。

第Ⅰ部　理論編────社会政策・サードセクター・社会的企業

⑭　おそらく行政組織や営利企業に関しても同様のことは言えると考える。例えば，営利企業のなかでも多国籍企業や中小企業が一つにまとめられるかは議論が分かれるだろう。しかし，境界の複数性や構築性の程度はサードセクターに比べると低いと考えられる。

⑮　サードセクターおよびその内部の組織形態の制度化を多様で社会依存的なものとして捉えることは，仁平のボランティア言説の知識社会学的研究の知見とも重なるものと読み込むことも可能だろう。仁平は，ボランティアの意味論の変遷を検討し，ボランティアの「否定的な特徴とされるものはほとんど変わらないものの，肯定的な特徴とされるものは，時代や立場によって可変」（仁平 2011: 421．原著の傍点は省略）であることを示した。市場でも政府でもないものの何の価値が強調されるかが可変的なものであることを指摘する意味では，本章の視座と共通する部分もある。

⑯　"Institutional logic"に対して，日本でこの概念をいち早く紹介した，佐藤郁哉らは，「制度固有のロジック」という訳語を使用している（佐藤 2003; 佐藤・山田 2004）。ただし，近年の経営組織論の研究では，「制度ロジック」という用法が使用されており（桑田他編 2015），本書でも，桑田他編（2015）の訳法に従っている。

⑰　EMESは，英米系の，経済学を中心に展開したサードセクターの事業化といった捉え方ではなく，資源や原理を媒介する場として定式化を図った（米澤 2011a）。

⑱　本書では，EMESの研究者たちが問題とした，資源やステークホルダーの混合性を論点とはしない。

⑲　序章で述べた通り，このような捉え方を，米澤（2011a）では「媒介モデル」と呼び，「独立モデル」（原理共有モデル）との相違点を整理した。

⑳　ただし，フリードランドとアルフォードは，制度ロジック（institutional logic）という用語は使用しておらず，制度のロジック（the logic of institution）という用語を使用している。

㉑　「物質的実践と象徴的構築物」のセットとして制度を理解しようとする，彼らの理論的背景には理念的世界が物質的基盤の反映であるという下部構造決定論的な社会理解への批判がある（Friedland and Alford 1991: 247-248）。

㉒　制度ロジック概念は，新制度派組織論のテキストのなかでも，制度的同型化や組織フィールドの概念などと並んで，中核的な概念を説明する章に位置づけられており，新制度派組織論では一定の影響力をもっている（Thornton and Ocasio 2008）。

㉓　佐藤郁哉は間制度的であることを「社会は複数の社会制度間の関係によって構成されるシステムとして概念化されるべき」考え方だと言い換えている（佐藤 2003: 10）。

㉔　さらに，制度ロジックは組織社会学者や経営学者に多く使用されているため，参照可能性が高いという点でも発展が期待される。

⑳　ただし，エヴァースは互酬的資源の多様性を強調しており，互酬を寄付のみに単純化するような捉え方は不適切であるという指摘も行っている（Evers 2001=2004）。

㉖　このことは，エヴァース自身が互酬の具体例として挙げる概念が必ずしも一貫していないこと（「家計」「コミュニティ」概念（Evers 1995），「市民社会」概念（Evers 2005））が例証していると考える。

㉗　制度ロジック概念は，他のセクターの組織形態との区別に関して，これまでよりも柔軟な理解を可能とする。営利組織は制度的環境の影響を受けづらく，非営利組織はより制度的環境の影響を受けやすいという想定がなされてきた（藤井 2010a: 21）。しかし，制度ロジック概念からすればこのような二元論的な理解から距離を取ることができる。社会学者のアレキサンダーは非営利組織と制度的環境の諸研究をレビューするなかで営利企業もまた市場という制度ロジックの要請を受けながら活動していること，そしてそれが強く自明視されているために問題とならないことを指摘する（Alexander 1998: 286）。一方で，非営利組織の場合では複数のロジックが競合的（compete）な状況にあるためにロジックの競合状態が見えやすいと主張している（Alexander 1998: 287）。アレキサンダーの指摘は，ここまで展開してきた議論と整合的であるし，さらに営利と非営利セクターの分析に関して共通の基盤を提供するものである。

㉘　佐藤慶幸はさらに「システム＝非生命系＝文明＝男性性」と「生活世界＝生命系＝自然＝女性性」を対比的に捉え，「生命・生活の論理」に従う生活クラブ生協は前者への異議申し立てとして捉える（佐藤 1996: 145-147）。

㉙　ここで，目的を主題におくのは，組織社会学においては，組織の基底的要素として，成員間の目的の共有が重要であるとみなされてきたという経緯がある（Scott and Davis 2007）。

第3章
社会的企業の二重の特定困難性とその対応
―― 複数の組織形態とハイブリッド性 ――

1 社会的企業とサードセクターの対象特定問題

　本書の経験的研究で焦点を当てるのは労働統合型社会的企業と呼ばれる組織形態である。労働統合型を含めて，当然ではあるが，社会的企業を研究対象とするときには，何が社会的企業であるか特定化が図られていなければならない。すなわち，何を対象に研究すれば社会的企業の性格を明らかにしたかが明確である必要がある。しかし，このことは後述するように容易なことではない。本書ではこれを社会的企業の「対象特定問題」と呼ぶ。対象特定問題が生じる理由はどのような点に求められるのか，この理由を示したうえで，その対応策を検討することが本章の課題である。

　まず，対象特定問題が存在することによって生じる研究上の問題を示そう。「社会的企業」は多様な意味づけを与えられ，学術界やマスメディアから注目を集める一方で，経験的研究は国内・国外ともに順調に進展しているとは言い難い。国内の社会的企業研究に対しては，「社会的企業をめぐる体系的実証研究の欠落」（藤井 2014: 357）が指摘されており，アメリカにおいても，非営利組織研究者であるヤングが指摘するように，社会的企業への文献や関心の高まりと比較すると「知的基礎」の欠落がある（Young 2012: 19）。社会的企業をめぐる研究状況は「過剰な期待」と「過少な実証研究」と呼べるような状況にある。

　社会的企業研究は多くが非営利組織研究と関連づけられて議論されてきた。非営利組織の経験的研究上の関心は，「起源」（Origin）と「行動」（Behavior）という二つの論点に大別できる（DiMaggio and Anheier 1990）。「起源」とは，社会のなかでなぜ非営利組織が存在，活動しているのかを問うものであり，「行動」は

非営利組織が営利企業や行政組織等の他の組織形態と比べてどのような行動特性をもつかを問うものである。両者は非営利組織の経験的研究のなかで重要な意味をもつ。

　非営利組織研究の流れをくむ，新たな組織形態である社会的企業研究においてもまた，同種の問いは重要な意味をもつ。第一に，「起源」について言えば，社会的企業と呼ばれる組織形態の成立は，例えば，社会政策にひきつけて社会的企業を解釈する立場をとれば，社会的企業を福祉国家再編の兆しとして理解できるかという問題につながるだろう。あるいは，新しい形態のビジネス活動として社会的企業を捉える立場からすると，新しいタイプの資本主義への移行の兆しとして理解できるかという問題にもつながるかもしれない。第二に，「行動」について言えば，社会的企業が一般企業や非営利組織といかに行動パターンが異なるのかという問題は，例えば，社会的企業は他の組織形態と比べて，どのような意味で社会的包摂の担い手として異なるのかといった問題として具体的に表れる。これはどのような組織に支援すべきなのかといった公的な資源配分の妥当性をめぐる試金石となるだろう。[1]

　しかし，社会的企業研究で，集中的に議論された主題は，起源や行動ではなく「社会的企業とは何か」「社会的企業とはどのように定義するべきか」などの，概念規定をめぐるものであった。[2]「社会的企業とは何か」をめぐる論争は，社会的企業概念が指し示すものが確定せず，研究者や政策担当者や起業家のなかで合意がなされていないことを含意する。社会的企業をめぐって正確で一貫した用語法や定義は不在であると言える（Dart 2004: 413; Young 2012: 21）。

　このように社会的企業概念が一貫しないことが，社会的企業を対象とした体系的な実証研究を妨げる要因となったと考えられる。「社会的企業」が問題とされ，「体系的研究」が求められる限り，実際に存在する個別組織と研究上問題とされる社会的企業概念との関係を明確にする必要があると考えられる。

　以上のように，研究上の問題は，「過剰な期待」と「過少な実証研究」のギャップが生じる理由，あるいは「体系的研究」が妨げられる理由にある。そして，そのギャップが生じる理由は，社会的企業の対象特定問題が生じる要因が明らかにされず，有効な対応策が示されてこなかったためと考えられる。ここで，

理解を容易にするために，対象特定問題の要因を先に示しておくとすれば，社会的企業の対象特定問題が生じる要因は二重に存在すると言えるだろう。一つはサードセクターに属する組織であることから生じる問題，もう一つは社会的企業に付随する「ハイブリッド」性から生じる問題である。社会的企業に対する研究が有意味な成果を残すためには，これらの概念的特性に配慮したうえでの研究プログラムが構築される必要がある。

本章の構成は以下の通りである。まず，サードセクター一般の対象特定の困難を論じ，社会的企業がサードセクターの一部であるがゆえに対象特定が難しい組織形態であることを示す（第2節）。続いて，社会的企業概念固有の特性から，対象特定の困難が生じることを示す（第3節）。このなかでは社会的企業研究をめぐる三つの学派を整理し，相違点を指摘したあとで，三学派がともに共通する性格は，「ハイブリッド組織」として社会的企業を捉えることにある点を明らかにする。そして，ハイブリッド性は，「組織的性格のハイブリッド」「組織形態のハイブリッド」に区分でき，どちらも異なる性格をもつ広範な対象を含むことを示す。このように二重の対象特定の困難に対して，第4節では法制度や組織関係者による正統性の付与による特定化に注目するか，あるいは探索的に望ましいハイブリッド形態を検討することが対応策としてありうる方向性であると主張する。最後に結論部において，社会的企業研究の可能性と課題について述べる。

2　サードセクターの典型例としての社会的企業――対象特定の困難①

（1）サードセクターの特定困難性

前章の第3節では，サードセクターの境界が可変的である側面があることを指摘した。本節ではここから一歩進んで，そのような性格と関連する問題として，セクター内部の組織形態が複数のタイプのものを含むために対象特定が困難であることを主張する。

本書では，とくに社会的企業を経験的研究の対象とする。その理由は，社会的企業という組織形態が，サードセクターを対象とした研究を遂行する際の対象特定の問題をよく示しているためである。このサードセクターの捉えづらさの一因

は，サードセクターが単一の組織形態から構成されるのではなくて，複数の組織形態から構成されることに由来する。

　サードセクターを研究対象とするときに，いかなる組織がサードセクターに包含されるかは自明ではない。これまでも，サードセクターは，多くの場合，単一の法人格や非公式の組織形態のみから成り立つのではなく，協同組合，共済組合，アソシエーションなどの複数の法人格や非公式の組織形態を包含する概念として考えられてきた。

　そのため，サードセクターの研究上の問題の一つはいかなる組織形態が含まれるべきかにあった。例えば，非営利組織の定義に影響を及ぼした，ジョンズ・ホプキンス大学が主導した国際比較調査（The Johns Hopkins Comparative Nonprofit Sector Project: JHCNSP）における論争は有名である。その争点の一つは，協同組合を含めるか否かであった。JHCNSPの定義では，利潤の非分配制約を重視している。そのため，部分的とはいえ組合員に出資配当する可能性がある協同組合が排除されることになった。これに対しては欧州や日本国内の協同組合研究者からは，同様に社会的目的をもつにもかかわらず，協同組合が排除されることは適当ではないとの反発が見られた（Defourny 2001=2004; 川口 1999）。

　また，日本では，伝統的な広義の公益法人（医療法人や社会福祉法人など）が，サードセクターに含まれるかどうかも問題とされた。例えば，社会学者の安立清史はNPOという概念を導入することにより「これまでの社会福祉法人や社会福祉協議会，ボランティア団体や公益法人などとは異なった福祉組織のあり方や機能が分析される」（安立 2008: 60）と述べ，伝統的な公益法人と区別されるものとしてNPOを捉えた。一方で，社会学者の須田木綿子はJHCNSPの参照例となったアメリカの非営利組織と対応するものとして「広義の公益法人，すなわち，宗教法人，学校法人，医療法人，社会福祉法人，財団・社団が相当」し，さらに「NPO法人が加わる」（須田 2011: 17）と述べている。両者の間では公益法人の扱い方は対照的である。同様に，イギリスでも，代表的な相互扶助組織（mutual aid organizations）がJHCNSPのカテゴリから除外されることに対して，歴史的な観点からの批判もなされた（Morris 2000）。非営利組織・セクターを問題とするときに，論者の問題意識によって異なる法人格（公式の組織形態）が含まれること

が理解されるであろう。

　サードセクター概念は，「非営利セクター」「ボランタリーセクター」「社会的経済」という他の類似の概念よりも，包含される組織形態の種類が問題になりやすい。アメリカで使用されることの多い「非営利セクター」やイギリスで使用される「ボランタリーセクター」，大陸欧州で使用されることの多い「社会的経済」はそれぞれ典型的な組織形態――NPO，チャリティ，協同組合・共済組合――が存在する。

　一方で，「サードセクター」概念は，とりわけ研究上では，特定の国の制度的環境に依存しない「各国の制度に中立的な概念」（藤井 2010a: 16）として用いられる傾向にあった。「中立的」であることは，その国ごとの特定の法人格や法的規定によらず，明示／非明示的に，異なる組織形態を同じセクターに属すものとして判定する基準を研究者や実践家，政策担当者が用いていることを意味すると考えられる。複数の法人格を包含することは，特定の法人格やそれに準ずる組織形態のみによっては包含する組織形態が特定されない。そのため，何らかの形で複数の組織形態に共通する性格――「利潤の非分配制約」や「民主制」――が設定され，サードセクターに含まれる組織の分類が行われている。

　既存のサードセクター研究の具体的な研究手法を検討すると，それぞれの問題意識に従って，法人格やそれに準ずる組織形態をメルクマールとしながら異なる法人格や非公式の組織形態のセットをサードセクターと捉えてきたことが分かる(3)（須田 2011; 上野 2011; 藤井他編 2013）。サードセクター研究では，サードセクターはいくつかの法人格や非公式の組織形態の集合と捉えられ，少なくともその中核にはそれぞれの研究者の問題意識に沿った典型的な組織形態が想定され，研究がなされてきた。

　例えば，その典型として，再び第2章でも論じた上野による「協セクター」概念を取り上げよう。上野は，「理念上は協セクター［引用者注：サードセクターと同義］にある社会福祉協議会や，社会福祉法人のような公益団体も，措置時代の長い歴史を背負っており，新しく登場した協セクターの担い手としてふさわしいとは考えにくい」（上野 2011: 242）と述べたり，「この［引用者注：介護保険事業所の分類にある］うち（6）協同組合と（8）非営利法人（NPO）のふたつが，「参加型

福祉」の実質的な担い手にあたるだろう。わたしが『協セクター』の市民事業体として具体的に念頭に置くのも、この二つ」(上野 2011: 243)だと述べる。引用からは、上野が協セクター(サードセクター)の典型にNPO法人と協同組合という複数の組織形態を含めていることが示されている。

　ここで焦点化したいことは、サードセクターに包含される組織形態の妥当な基準が何かということではなく、サードセクターを把握しようとするときに、包含される組織の妥当性をめぐる問題が不可避的に立ち上がることである。サードセクター概念は、政府や市場とは明確に区分できない境界の曖昧性を特徴とし、さらに、法人格を代表とする複数の組織形態を含むという特徴をもつ。このような特徴により、サードセクター概念は法人格に縛られず、社会的目的をもった営利企業や政府の集合の外部にある組織を名指すために使用される。

　しかし、サードセクターが複数の組織形態を含むことにより、研究遂行上の問題が生じる。例えば、本書のように社会政策領域でサードセクターの機能を理解することを研究主題として設定しようとする。そのときにいかなる組織を対象とすればサードセクターの役割や起源を明らかにすることになるのだろうか。しかも、前章で示した通り、サードセクターを区分する方法は社会的文脈に依存し、組織群が依拠する規範も複数のロジックの混合である。第2章で論じたような、「弱い境界区分」を用いるならば、サードセクター概念では基本的には純粋な政府でもなく、企業でもない組織の集合からなるが、それ以外に共通する要素を先験的に想定することはできない。

　ここに問題が現れる。サードセクターは複数の組織形態を含み、その基準は明確な合意がなされていない。そのため、何を対象とすればサードセクター研究になるのかが、実のところ明確ではない。このような「対象特定の困難」を本来的にサードセクター研究は抱えている。

(2) 対象特定困難な典型例としての社会的企業

　以上に見た通り、サードセクターのなかでは複数の(公式/非公式の)組織形態が含まれる。本研究では、非営利組織でも協同組合でもなく、社会的企業を経験的検討の焦点とするが、対象特定問題はより顕著に表れる。

本書で社会的企業という組織形態を対象とする理由は二つ挙げられる。第一に，社会的企業概念がサードセクター研究のなかで，近年において，影響力を増しつつある概念であることによる。序章でも示した通り，とりわけ労働統合型社会的企業は福祉国家再編のなかで重要な役割をもつことが期待され，国内外の多くの研究者が社会的企業を問題とするようになっている。このような組織形態の性格を理解することはサードセクター研究のみならず，社会政策研究にも意義のあることであろう。

　しかし，よりサードセクターおよび社会政策研究において重要性をもつのはもう一つの理由による。それは，社会的企業は，とくに法人格などの公式／非公式の組織形態に捉われず概念化され，そのことが強調されることである。このことは，先述した複数の組織形態を包含するサードセクターの捉え難さを典型的に示している。

　社会的企業が法人格などの組織形態にとらわれない特徴は，複数の研究者が指摘してきた。例えば，宮本は「異なった法人格をもつ事業体を包括して，社会的企業（Social Enterprise）という呼称が広がるようにな」り，「公的資金に依拠しても自律性をもち，一定の経済的リスクを引き受け，少なくともその一部に有償の賃金労働を含むことなどが法人格を超えた共通の属性として注目される」（宮本 2013b: 66）と述べる。また，武川も次のようにサードセクターと社会的企業を重ね合わせる。「［引用者注：サードセクターは］ボランタリー部門の単なる言い換えに見えるところもあるが，サードセクター論では福祉多元主義と違って，セクター間の本質的な相違を強調」せず，「営利／非営利，公式／非公式，官／民といった組織形態の区別は，各組織のミッションや機能に比べれば二次的で」あり，「このためNPOやNGOに代わって，社会的企業や社会的起業の名称が好まれるようになっている」（武川 2011: 362）という。他にも，経済学者の鈴木純も，同様に特定の組織形態に限定されない概念としてサードセクターと並んで，社会的企業が使用されると論じている（鈴木 2014: 94）。このように社会的企業は，サードセクターと重ねあわされて法人格や非公式の組織形態に縛られない概念として捉えられてきた。

　また，このことは海外でも指摘されることがある。イギリスにおける，非営利

組織支援を得意とする法律事務所であるBates, Wells & Brathwaiteと社会的企業の中間支援組織であるSocial Enterprise Londonによる，社会的企業の設立に際して，適切な法人格取得を助言したガイドブックでも，法人格は社会的企業にとって二次的なものであると述べている。ガイドブックによれば，「社会的企業は法人格では定義されず，その性格によ」り，「その性格とは，社会的目的と社会的成果，構造やガバナンスにその社会的ミッションが埋め込まれているという基礎，事業活動を通じて産出される利益を使う方法」(Bates, Wells & Brathwaite and Social Enterprise London 2003: 1) であると社会的企業の定義を示している。

　複数の研究者や組織関係者が指摘するように社会的企業概念においては，法人格などの公式／非公式の組織形態は二次的なものである。多くの社会的企業に関心をもつ研究者は社会的企業といったときには，法人格などの組織形態ではなく，組織の性質（目的・ガバナンス構造など）が問題となると考えている。社会的企業概念は，市場でもなく，政府でもなく，さらには家族などとも区分される複数の既存の組織形態（法人格）を「横断」するサードセクターの下位分類であると特徴づけられてきた。[4]

　特定の公式／非公式の組織形態と一対一対応しない点が，社会的企業概念の特徴である。これは特定の法人格などの公式／非公式の組織形態でもってセクターが構成されないと考えるサードセクターの性格と共通したものである。この意味で，社会的企業はサードセクターの性質を特徴的に示している。社会的企業概念は，組織関係者，研究者，政策担当者によって用いられる既存の組織類型や法制上の組織形態（法人格）とは異なった組織の分類として，設定された組織の分類である。社会的企業という組織形態は，法人格では捉えることが困難である，サードセクターという組織分類の代表的な組織形態と言えるだろう。このような性格をもつ社会的企業を経験的研究の対象とすることに成功すれば，他のサードセクター組織への応用も可能となると考える。これが，本研究で社会的企業を経験的研究の対象に据える一つの理由である。

　以上に述べたようなサードセクターの既存の組織形態を横断する性質は，サードセクターに分類される組織にはある程度共通する，第一の対象特定困難性であ

る。しかし，社会的企業の経験的研究が進展しない理由は，サードセクターに共通する，あるいは典型性ゆえに生じるものだけではなく，第二の社会的企業固有の対象特定困難性も存在する。次なる課題は，この社会的企業をめぐる，「対象特定の困難」を示すことである。そのうえで，両者を含めて，どのように社会的企業研究が，研究上の困難に対応することが望ましいかを示す。

3 ハイブリッド組織としての社会的企業再考——対象特定の困難②

社会的企業が，対象特定が困難な理由は，サードセクターの典型例であることだけではなく，社会的企業固有の概念特性に由来する側面にも求められる。本章の後半部では，社会的企業概念の合意の困難さが，そのハイブリッド性に求められることを主張する。

この検討のために，社会的企業の国際的に影響力のある三つの学派の理論を検討し，相違点と共通点を整理する。ここでは異なる概念化がなされつつも，「ハイブリッド」という共通項が浮かびあがることが確認されるだろう。

(1) 三つの学派とその相違点

序章で論じたように，社会的企業は，大陸欧州と英米で異なる概念化とともに異なる理論枠組みによる研究がなされてきた（Kerlin 2006; Defourny and Nyssens 2006）。さらに最近では，英米系の学派について稼得所得学派（the "earned income" school of thought）と社会イノベーション学派（the "social innovation" school of thought）に下位区分がなされ，まとめると(1)稼得所得学派，(2)社会イノベーション学派，(3)社会的経済学派の三つの学派に区分されている（Nyssens and Defourny 2012）。国内外の研究の多くが三つの学派のいずれかを参照していることを踏まえると，本章の課題においてもこの三つの区分は有用である。

三つの学派は，それぞれ共通点をもちつつも，社会的企業の異なる側面に注目する。社会的企業の基盤とする収入源にとりわけ注目するのは稼得所得学派である。稼得所得学派は主としてアメリカの経営学を中心に発展してきたもので，非営利組織の市場からの収入の拡大を社会的企業の特徴とみなし，リスクにも注意

を払いながらも、その意義を強調する（Dees 1998; Dees et al. 2002）。非営利組織の商業化を背景として、事業収入の拡大や企業経営的手法の活用が非営利組織のミッション達成に際して、有効性をもつとされる。

二番目の社会イノベーション学派は社会的企業がもたらす成果に注目するものである。社会イノベーションと呼ばれる、社会問題に対する、社会起業家を中心とする主体による独創的な解決策に期待し、その意義を強調する（Nicholls ed. 2006）。第一の稼得学派が収入源における市場収入の増加に注目するのに比べて、この学派は収入源の内容にはあまりこだわらない。強調されるのは社会的企業が社会に与える影響であり、いかに社会変革がなされるかが問題とされる。

上記の二つの学派がアメリカでの社会的企業を対象とする一方で、社会的経済学派は、欧州での社会的企業を対象とするものである（Nyssens ed. 2006; Defourny 2001=2004）。協同組合研究の伝統をくむ社会的経済学派は、社会的企業のガバナンス構造に注目し、組織における民主的意思決定や参加的性格が重視される。とりわけ社会的企業の関係主体を巻き込む民主的意思決定過程や社会的企業の依拠する資源の多元性の意義が強調される。

三つの学派のアプローチは、社会的企業と呼ばれる事業体に対して、単純化して言えば、三つの異なる基準、(1)収入源、(2)アウトカム、(3)ガバナンス構造に注目して、社会的企業を特徴づけるアプローチである。社会的企業という同じ用語をめぐり、それぞれ異なる概念化がなされたことが理解される。

（2）三学派の共通点——ハイブリッド組織としての社会的企業

三学派は同じ社会的企業概念を用いながら異なる側面を強調したが、共通点はいかなるものであろうか。第一に、社会的目的と経済活動との結びつきである。社会的経済学派の研究者は、三つの学派において経済活動に埋め込まれた社会的目的を強調することが重なることを指摘する。第二に、あまりこれまでは指摘されることは少なかったが、社会的企業が、基本的に望ましい活動を行うと想定されている規範的概念であることも共通すると考えられる。

本章の観点から重要である第三の共通する特徴は、社会的企業が複数の組織形態や原理をまたがって活動する「ハイブリッド性」である。社会的企業は何らか

の意味で,ハイブリッド——混合的あるいは雑種的——な組織として捉えられた。

　例えば,稼得所得学派でも,社会的イノベーション学派でも,社会的セクターと企業セクターの両者を架橋し,両者の性格を混ぜ合わせる性格を社会的企業に見出す。稼得所得学派のディーズは社会的企業について,「ほとんどの社会的企業は,純粋に慈善的にも純粋に商業的にもなることはできないし,すべきではない。ほとんどの社会的企業は商業的,慈善的要素を生産的なバランスで混合するべきである」(Dees 1998: 60) と述べる。また,社会的イノベーション学派のニコルスは,社会的企業を起業し,経営する社会的起業家について「ビジネス・チャリティ・社会運動モデルを折衷主義的に取り入れ,コミュニティの問題の解決策を再構成,持続的な新しい価値を提供する」(Nicholls ed. 2006: 2) ものと捉える。このような表現からは,社会的企業が複数の原理や組織形態を橋渡しする,中間的,混合的なものと想定されていることが示されている。

　社会的経済学派の研究者であるドゥフルニとニッセンスも,「社会的企業は市場,公共政策と市民社会の交差路に位置する媒介的な場であるということができる」(Defourny and Nyssens 2006: 13) と述べ,社会的企業が依って立つ資源や社会的企業の活動目的のハイブリッド的性格を強調する。エヴァースとラヴィルも,下記のように,より直接的に社会的企業を「ハイブリッド組織」であると表現した。

「ハイブリッド組織」というコンセプトがさらに広がりを見せ,その特徴も明らかになってきた。……その焦点は,様々な構成要素と原理の組み合わせによって生まれる緊張感と副次的効果が何かという点にあるばかりではなく,こうしたハイブリッドな性格が有する潜在的可能性をどのように発揮させるのがベストであるのか,あるいは,そのリスクをどのように減らすのかという点にもある。こうした諸点をある程度うまく処理する組織が「社会的企業」とラベル付けされるようになった (Evers and Laville 2004b=2007: 337-338. 訳文は一部変更している)。

　このように,社会的企業に関して,三学派は異なる特徴を強調しつつも,社会

的企業をハイブリッド組織として捉える共通点をもつ。

(3) 二つの意味での「ハイブリッド」

それでは社会的企業は，いかなる意味においてハイブリッド組織であると考えられるのか。この点を詳しく検討しよう。社会的企業研究のなかでのハイブリッド概念は主に二つの意味で用いられている。

第一に，「組織的性格のハイブリッド性」である。ここで組織的性格 (Organizational princple) とは，社会性や経済性，市民性といった，組織の行動を特徴づけ形容される性質のことを指している。社会的企業は，これまでは両立しないと考えられてきた何らかの構成要素を併せもつとされることが多かった。これが「組織的性格のハイブリッド性」で指すものである。第二に，「組織形態のハイブリッド性」である。ここで組織形態 (organizational form) とは，株式会社やNPO法人など，社会的に定式化された組織の型のことを指す。社会的企業は，既存の組織形態の混合形態であると考えられることが多かった。これが「組織形態のハイブリッド性」で指すものである。

組織的性格と組織形態は必ずしも一致しないが，社会的企業研究（サードセクター研究）では両者は区分されずに議論されてきた。営利企業や非営利組織，協同組合といった組織形態と社会性や経済性といった原理は必ずしも重なり合うわけではないはずだと考えられる。しかし，これまで，多くの研究では両者は重ね合わされて議論されており，あまり区別されなかった。ここでは両者をいったん区分して，組織形態と原理のハイブリッドであるとして，それがどのような問題を生じさせるのかを検討する。

① 組織的性格のハイブリッド

第一に，「組織的性格のハイブリッド性」である。社会的企業がハイブリッド組織であるというとき，何らかの複数の組織的性格を組み合わせる意味で用いられることがある。社会的企業の場合，既存の組織では通常両立することはない何らかの組織的性格（例えば市場性と社会性と言ったような概念）が，分析枠組みとして設定され，社会的企業自体は，組織的性格が混合される中間項として概念化される。

図 3-1　社会的経済学派による社会的企業の概念化

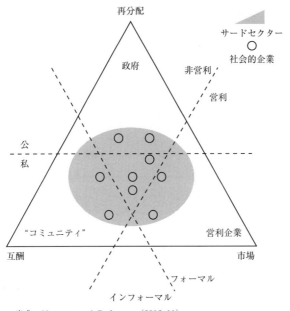

出典：Nyssens and Defourny (2012: 11).

　社会的経済学派は三つの原理のハイブリッドとして社会的企業を概念化する。ここで参照されるのは，ポランニーの三つの資源配分様式――市場交換，互酬，再分配――である。社会的企業は，図 3-1 のように，サードセクターを構成する組織概念として設定される。ここで社会的企業は，「資源」や「目的」と「運営メカニズム」が混ぜ合わされ，最終的に独特の「コーポレート（組織）アイデンティティ」をもつようになる（Evers and Laville 2004b=2007）。

　英米系の二学派でも，社会的企業は複数の組織的性格のグラデーションの一部に位置づけられる。ただし，欧州の社会的経済学派が用いる場合とは異なる，組織的性格の極が想定される。

　稼得所得学派では，その要素は二つである。例えば，ディーズは社会的企業スペクトラム（social enterprise spectrum）を描き，純粋な慈善性と純粋な商業性の中間領域に社会的企業を位置づける（図 3-2）。また，社会的イノベーション学

第Ⅰ部 理論編──社会政策・サードセクター・社会的企業

図3-2 稼得所得学派による社会的企業の概念化（社会的企業スペクトラム）

		純粋に慈善的	←	→	純粋に商業的
動機, 手法, 目的		善意へのアピール ミッション志向 社会的価値	混合的動機 ミッションと市場志向 社会的と経済的価値		利益へのアピール 市場志向 経済的価値
主要な利害関係者	受益者	支払なし	補助レート，あるいは完全支払い者と支払をしない者の混合		市場レートでの価格
	資本家	寄付と助成金	市場レート以下での資本，あるいは，寄付と市場相場での資本の混合		市場レートでの資本
	労働力	ボランティア	市場相場以下での賃金，あるいはボランティアと有償スタッフの混合		市場レートでの給与
	供給者	現物での寄付	特別割引，あるいは現物か完全支払い寄付の混合		市場レートでの価格

出典：Dees（1998: 60）．

図3-3 社会的イノベーション学派による社会的企業の概念化

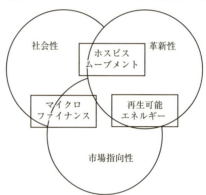

注：円の重なりは元図のままである。
出典：Nicholls and Cho（2006: 103）を簡略化。

派では，商業性と社会性に加えて，革新性（innovation）が要素の一つに追加される。ニコルスとチョウは，図3-3のように，社会性と経済性，革新性の三つの原理を往復するものとして社会的企業を捉え，社会的企業を三項にまたがるものと位置づける（Nicholls and Cho 2006）。

社会的企業のハイブリッド性が準拠する組織的性格は，多くの場合，一般的想定では，一個の組織内では両立しない，あるいは対立を抱える特性であり，それらの中間に社会的企業は位置づけられる。このように概念化がなされるときに，

社会的企業は対象特定の困難に直面する。

　複数の組織的性格のハイブリッドであると捉えるとき，まず，どのような組織的性格のハイブリッドであるのか，その構成要素や原理の枠組みの設定が論点となる。社会的経済学派は，国家を経由した再分配の要素を重視するが，英米系の学派はほとんど再分配的な要素を社会的企業概念のなかには取り入れようとしない。社会的企業をめぐる，欧州と英米の学派による，社会的企業論の概念化をめぐる論争の焦点の一つはこの点にあった。

　しかし，枠組みとなる構成要素が確定したとしても，すぐに社会的企業の特定化が可能となるわけではない。ここで重要なのは，組織的性格のハイブリッド性が強調されるときに，社会的企業は固有の原理をもたず，複数の原理を組み合わせることに特質があることが含意されている点である。社会的企業概念の図示化において（図3-1～3），社会的企業が組織的性格の中間に位置づけられるように，組織的性格の配分割合や相対的位置づけによって，特徴が異なることが意図されている。この意味で社会的企業は，一般に共通する固有の原理をもつものではなく，その性格は幅をもった多元的なものと解釈される。

　要素の中間項の――しかも，理論的に相反する極間における――社会的企業を，一つのカテゴリとして把握し，共有化することは容易な作業ではない。構成要素の配分割合の尺度化は困難であり，尺度化できたとしても，配分割合の設定と社会的企業の規定の関連づけは恣意的にならざるをえないと考えられるためである。グラデーション全体がどのようなものかだけではなく，そのばらつきや配分割合こそが問題となる。

　組織的性格のハイブリッド組織として社会的企業を捉えるならば，社会的企業に対して固有の原理を想定することは難しい。これは，特性の組み合わせや配分こそが問題となるためである。社会的企業を複数の原理のハイブリッド組織として捉えるだけでは，社会的企業はある特定の概念として研究者や組織関係者が共有することは困難である。

② 組織形態のハイブリッド

　社会的企業のハイブリッド性で意味するもう一つは，「組織形態のハイブリッド性」である。社会的企業は協同組合と非営利組織，あるいは，企業と非営利組

図3-4　協同組合と非営利組織のハイブリッドとしての社会的企業

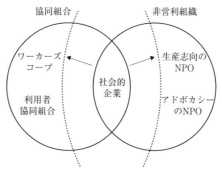

注：ここで非営利組織とは利潤の非分配制約を備えた組織のことを指す。
出典：Defourny（2001=2004: 35）．

図3-5　伝統的非営利と伝統的営利のハイブリッドとしての社会的企業

ハイブリッドスペクトラム

伝統的非営利組織	収入創出活動を実施する非営利組織	社会的企業	社会的責任をもつ企業	社会貢献活動を実施する企業	伝統的営利組織

ミッション志向・・利潤創出志向
ステークホルダーへの説明責任・・株主への説明責任
社会プログラムや事業活動への収入再投資・・利益の株主へ再投資

出典：Alter（2007）．

織など，理念型的に把握された組織形態の混合形態としても把握された（Dees et al. 2002; Nyssens ed. 2006）。

　社会的経済学派は，協同組合と非営利組織の性格を折衷するものとして社会的企業を捉える。ドゥフルニによれば，図3-4に描かれるように，「多くの社会的企業は，協同組合の要素と非営利組織の要素とを結合させている」（Defourny 2001=2004: 18）ものであり，二つのセクター概念の橋渡しをするものである。社会的経済学派の研究者は，非営利組織と協同組合の重なる領域を概念化するために，社会的企業概念を用いた。社会的経済学派においては，社会的企業が明確にサードセクターの内部に位置づけられることは，サードセクターを構成する二つの組織形態――非営利組織と協同組合――を折衷するものとして社会的企業概念

が位置づけられることと関連しているだろう。

　一方で英米系の社会的企業概念においては，稼得所得学派，社会的イノベーション学派の双方とも，「伝統的」営利企業と「伝統的」非営利組織の中間的形態として社会的企業を捉えてきた（図3-5）。ここでは，先ほど見た構成要素が伝統的非営利／営利の組織形態と重ねあわされる。社会的企業は非営利組織の市場志向と，営利組織の社会的目的志向が重なる領域として位置づけられる。

　組織的性格と同様に，組織形態のハイブリッドとして社会的企業を特徴づける際にも特定化の困難を抱える。

　第一に，準拠される組織自体が，社会的文脈に依存的である。ブランゼンらが指摘するように，国家や市場，コミュニティといったカテゴリの実態は多様で文脈依存的である（Brandsen et al. 2005: 755-758）。多くの場合，当該社会で「常識」とされている組織アイデンティティは同一のものではなく，社会的企業が準拠する組織形態がもつと期待される性格は社会や時代ごとに異なる。例えば，非営利組織研究者の橋本理は，通念的には日本と米国では株式会社の経営方式は大きく異なると考えられてきたことに注意を払うように促している。橋本は日本の大企業の場合，日本的経営に特徴づけられるように，日本企業は，株主以上に従業員の分配が手厚くなされていることからアメリカの非営利組織に近く，「利益非分配の条件にほぼあてはまるという意味では［引用者注：日本の］株式会社は限りなく非営利組織に近い存在」であると指摘する（橋本 2013: 269）。サードセクター論では，どの社会でも，国家や企業のあり方も共通すると暗黙に認める傾向にあるが，例えば，経済制度に関して「資本主義の多様性」論が示してきた通り，他の研究分野ではかねてからそのような想定には疑問符が突きつけられてきた（Hall and Soskice eds. 2001=2007）。ハイブリッドの参照項となるような国家，企業や非営利組織，協同組合が，通社会的ではないなかで，ハイブリッド組織であることもまた社会ごとに異なる蓋然性は高い。

　第二に，組織形態のなかで，何が焦点化されているかも問題になる。この点で参考になる議論は，アメリカの組織社会学者であるガラスキーウィックツとバリンジャーによる論考である（Galaskiewicz and Barringer 2012）。彼らの論文の中心的主張は，社会的企業は，組織を評価する聴衆（audience）にとってカテゴリ化

第Ⅰ部　理論編────社会政策・サードセクター・社会的企業

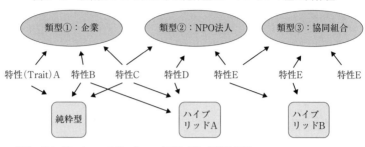

図 3-6　組織カテゴリにおける純粋型とハイブリッド型の関係性

出典：Galaskiewicz and Barringer（2012: 51）を筆者修正。

が困難であり，準拠する基準が特定できず，それゆえに社会的企業が説明責任を果たすことの困難さが生じることにある。ただし，本章との関係で重要であるのは，彼らが「定義上，ハイブリッドであるから社会的企業は異なる分類のあいだでどっちつかず」な存在である（Galaskiewicz and Barringer 2012: 47）と述べるような，その分類上の困難性の指摘にある。

　彼らは，混合形態の組織と純粋形態の組織を図 3-6（一部，本書の主題に沿うように修正している）のように整理する（Galaskiewicz and Barringer 2012: 50-52）。彼らは，組織の利用者などの聴衆（audience）は，「確立された組織カテゴリ」（例えば，企業，NPO法人，協同組合……）を基準として参照しながら，それらの分類がもつと想定される特性（trait）をもつか否かで，そのとき問題とされる組織を分類するという見方を提示している。

　分類された結果，組織は，分類が容易な純粋型（pure type）の組織と，そうではないハイブリッド型の組織に分けられる。純粋型の組織はある一つの「確立された組織カテゴリ」の特性のみをもつ組織であり，ハイブリッド型の組織は複数の「確立された組織カテゴリ」の特性を併せもつものである。彼らは直接述べてはいないが，この見方を敷衍すれば，基準とされる「確立された組織カテゴリ」は複数ありうるので，ハイブリッド組織は潜在的に複数の組み合わせがありうる。例えば，図 3-6におけるハイブリッドAは企業に期待される特性（例えば，株式によって資金を調達する）とNPO法人に期待される特性（例えば，ボランティアを活用する）を併せもっており，「アメリカ型」の社会的企業とも言えるハイブリッ

第3章 社会的企業の二重の特定困難性とその対応

ド型組織である。一方，ハイブリッドBはNPO法人に期待される特性（例えば，目的が共益的ではなく公益的である）と協同組合に期待される特性（例えば，一人一票の原則をもつ）を併せもっており，「欧州型」の社会的企業とも言えるハイブリッド型の組織である。もちろん，これら以外のハイブリッド組織のあり方も想定しうる。また，同じ特性の組み合わせであったとしても，前節でみたような，その配分割合の程度によって性格は異なることが想定できる。

　このように「組織形態のハイブリッド」として社会的企業を捉える際には，準拠されるカテゴリに期待される性質に依存する。企業と非営利組織，協同組合のハイブリッドだとするときに，準拠される概念が，その社会でいかなるものと期待されているのかに強く影響されるであろう。また，その準拠される概念の性格が共有されているとしても，当該組織のどのような特性のハイブリッドであるかについて，複数の組み合わせが想定される。このような意味でも，社会的企業を一つのものとして概念化することは困難だと考えられる。

・・・

　社会的企業概念は，ハイブリッド性によって特徴づけられてきた。そして，これまで見たように，いずれにしても社会的企業一般に共通の性格を見出し，一つに分類することには困難を抱える。組織的性格のハイブリッド性であれば，どの原理の極を設定するか，あるいはグラデーションのどこに位置するかをめぐる合意の困難を抱える。一方で，組織形態のハイブリッド組織の場合，確立された組織カテゴリは社会的文脈に依存し，また，いかなる特性のハイブリッドなのかをめぐり，多様なパターンが想定される。

　社会的企業概念はその概念が曖昧である以上に，ハイブリッド性を特徴とするゆえに対象特定が困難であるといえる。いくつかの限界を抱えながらも（Defourny 2001=2004; Kramer 2004=2007），非営利組織の場合は利潤の非分配制約などの基準，協同組合の場合はその意思決定過程における一人一票という権限配分の基準によって組織形態の特定化はなされてきた。それに比べて，社会的企業は明確な対象特定はより困難であると考えられる。

第Ⅰ部　理論編——社会政策・サードセクター・社会的企業

4　社会的企業研究は対象特定問題にいかに向かい合うべきか

　以上のように，社会的企業は，サードセクター組織の対象特定の困難性および社会的企業のハイブリッド性に付随する対象特定の困難性を二重に併せもつ。社会的企業に対して，研究者はどのように経験的研究を進めればよいのかという問題に直面する。

　社会的企業概念は，既存の法人格などの組織形態のくびきから自由になり，既存の組織形態をまたがって概念化された。そのことは，形式ではなく内容に焦点を当てると言い換えることができるだろう。しかし，そのために我々は何をもって社会的企業であると考えればよいか，明確な指針を失ってしまう。研究者は，既存の組織形態を横断し，ハイブリッド性ゆえに特定できないサードセクター組織や社会的企業を対象とする際に，どのような見方をとればよいのだろうか。以降ではこの把握の方法を検討する。

(1)「探索的アプローチ」と「操作的定義アプローチ」の困難

　まず，対象特定の困難を抱える社会的企業に対して，研究者が対象特定を図らない形で対象化する方式（米澤 2011a）や，研究者による定義によって対象化を図るアプローチ（松永 2012）を検討しよう。

　研究者が，探索的なバランスを探求するための規範的概念として，サードセクターや社会的企業を捉える研究プログラムが想定しうる。これはそもそも特定化を放棄するアプローチであり，以降，検討する諸アプローチとは大きく発想を異とする考え方である。先にも見たように，社会的企業はハイブリッド組織であると同時に望ましいバランスをもつものとしても捉えられてきた（Evers and Laville 2004b=2007: 337-338）。この考え方では，その点に注目し，アウトカム変数――例えば社会的包摂の効果や効率的な社会問題解決――に対して，いかなる組織的特性の「ハイブリッド」が有効なのかについて探索的に検討する方法を採用してきた。これは「探索的アプローチ」と呼べるであろう。

　これまで社会的企業をめぐる国内の研究では，何をサードセクター・社会的企

業であるかを明確には示さず，対象を広く捉えることで比較する探索的なアプローチをとってきたことがあった。例えば，米澤（2011a）は探索的なアプローチを採用して，幅広い組織を社会的企業として捉え，それぞれの差異や特徴を明らかにしようとした。このとき，社会的企業は，問題発見や望ましいバランスを発見するためのツールとして用いられる。ただし，この場合，特定化は結果的にしか行えないため，起源や行動といった問いとは馴染まないだろう。

本章では，「探索的アプローチ」とは異なる方式で，何らかの形で制度化された社会的企業が，どのように「福祉の生産」にかかわっているのか，その差異や起源を明らかにすることを試みる。そのため，何らかの形で対象特定を図ることが必要となる。

対象特定をしたうえで研究するアプローチのなかで一般的なものは，研究者が設定する操作的定義——例えば，収入割合の半分以上を事業収入とする組織を社会的企業とみなすなど——によって，組織を区分する方法である。これは「操作的定義アプローチ」と呼べるだろう。「操作的定義アプローチ」は，これまでも広く研究者によって用いられてきた方法である。

例えば，「操作的定義アプローチ」による研究としては，社会的企業を対象にした，経済学者の松永佳甫による研究が例として挙げられる（松永 2012）。松永は，「どの組織が社会的企業に属するかを判断することは容易な作業ではない」（松永 2012: 118）と指摘し，どの組織が社会的企業か否かを判断する方法として，法人格によって営利組織と非営利組織を区分したうえで，「『本業として準公共財・サービスを生産・供給』するという社会的目的と『利潤を追求する』という経済的目的に注目し，ある組織が社会的企業に属するかどうかを判断する」ことを提案している（松永 2012: 118）。具体的には非営利法人の場合は，対価性収入依存比率が高いものを，営利法人のものは本業として生産・供給する財が準公共財であって，社会貢献活動への利潤分配をするものを社会的企業とみなす。

しかし，研究者による操作的定義による特定法も問題を抱える。松永自身「先行研究により定義が微妙に異なるうえ，社会的企業は組織形態のみでは分類できない」（松永 2012: 118）と述べ慎重になっているように，そこには困難が存在する。例えば，社会的企業というアイデンティティをもつ事業体が，必ずしも事業

収入割合が高いとは限らないことは、実証研究からは示唆されている（Cooney 2011）。この場合、NPO法人であって事業収入が多くの割合を占める組織の行動様式が理解されたとして、それは果たして「社会的企業」に対する知見を産出したと言えるだろうか。「操作的定義アプローチ」の難点は、操作的定義と研究者や実践家、政策担当者が想定し、実際に用いている組織の分類と必ずしも一致するわけではなく、組織形態の成立や行動を示すことができたとして、それが何を意味しているのか、その解釈が難しい点にある。

このように、「探索的アプローチ」と「操作的定義アプローチ」は、それぞれ経験研究上の難点を抱える。そこで、「探索的アプローチ」でも、「操作的定義アプローチ」でもない、より妥当なアプローチを検討する必要がある。

（2）「対象特定の制度的アプローチ」の可能性

「探索的アプローチ」と「操作的定義アプローチ」に代わって、本章で提案することは、サードセクターや社会的企業にかかわって、人々がなしている組織の分類──法人格も含まれる──による区分に基づいて経験的研究を進めることである。サードセクターや社会的企業にかかわる人々、例えば、実践者や政策担当者やサービスの受け手は法人格などに従って、「組織の分類」を行っている。社会的企業やサードセクターを問題としているときには、人々は「組織の分類」をなし、特定の行為や主張をなしている。このことに注目して、経験的研究における「組織の分類」の基準とする方法がありうる。

法人格による「組織の分類」に注目する研究はこれまでサードセクター研究の主流であったが、これも、人々が実際になしている分類に従って対象を特定する方法の一つであると考えることができる。法人格による分類は、人々がなしている分類と研究者がなしている分類が一貫するため研究が遂行しやすい。逆に言えば、社会的企業のように法人格に依存しない組織を対象とするときには、研究者は何を対象として設定するかが大きな問題となる。

ここでの主張は社会学者の盛山和夫の概念を用いるならば、サードセクター研究においても、組織の分類に関して、「一次理論」と「二次理論」の区分（盛山1995）により、注意して研究を遂行するべきであることを意味している。盛山は

個別組織を例にとり，目的や成員の範囲について，人々による意味づけ（一次理論）を考慮することなしには，そして，それを人々による意味づけと異なる水準での社会科学者の理解（二次理論）と区別することなしには，組織を適切に捉えることが困難であると主張した。そのうえで個別組織の境界について「組織がその外部と境界づけられるのは，その境界づけを意味あるものとみなしている人々の一次理論によってであり，それ以外の根拠は究極的には何もない」（盛山 1995: 219）と指摘する。

個別組織の境界をめぐる盛山の指摘は，個別組織だけではなく，複数の組織群の境界区分にも当てはまる。すなわち，サードセクターあるいは社会的企業の組織群についての内部と外部を「境界づけられるのは，その境界づけを意味あるものとみなしている人々の一次理論によってで」あると考える。実践者や政策担当者がサードセクターや社会的企業を問題とするときには，一次理論のレベルで組織の分類を行っていることに注目したうえで，その一次理論を二次理論のレベルで捉えることが，可能な，そして有力な選択肢であると考える。

人々による「組織の分類」の一次理論は，人々にあいだで一致することもあれば，一致しないこともある。前章でみたサードセクターの「強い境界区分」を前提とする研究者はこのような区分について，一次理論にズレはなく，さらに研究者による二次理論も，問題なく一致すると考えていた。しかし，公的に認められている分類基準（例えば法人格）がなければ，そのような想定は困難であると考えられ，本章第2節で示した通り，サードセクターや社会的企業は，そのような基準を曖昧にしていることを強調した概念である。そのため，ズレをはらみながら人々が様々な形で組織を分類していること，そしてその共有する集合について対象を特定することが有力であると考える。これをここでは「対象特定の制度的アプローチ」と呼ぶ。とくに社会的企業の対象と特定に関して言えば，一次理論と二次理論を区別した，この「対象特定の制度的アプローチ」が有効であると考える。

「対象特定の制度的アプローチ」は，より具体的に言えば，二つに分けることができると考えられる。第一に，法制度による正統性付与に注目するアプローチ[8]である。これは「法制度アプローチ」と呼ぶことができるだろう。法制度上で組

織形態が規定される場合，その組織形態は新しいカテゴリとして正統に認知されるだろう。例えば，韓国の社会的企業育成法による社会的企業の規定や，法人格のあるイタリアの社会的協同組合の規定に注目すれば，法によって規定された組織の実態と社会的役割は検討可能である。日本の場合は，全国レベルでは法制度化の試みは見られないが，地方でのいくつかの試みを対象とすることは可能であろう。[9]このような研究の例として，アメリカの非営利組織研究者のクーニーによる研究では，CIC（イギリスの社会的企業認証制度），L3C, B-corporation（それぞれアメリカの社会的企業認証制度）などの英米の社会的企業制度の利害関係者への影響力付与などの性格の違いと制度化過程を示している（Cooney 2012）。

このように正統性を付与された組織形態を社会的企業と認知するならば，その正統性が付与される過程がどのようなものか（起源に関する問い）や，正統性を付与された社会的企業の活動メカニズムはいかなるものか（行動に関する問い）などを問うことができる。逆に言えば，桜井や橋本が指摘するように，明確な社会的企業にかかわる法制度が存在しない日本における，社会的企業研究の困難は大きい（Sakurai and Hashimoto 2009）。

第二に，「社会的企業」という概念を用いる当事者らの意味づけに注目することもできる。エヴァースとラヴィルが指摘するように，複数の原理の混合の結果，社会的企業という組織アイデンティティが生じることがある（Evers and Laville 2004b=2007: 339）。例えば，日本国内でも自らを「社会的企業」と自認して活動する事業体は多くみられる。組織アイデンティティが構築され，それが人々の間で共有されるならば，もちろん，その場合も単一の組織形態をとるとは考えづらいが，社会的企業も特有の形態をとる組織を判別することができると考えられる。これは「組織アイデンティティ・アプローチ」と呼べるだろう。実際に社会的企業を立ち上げ，グループを作り，それを支援し，あるいはその事業体から商品を購入する人々は，あるものを社会的企業とみなし，その基準から外れるものを社会的企業とみなさないという組織の分類を行っている。実際にそのアイデンティティに準拠して組織成員や関係者の行動パターンが変わるのならば，その分類に注目することができる。

社会全体で共有される社会的企業の組織アイデンティティは存在しないとして

も，特定集団が形成する組織アイデンティティに基づいた特定は可能である。実際，例えば，次章で検討する，国内の社会的企業の諸報告書は，当事者によって社会的企業とみなされたものが研究対象となっている。また，クーニーも，先とは別の研究で社会的企業のビジネスプランコンテストからサンプルをとり，経験的研究を実施している（Cooney 2011）。このような試みは社会的企業を特定する方法の一つと捉えることができるだろう。

　上記二つのアプローチのような対象特定における「制度的アプローチ」は，「社会的企業とは何か」「社会的企業とはどのように定義するべきか」という捉え方から，「社会的企業は，社会の成員によってどのように認識が共有されているのか」という形へと問題をスライドさせている。ここで問題とされているのは，人々がどのように「社会的企業」という組織類型を用いて組織を区分しているのかという認識論的な問題にある。何らかの形で「人々に共有された類型」としての社会的企業であれば，その起源や行動を問うことは可能である。逆に言えば，特定化を放棄する場合，社会的企業を経験的研究の対象となるような群として捉えることは困難であると考えられる。すなわち社会的企業一般を対象としたうえで，その特性を理解しようとする研究は対象特定が不可能であるため，研究の実施や有意味な知見の産出が困難であると考えられる。

　これらのアプローチは，人々が分類する一次理論による「組織の分類」に注目するものである。すなわち，ある程度の範囲での人々が共有する「組織の分類」に注目する方法である。これら，対象特定の「制度的アプローチ」は，社会的企業一般が，人々の認識とは切り離したところに存在し，それらに，特有の原理や性質を見出すことが可能であるという考え方とは異なるアプローチである。逆に言えば，社会的文脈や組織的性格の組み合わせの多様性を問題とせずに，社会的企業一般の固有原理を前提とする研究プログラムは困難を抱えると考えられる。複数の社会的企業モデルを整理し，その多様性やメカニズムに関心を払うアプローチが，社会的企業の経験的研究には適切である。

第Ⅰ部　理論編────社会政策・サードセクター・社会的企業

5　経験的研究における主題の設定

(1) 対象特定の困難とその対応

　以上のように，社会的企業がサードセクター概念に付随する課題と，ハイブリッド組織であることを特徴としてもつことに付随する課題を検討してきた。社会的企業の「過剰な期待」と「過少な実証研究」というギャップを生じていることの要因の大きな部分は，これらの二重の対象特定の困難に求められる。本章では，これらの関係性を解きほぐすことを試みた。

　社会的企業が複数の組織形態を横断し，さらにハイブリッド組織として概念化される以上，社会的企業総体に共有する性格を見出すことは困難である。しかし，社会的企業は，これまで共有できないと考えられた複数の原理を併せもつ点に特徴があり，そこに様々な研究者や実践家は惹きつけられてきた（Gidron and Hasenfeld 2012: 1）。だからこそ，経験的に社会的企業の現代的意義を議論するためには，社会的企業という概念によって指し示される構想や実態の多様性に配慮した研究が求められる。

　本章の議論に従えば，社会的企業研究者は社会的企業一般の存在を研究対象にするのではなく，人々によって分類された組織形態を対象にして，経験的研究────サードセクター組織の行動や起源などを主題とした────をなすことが求められると考えられる。[12]これは組織の分類に関して，人々の一次理論における組織の分類に基づいて二次理論的に経験的研究の対象とすることを意味する。その分類に注意し，経験的研究を進めることが，社会的企業研究および非営利組織研究の深化のためには重要である。

　このように社会的企業の概念特性を検討したことにより，序章で示した労働統合型社会的企業を経験的対象とする際の研究主題が明確となる。以下では経験的研究において主題となる二つの問いを示す。

(2) 経験的研究における主題

　そのような点に注意したうえで，本研究では就労支援分野の社会的企業である

第3章 社会的企業の二重の特定困難性とその対応

図3-7 福祉の生産モデルを用いた経験的研究の位置づけ

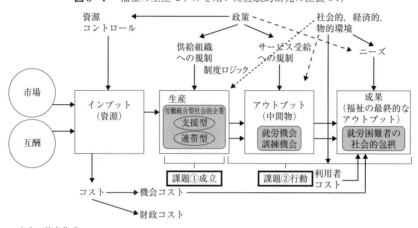

出典：筆者作成。

労働統合型社会的企業に関して経験的研究を行う。そこで主題となるのは，本章第1節（105-106頁）でも検討した，非営利組織研究における基本的問いである「起源」と「行動」（DiMaggio and Anheier 1990）にかかわる主題である。

本研究では以下に続く四つの章で二つの問いを扱う。

(1) 労働統合型社会的企業が福祉生産のシステムのなかでどのようにして成立したのか。
(2) 労働統合型社会的企業がどのようにして福祉生産のシステムのなかで機能しているか。

第一の問いで焦点となるのは，労働統合型社会的企業が，就労支援に関心をもつ人々のあいだでいかに共有された組織形態となったのかである（第4章）。さらにここでは，単一の組織形態ではなく，支援型と連帯型という二つの形態の共有された組織形態を確認することができることを示す（第5章）。

第二の問いで焦点となるのは，第1章で示した「福祉の生産」の多元性である（第6章，第7章）。積極的労働市場政策の文脈では「福祉の生産」で生み出される

サービスは,就労機会や訓練機会であり,その結果,就労困難者の社会的包摂というアウトプット・アウトカムが生じると考えられる。よって,第二の問いでは,それぞれの労働統合型社会的企業の類型——ここでは支援型と連帯型と名づけている——が,組織レベルの特性,とくに第2章で強調した制度ロジックとかかわって,どのように就労機会や訓練機会などの福祉の生産をなし,それによって,どのように就労困難者の社会的包摂というアウトカムが表れているのか／いないのかが,問題となる。

両者の問いは厳密には,「起源」と「行動」というディマジオとアンハイアーが提起した問題（DiMaggio and Anheier 1990）とは完全に重なりはしない[13]。しかし,両者を検討することにより,労働統合型社会的企業の成立と展開についての知見を有意味な形で蓄積する道筋を示すことができるだろう。二つの問題は労働統合型社会的企業に限らず他の社会政策領域の組織形態に関しても重要な主題となる課題と考えられ,サードセクターを社会政策の供給局面において適切に位置づける研究プログラムの例証となる。

労働統合型社会的企業を第1章で提示した「福祉の生産モデル」に位置づけると,図3-7となる。灰色で着色した部分が本書の経験的研究の主題となる局面である。経験的研究の課題の第一は「成立」をめぐるものであり,福祉の生産のなかに労働統合型社会的企業が位置づき,形をなした局面を議論する。総体的な労働統合型社会的企業の制度化がなされ,確認される二つの類型の共通点と相違点が問題となる。一方で,課題②の行動については,それぞれの類型がいかなるアウトプット（就労機会・訓練機会の提供）を行い,それがどのように人々のアウトカム（社会的包摂）につながっているのか,いないのかが問題となる[14]。

成立と展開という二つの問題に対して,本章で議論した通り,人々の認識と切り離された社会的企業一般を前提にして議論を組み立てるのではなく,人々に共有された組織の類型区分に注目したうえで,それぞれの問題に取り組む。これらの課題を明らかにすることが,次章以降の四つの章における課題である。

第3章 社会的企業の二重の特定困難性とその対応

注

(1) 実際に近年では社会的企業の行動特性や成立に関する研究も試みられている (Amin 2009a; Cooney 2006; Kerlin ed. 2009)。しかし,それらの研究が,体系的研究の不足を指摘するように,この種の問いの理論構築や実証的研究は十分になされているとは言い難い。

(2) 「社会的企業」の概念規定は国や地域で異なることが知られている。とくに問題となったのは,序章で述べたように大陸欧州と英米での異なる概念化である (Kerlin 2006; Nyssens and Defourny 2012)。さらに,社会的企業は社会によって異なるだけではなく一つの社会内部でも意味内容が変化する。例えば,ティースディールは,イギリスの社会的企業に関する言説がいくつかの段階を経て経済的かつ集合的なものから,社会的かつ個人的なものへ変化したことを政策文書や中間支援団体の資料を用いて明らかにした (Teasdale 2011)。日本も例外ではなく,「社会的企業とは何か」は,研究上の主題とされた。桜井と橋本は,社会的企業に対して構築主義的アプローチを採用しつつ,事業型NPO,ソーシャルビジネス,新しい協同組合運動という異なる概念化がなされていることを示した (Sakurai and Hashimoto 2009)。藤井も,企業サイド・政府サイド・サードセクターサイドの三つの立場で,それぞれ異なる概念化がなされており,社会的企業は,意味内容が争われる「ポリティカル・ワード」であると指摘した (藤井 2010a: 104)。また,塚本と西村も,日本国内における社会的企業の学派と類型の整理を試みた (Tsukamoto and Nishimura 2009)。

(3) ここで「それに準ずる組織形態」で指しているものは,法人格はないものの,それをとりまく人々によって組織形態の認知の共有がなされているような対象である。具体的にはワーカーズ・コレクティブなどが当てはまる。

(4) ここで注意しなければならないのは,社会的企業概念は「下位分類」とみなされることもあれば,「サードセクター組織」一般とみなされることもあるという点である。アメリカの社会的企業論ではもっぱら下位分類を示す意味合いで用いられている。一方で,サードセクター組織総体を表す概念として用いられることもある。この点で,欧州の社会的企業論においては論者によって揺れがある。例えば,欧州の社会的企業論研究者の代表的な研究者であるドゥフルニは,サードセクターを構成する新しい組織形態(新しい下位分類)として捉えている (Defourny 2001=2004)。一方で,単純に社会的企業は複数の原理や資源を混合することを意味することもある。この場合に,社会的企業はサードセクターの下位分類ではなく,サードセクター組織一般とほとんど変わらない意味で用いられる。広義の視点を採用する代表的な研究者はエヴァースやラヴィルであり,彼らは社会的企業について以下のように述べる。

「提案される最広義の概念は，このラベル［引用者注：社会的企業のことを指す］を，ビジネス界の中核部分の外部に位置する全てのサービス提供組織——複数の目的や複数の資源のシステムをなんとか安定させており，そのシステムは，市民社会に強い要素を根差すことによる社会関係資本の強力な構成要素を伴う——のために用いる」(Evers and Laville 2004a=2007. ただし訳文は一部変更)。

また，EMESの研究者は社会的企業の定義に関して，社会的企業の位置関係を示すコンパス（Defourny and Nyssens 2006: 7）であるとか，分析のツール（EMES Research network n.d.: 17）であると主張することもある。これは，明確にサードセクターの下位分類として社会的企業を理解する際の用法とは異なると考えられるが，それに注意は払われていないようである。このように社会的企業はサードセクターの下位分類として用いられるときもあれば，サードセクター組織一般と同義として使用されるときもある。より一般的である用法は前者であると考えられるため，ここでは，前者の用法を念頭に置いている。

(5) EMESの研究者は，社会的企業のEMESアプローチ（the EMES approach of social enterprise）と自称しているが（Nyssens and Defourny 2012: 7），他の学派と呼び方を統一するために，社会的経済学派と便宜的に呼称する。

(6) ただし，経済活動のもつ意味は学派によって異なる。英米系の諸研究は経済活動を市場的なものに限定して捉える一方で，欧州の研究者はポランニーの実体的な経済観を採用していると考えられる。

(7) EMES Research network（n.d.: 7）を参照。

(8) アメリカで展開される新制度派組織論では「正統性」概念が重視され，社会的企業研究にも応用されてきた（Dart 2004）。アメリカの組織社会学者であるサッチマンによれば正統性とは，「ある社会的に構築された規範や価値や信念や定義の構築された体系の中で，一般化されたある実態の行為が望ましく，正しく，適切であるという認識，想定」（Suchman 1995: 574）のことを指す。

(9) 例えば，障害者就労の領域では自治体レベルで社会的な事業所を支援する制度が滋賀県や札幌市などで制度化している（米澤 2013）。

(10) 次章以降で取り上げるもの以外の例としては，労働政策研究・研修機構編（2011）もある。筆者も参加したこの調査では社会的企業と認知されているものをスノーボール的にサンプリングすることにより，対象特定を図っている。

(11) このような捉え方をするときに，人々の意識に存在したとしても，それが積極的には外在化されていない場合，あるいは暗黙の理解によって分類がなされている際に，どのように対象特定を行うかは新しい問題として立ち現れる。その場合には，社会の

第3章 社会的企業の二重の特定困難性とその対応

成員の分類を研究者が何らかの形で顕在化させるような試みをなすことがが必要となるだろう。

(12) 社会的経済学派の研究者らによる研究プロジェクトが，社会ごとに異なる社会的企業モデルの多様性のマッピングと社会的企業モデルの制度化過程に関心をもっていることは興味深い（EMES Research network n.d.）。本章で検討したような，文脈依存的で多様なモデルが想定できる社会的企業の性格を意識した研究プログラムとなっていると考えられるためである。

(13) 起源に関していえば，ディマジオとアンハイアーは，社会ごとや政策領域ごとに非営利組織の構成割合の高低がなぜ生じるかを検討しているが，本書では，組織形態の認識の共有化がいかになされたかを主題とするため，問題意識が異なる。また行動に関しても他の組織形態と比較したうえで組織の特徴を示すのではなく，労働統合型社会的企業の類型ごとの福祉の生産のパターンの違いに注目する。そのような意味で本書の経験的研究はサードセクター研究（社会的企業研究）の萌芽的研究であると位置づけられる。萌芽的研究となる一因は社会的企業が，人々のあいだで共有されていない揺れのある概念であることにもよる。

(14) いかなる資源構造のもとで，福祉の生産がなされるのかという問題は重要な主題ではあるが，本書では扱えない。国内の事例のなかで資源の混合を論じたものとして米澤（2011a: 4章）がある。

第Ⅱ部

労働統合型社会的企業の成立と展開

第4章
労働統合型社会的企業の制度化
――政策導入と組織フィールドの形成に注目して――

1　労働統合型社会的企業の成立をめぐる論点

　これまでの章では，サードセクターやその下位区分の組織形態の境界区分は可変的であること（第2章），社会的企業の対象特定はそれだけでは困難であり人々の共有された認識に注目する必要があること（第3章）を示してきた。本章では経験的研究の第一の主題である労働統合型社会的企業の成立について，その概念の制度化を示すことを課題とする。

　労働統合型社会的企業の制度化（組織分類の下位集合の成立）を検討する理由は，労働統合型社会的企業が「福祉の生産モデル」のなかでの機能を理解するためには，どのような組織が集合として分類されたのかを示す必要があるためである。労働統合型社会的企業と同じような活動をする組織は以前から存在してきた。2000年代における注目すべき新しい現象は，労働統合型社会的企業が新しい「カテゴリ」として，あるいは本章で用いる概念によれば「組織フィールド」として，とりまく人々の間で認知されるようになったことである。

　日本国内で，労働統合型社会的企業という概念を，研究者や実践者，政策担当者が意識し始めたことは比較的最近のことであり，1990年代以前には，それらの組織を分類する概念は存在しなかった。2000年代となり，労働統合型社会的企業という言葉自体の使用は学術界にとどまるものの，就労支援に取り組む社会的企業という組織形態が，実践者・研究者・政策担当者のあいだでは，一定の正統性をもつ用語として使用されるようになった。

　本章では，このような労働統合型社会的企業という概念の制度化を問題にする。具体的に，制度化の局面は二つに大別できる。第一に，労働統合型社会的企業と

いう組織形態のカテゴリが，就労支援政策領域に導入される過程である。第二に，労働統合型社会的企業をめぐる組織フィールド（業界）が形成され，事業体にかかわる人々（研究者・政策担当者・実践家）にとって，これまで異なるカテゴリに属していると考えられてきた組織群が同一のカテゴリに属すとみなされるようになる過程——すなわち組織カテゴリへの正統性が付与される過程——である。両者は相互に影響しあっているものの，ここでは両者を区別して分析の対象とする。

　結論を先に示すならば，積極的労働市場政策の展開や社会的企業概念の社会的受容を背景として，2010年代において様々な事業体が，「労働統合型社会的企業」に類するものとして政策に位置づけられた。それは2000年代後半以降の，実践や研究領域における「労働統合型社会的企業」カテゴリが，正統性をもつ過程と並行している。この過程において，「労働統合型社会的企業」と自己認識する組織の交流密度の増加や，ある組織を同じカテゴリ（労働統合型社会的企業）に含まれるものとみなす研究者・政策担当者の認識の変化が生じている。これは，一種の業界（組織フィールド）が成立したとみなすことができるものである。本章では順にこれらの過程を詳述する。

　本章の構成は以下の通りである。まず，第2節では，先行研究において，労働統合型社会的企業の成立がいかに論じられてきたのかを整理し，それに対する本章の分析の強調点を示す。第3節では，日本国内で社会的企業概念がいかに受容され，それが就労関連政策と関連づけられたかを示す。第4節では，就労困難者一般を対象とする，労働統合型社会的企業の組織フィールドの構造化の様態を，組織間の相互作用とそれらの組織を対象とした調査をもとに検討する。最後に労働統合型社会的企業の日本国内の成立に関して，議論のまとめを行う。

2　労働統合型社会的企業の「発見」と「発明」

　ある組織形態の成立を問題とするときには，一般の人々が認知する「組織カテゴリの成立」と，研究者などによって観察される「実際の組織活動」を区分する必要があると考える。

　「労働統合型社会的企業」という組織カテゴリは比較的最近になって現れ，正

第4章　労働統合型社会的企業の制度化

統性が付与されつつある概念である。その一方で，様々な就労困難者向けの授産施設や障害者の福祉作業所など，経済活動を通じて就労支援を行う事業体は，古くから活動を続けてきた。これらを労働統合型社会的企業として捉え直す論考もみられる（Laratta et al. 2011; 藤井他編 2013; 松本 2010; 松本他 2010; Defourny and Kim 2011; 米澤 2011a）[1]。これまでの国内の研究は，カテゴリが存在しない時点で活動してきた団体も，労働統合型社会的企業の原型として捉えてきた。

　これらの研究では，それぞれ異なる基準で労働統合型社会的企業の日本の適用例を捉えることを試みている[2]。その例としては，障害者関連の，障害者の小規模作業所や障害者就労継続支援事業，また企業による障害者雇用を，労働統合型社会的企業の原型とみなす研究がある（Sakurai 2010: 7; Defourny and Kim 2011; 松本他 2010）。また，主には主婦によって担われてきた，ワーカーズ・コレクティブといった，働き方の見直しを通じて，地域社会をよりよい方向へ変えることを試みた事業体の活動に注目して，労働者協同組合を労働統合型社会的企業の例として挙げる研究もある（Laratta et al. 2011; 松本他 2010）。また，ホームレスなどの就労困難者を対象とした就労支援を行う事業を労働統合型社会的企業として挙げるものもある（松本他 2010; Defourny and Kim 2011; 藤井 2013a）[3]。

　問題はこれらの先行研究で個別に「労働統合型社会的企業」であると考えられてきた対象は，日本国内で，労働統合型社会的企業という組織の分類が影響力をもつ以前から活動してきた事業体であるという点にある。これらの研究は，第2章で示した用語で言えば，労働統合型社会的企業は「発見」されたものと捉える研究であると言える。これらの研究は，あまり注目されてこなかった組織の歴史を再整理する意味では重要である。

　しかし，その行動や成立を理解するためには，組織の行為を基準にする試みは問題を抱える。第一に，先行研究では，これらの事業体は，組織が立ち上がった当初は当事者にとっては同じ問題を共有する「労働統合型社会的企業」カテゴリに属すものとは考えてこられなかった点を看過している。1980年代あるいは1990年代において，実践者も研究者，政策担当者も，作業所とワーカーズ・コレクティブとを並列的な存在として捉えてはこなかった。しかし，現在では，これらの事業体は，あるときには，同列のものとして捉えられている。このような組織

の分類をめぐる認識上の変化を我々はどのように理解すればよいのかを,既存研究では答えることができない。科学哲学者のハッキング(Hacking 2004=2012; 2007)が人々の分類について論じた際と同様に,組織の分類に関しても,「労働統合型社会的企業」カテゴリが存在しない状況で,そもそも「労働統合型社会的企業の原型,伝統的な型は何か」という問いが成り立つのか否かも議論が分かれるだろう。[4]

第二に,行動パターンの類似性から,労働統合型社会的企業の原型を探ることは,組織の分類の境界をめぐる問題を生じさせる。ひとり親の雇用に理解のある中小企業や障害者雇用促進法を順守している一般企業,障害者総合支援法(自立支援法)の就労継続支援事業も,労働統合型社会的企業とみなされる可能性がある。確かに,これらは就労困難者に就労機会の提供を行っている。しかし,多くの場合,関係者(研究者・政策担当者・実践者・就労者)はこれらの事業体を社会的企業とみなすことはないと考えられる。研究者はこれらの団体について,労働統合型社会的企業であるとは捉えないし,政策担当者や実践者も同様に自らを社会的企業であるとはみなしてはいないことが多いと考えられる。組織アイデンティティとのズレに対しても行動パターンによって組織を区分する試みはほとんど検討が加えられていない。

労働統合型社会的企業の成立をめぐるこれまでの研究の問題は,労働統合型社会的企業と人々により認識される組織の集合が,どのように成立したのかに関心を払っていないことにある。「労働統合型社会的企業」の現代的意義——とりわけ社会政策における——を示すためには,労働統合型社会的企業カテゴリの成立(制度化)によって,切り開かれる認識や行為パターンの変化に焦点を移すことが必要であると考える。

すなわち,本書が目的とするように,2000年代以降の労働統合型社会的企業の成立と展開を明らかにするためには,組織の活動のみではなく,それらの組織を集合として捉える人々の認識に焦点を当てる必要がある。本章では,就労支援政策と社会的企業がいかに結びつけられたか,そして,いかなる組織間や関係者の認識の変化が起きたのかを問題とし,労働統合型社会的企業という組織集合がどのように成立したのかを示す。換言すれば,労働統合型社会的企業が一つの組織

類型として捉えられ，人々がそれによって組織を区分し，正統性（legitimacy）をもつようになったのは，いかなる経過をたどったのかを取り扱う。

　本章では以上の問題関心に従い，就労困難者の就業の場を提供する事業体が，労働統合型社会的企業として，自らその組織カテゴリに属するものとして位置づけ，また，研究者や政策担当者にとって労働統合型社会的企業として捉える過程を問題とする。

3　日本国内の社会的企業の受容と政策導入

　まず，労働統合型社会的企業の組織カテゴリの政策導入を論じる。ここでは，社会的企業一般の社会的受容と就労支援政策への導入に分けて論じることで見通しをよくする。2000年代に社会的企業概念は社会的に受容され，就労関連政策と結びつきもしたが，2010年代まで，労働統合型社会的企業としての組織カテゴリが成立するには至らなかった。ここでは，まず2000年代における社会的企業の展開を検討し，その後の就労支援と社会的企業の結びつきを検討する。

（1）社会的企業概念の社会的受容

　就労支援政策における社会的企業概念の導入を検討する前に，社会的企業概念の日本国内における社会的な受容を確認する。第3章でも述べた通り，社会的企業概念は「対象特定の困難」を抱えるため，その実数を数え上げることは困難である。そこで社会的受容の一つの指標として，社会的企業という用語を含む，雑誌，新聞記事の推移を検討する。

　図4-1は「社会的企業」という用語を「タイトルに含む雑誌記事」と「本文に含む新聞記事」の年ごとの記事件数の推移を示したものである。雑誌，新聞記事での推移をみると，社会的企業概念は，2000年代後半から急速に注目を集めるようになったとわかる。図4-1が示す記事数の推移を検討すれば，「社会的企業」を含む雑誌記事・新聞記事は2004年まではほとんど確認されない。本書が問題とする意味での社会的企業とは異なる用法で使われていることがほとんどである（「反社会的企業」など）。「社会的企業」が雑誌や新聞記事で使用される傾向が

図4-1 「社会的企業」という単語を含む記事件数の年別推移

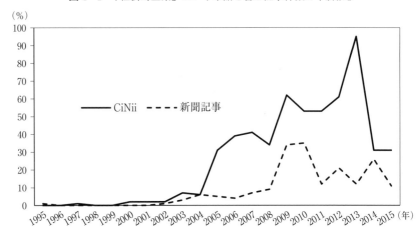

注：雑誌記事，新聞記事ともに2015年までを含む。最終確認日時は2016年8月3日。
出典：雑誌記事件数はCiNii Articleにより，タイトルを含む記事件数。新聞記事件数は，朝日新聞，読売新聞，毎日新聞，日経新聞の各データベースにより，「社会的企業」をタイトルおよび記事本体に含む件数。

見え始めるのは，2000年代後半である。ここからは，社会的企業概念は日本のメディアや学術界においては，比較的，最近になって取り上げられるようになった言葉であることを確認することができる。

ただし，雑誌記事と新聞記事ではそのタイミングとトレンドに若干のズレが確認できる。雑誌記事では2005年，新聞記事では2007年を契機に社会的企業を含む記事数は増加している。それ以降は雑誌記事では，2013年までは増加し，2013年では90件を超えるまでとなった。[5] これはおそらく後述するような生活困窮者自立支援法関連の論文記事数が増加していることが背景にあり，その後，2014年には落ち着きを見せている。

その一方で，新聞記事では2009年，2010年をピークにしてその後は定常化傾向にある。2009年前後に記事数がピークを迎えた背景にあることは，自民党から民主党への政権交代の影響が大きいと考えられる。後述するように，民主党政権の初期では，「新しい公共」という形で民間活動が注目され，「新しい公共」関連政策や雇用戦略のなかで「社会的企業」概念が採り上げられた。これが2009年前後

での社会的企業の登場件数を引き上げていると考えられる。2009年，2010年のピークを越えて以降は，20件程度を前後した数値が続いている。

雑誌記事と新聞記事のあいだで，若干のタイミングとトレンドのずれが存在するものの，2000年代後半から，社会的企業という言葉は社会的に一定の受容をされていることが確認される。それまでは，ほとんどジャーナリズムや学術界では使用されなかった「社会的企業」概念が，2000年後半から学術界やジャーナリズムの場で取り入れられた。

（2）社会政策における社会的企業と就労の結びつき

国内の社会政策領域では，近年の変化として序章で示した通り，積極的労働市場政策の導入が確認できる。欧州では，積極的労働市場政策は労働統合型社会的企業の制度化の一つの背景であると指摘されている（Laville et al. 2006）。日本でも，後述するように，同様に純粋な営利組織やNPO法人や社会福祉法人などの典型的な非営利組織と並んで，それとは異なる性質のものとして社会的企業に類する事業体が，就労支援関連政策で注目された（例：厚生労働省 2009）。

社会的企業の受容は，政府の就労関連政策の導入と関連していると考えられる。日本の政策の展開をみると，NPO法の成立直後から，NPO法人などの政府・企業以外のサードセクター組織を就労関連政策の担い手として位置づけるようになった。[6]

ただし，サードセクター組織が就労関連政策の担い手となるとき，サードセクター組織に期待される役割は，「雇用創出」と「就労支援」とに大きくは区別できることに注意が必要である。第一に，社会的企業を含めたサードセクターは新しい産業として，あるいは新しい働き方として捉えられ，一般労働者の就労の場として総体としての雇用量の増大が期待された。例えば，経済学者の大沢真知子は，NPOセクターが拡大することにより，失業率の改善を期待している（大沢 2003: 126-127）。NPO法人のこの側面はサードセクターの「雇用創出」機能と呼べるであろう。

第二に，サードセクターは，一般営利企業などとは性格が異なる就労の場と捉えられ，就労困難者への就労機会や訓練機会の場が提供されることを期待される

こともある (藤井他編 2013; 米澤 2011a)。これはサードセクターの「就労支援」機能と呼べるだろう。労働統合型社会的企業が問題とされるとき，基本的に研究者が想定しているのは，この「就労支援」機能である。両機能は部分的に重なるために混同されることもあるが，基本的には異なる目的対象が想定されており，サードセクターと就労の異なる結びつけられ方を示している。

　雇用とサードセクターが結びつけられるとき，1990年代後半から2000年代前半にかけて期待された機能は「雇用創出」機能であった。1998年に特定非営利活動促進法（NPO法）が制定されて以降すぐに，NPO法人は，雇用創出機能を果たすことを期待された。新聞記事や政策文書で確認できる限り，NPO法人と雇用が政策文書で結び付けられて登場したのは，1999年の緊急雇用対策が初めてのことである。[7] 当時，高失業率対策として，緊急雇用対策が打ち出され，そのなかでは自治体からのNPO法人への委託による雇用創出が提案された。

　また，2000年代前半には，経済産業省の「産業構造審議会NPO部会」や厚生労働省の二次にわたる「雇用創出企画会議」で雇用と関連づけられてNPOやコミュニティビジネスが論議された（橋本 2007）。前者はコミュニティビジネスなどが，「新たな経済主体」（産業構造審議会NPO部会 2002: 7）として取り上げられた。また雇用創出会議の第二次の報告書では多様な機能のなかで若年者や障害者への就労支援が示された。しかし，それは一般労働者の社会参加など他の機能と並べられたもので，全体を見ると就労支援よりも雇用創出への期待が大きかったと考えられる（雇用創出企画会議 2004）。

　「就労支援」機能を果たすことが社会的企業を含めたサードセクターに期待されるようになったのは，2000年代後半であり，それが政策として具体的な制度となったのは，2010年代以降であった。[8] 以下では，社会的企業概念と就労支援の結びつきについて，2000年代後半と2010年代以前の諸政策文書を検討する。

① 2000年代後半の就労支援関連政策と社会的企業

　日本国内でも2000年代後半以降，就労関連政策において，社会的企業概念やそれに類する，純粋な民間営利事業とは異なる組織形態が言及されることが見られるようになった。

　社会的企業を政府内で重視するようになった一つのきっかけは，2009年の民主

第4章 労働統合型社会的企業の制度化

党への政権交代であったと考えられる。民主党政権はその柱の一つとして，サードセクターを含む「新しい公共」の重視を掲げた。[9]

筆者が検討した限りでは，民主党政権下で，「社会的企業概念」と就労関連政策との結びつきが最初に確認できる政府文書は，2009年10月23日に発表された緊急雇用対策である（厚生労働省 2009）。緊急雇用対策での言及によって，新聞記事上での社会的企業が登場する件数が増加したことは先に見た通りである。下記の通り，緊急雇用対策では雇用支援の一つとして，社会的企業を活用することが明記された。

○雇用支援分野での「社会的企業」の活用
・新たな雇用の場として，NPOや社会起業家などが参加する「社会的企業」主導の「地域社会雇用創造」を推進する。特に，若者など困難に直面する人々を雇用に結びつける雇用支援分野での活用を目指す（「緊急人材育成支援事業」，「ふるさと雇用再生特別基金事業」及び「緊急雇用創出事業」の活用（厚生労働省 2009: 10）

さらに緊急雇用対策の該当節では，注記として，イタリアの社会的協同組合B型を例として社会的企業の性格が明記されており，欧州の社会的企業が意識されている。[10]「若者など困難に直面する人々を雇用に結びつける雇用支援分野での活用を目指す」とされており，就労困難者の支援の場面で社会的企業を位置づけようとしたと考えられる。

その後，この緊急雇用対策を引き受ける形で，2010年3月から「地域社会雇用創造事業」が実施された。[11]ここでは，「諸外国では地域社会における雇用の担い手としてNPOや社会起業家など（以下「社会的企業」という。）が多く存在していますが，我が国では社会的企業の事業基盤は総じて弱く，潜在的な雇用吸収力を発揮できない状況」であることが問題とされ，社会的企業で働く人々の育成のために「社会的企業」への支援が行われた。比較的規模の大きい，社会的企業12団体に委託をして2億から12億円の委託費が支給され，組織のスタートアップを支援する「社会起業インキュベーション事業」とインターンを含めて社会的企業で

147

働く人々を養成する「社会的企業人材創出・インターンシップ事業」の二つの事業が行われた。

　しかし，注意する必要があるのは，「地域社会雇用創造事業」の場合，先の緊急雇用対策とは異なって，期待された機能は「就労支援」機能ではなかったことである。先に述べた通り，サードセクター組織が就労関連政策に位置づけられるときには，期待される機能として，就労支援と雇用創出という二つの機能が存在する。この事業では，このうちの「就労支援」が目的として想定されたのではなく，あくまで地域社会に資する事業体による「雇用創出」が目的とされた。

　「地域社会雇用創造事業」では，期待される機能は，民主党政権当初に発表された緊急雇用対策とは変化している。「緊急雇用対策」の文言上では，社会的企業は，就労支援と同義であると考えられる「雇用支援」という言葉と結びつけられていた。しかし，「地域社会雇用創造事業」では就労支援の側面は弱まった。政策文言上でも「雇用支援」といった用語は使用されなかった。[12]さらに，公開された各団体の事業計画などを筆者が確認する限り，計画書レベルでは就労困難者と考えられる人々を対象者として明記したものは12団体のうち3団体にとどまった。以上を踏まえるならば，基本的には，地域社会雇用創造事業では，社会的企業は就労支援ではなく，地域社会への貢献事業による雇用創出の意味で位置づけられたと考えることができる。

　また社会的企業と就労支援の結びつきの弱さは，「緊急人材育成就職支援基金事業」でも確認される。これは，緊急雇用対策の前に実施された雇用政策であり，また，自民党の麻生政権下で2009年7月から実施されたプログラムである。「緊急人材育成就職支援基金事業」ではその事業の一つとして，「社会的事業者等訓練コース」が導入された。このコースの目的は，「新たな雇用創出分野として期待され，社会貢献が感得できる働き方の実現に資する社会的事業者等による訓練を通じて受講者の効果的な職業能力開発と就職の実現を図る」ことにある。「正社員での就業経験が乏しい若年求職者等であって，社会的事業等や関連分野への企業等への就職を目指す者」を対象として，「社会的事業等において必要な職場環境・作業への適応，働く自信の回復，基礎的な技能の習得等」を習得するための訓練が行われた。[13]

第4章　労働統合型社会的企業の制度化

　ただし,「社会的事業者」は就労支援機能を期待はされていたものの,それは間接的なものであったことには注意が必要である。「雇用創出分野として期待され,社会貢献が感得できる働き方」という表現に見られるように,就労支援を前面に出すような事業体(次節で検討するような事業体)が想定されているのではなく,広い意味での社会的活動を行う事業体が就労支援の機能を担うことが想定されている。ここでは,就労支援の担い手として社会的企業が位置づけられたとしても,就労支援を目的とするものが特別に取り上げられたわけではない。このような間接的な形での就労支援と社会的企業の結びつきがこの時期にはみられる。

　ただし,同時期に発表された政府設置の研究会では,社会的企業に雇用創出ではなく,就労支援を期待する文言や発言も見られたことも付記する必要があるだろう。厚生労働省が開催する学識経験者による「雇用政策研究会」では,最終報告書のなかに「『新しい公共』による国民ニーズの充足と雇用創出」の項目が立てられ,「地域の雇用創出の観点だけでなく,就業経験や能力が十分でないニート等への就職支援や,生活保護受給者の社会的居場所の確保や経済的な自立支援の推進としての役割も期待される」(雇用政策研究会 2010: 37)として地域雇用創出とは異なる就労支援としての役割が記述されている。

　雇用政策研究会の議事録を見ると,政治学者の宮本太郎や労働研究者の小杉礼子が就労支援を目的とした意味での社会的企業の役割の重要性に触れている[14]。例えば,宮本は「ただ,その主要な目的は人々をトレーニングして,正規の労働市場につないでいくことです。そういう形の公的労働,公的雇用を拡大しているわけで,こちらにもうちょっと留意する必要があるかと思います」(研究会第二回議事録)と述べ,小杉は「ニート支援だけに限らず,社会的企業はこれからあちこちで大事な役割を果たすと思いますが,新しい業を起こすだけでなく,社会への参入の糸口になるような役割も,十分書き込んでおいたほうがいい」と述べている(研究会第五回議事録)。両者の発言は,雇用創出と区別された就労支援機能への期待を述べていると考えられる。なお,宮本も小杉も次節で検討する生活困窮者自立支援法の構想基盤となった「社会保障審議会　生活困窮者の生活支援の在り方に関する特別部会」の委員となっている(座長は宮本太郎)。

　社会的企業が就労支援と直接的に結びつく余地がこの時期に醸成されていたと

考えられる。
② 2010年代の積極的労働市場政策と社会的企業
　より明確に就労支援自体を社会的目的とする事業体が社会政策へと位置づけられるのは，生活困窮者自立支援法の成立によると考えられる。生活困窮者自立支援法は2013年に成立した生活困窮者に対する包括的な支援政策である。
　生活困窮者自立支援法は，民主党政権下の2012年4月から社会保障審議会の中の「生活困窮者の生活支援の在り方に関する特別部会」での検討を基に成立した。この特別部会では，生活困窮者に対して，「国民一人ひとりが社会に参加し，潜在能力を発揮するための『社会的包摂』を進めるとともに，生活保護を受けることなく，自立することが可能となるよう，就労・生活支援を実施」する支援体系の構想が目指された。
　特別部会では，就労支援の担い手として社会的企業の位置づけが議論された。2013年1月に「自立と尊厳」を基本的理念とする生活支援戦略の報告書がまとめられたが，その報告書では「社会的企業」を生活困窮者支援の担い手とすることが明記された。
　社会的企業は二つの意味で就労と結びつけられている。第一に，就労支援の担い手である。「求職活動や就労に必要な能力形成への支援で，相談支援の拠点とハローワークや公共職業訓練機関，福祉事務所，社会福祉法人，NPOや社会貢献の観点から事業を実施する民間企業などのいわゆる社会的企業の連携等ですすめられる」との記述がある（生活困窮者の生活支援の在り方に関する特別部会 2013: 7）。もう一つは，多様な就労先の一つであり，「直ちに一般就労が困難な生活困窮者に対して，社会的企業などが中心となって多様な就労機会を提供する」との記述が見られる（生活困窮者の生活支援の在り方に関する特別部会 2013: 7）。前者は一般就労を目的とするステップアップの場として，後者は持続的に就労する場として想定されていると考えられる。
　特別部会報告書をもとにして，2013年12月に生活困窮者自立支援法が成立した（2015年4月から施行）。生活困窮者自立支援法本体には，「社会的企業」という用語は用いられなかったものの，支援体系の一つとして位置づけられた就労訓練事業（中間的就労）の「ガイドライン」のなかで「社会的企業」という用語が明記

された。このガイドラインに基づいて，2013年度から2014年度にかけて，本法実施に先立つモデル事業が実施された。

　ガイドラインのなかでは，中間的就労の担い手として「社会的企業型」が位置づけられた。社会的企業は下記のように定義されている。

・企業の目的として，生活困窮者への就労機会の提供，地域社会への貢献等の要素が含まれている事業所
・就労者に占める対象者［引用者注：就労支援の対象となる生活困窮者のことを指す］の割合が一定割合を占める事業所（厚生労働省 2013: 2）

　ここでは明確に就労支援を担い手とする事業体を「社会的企業」として位置づけている。社会的企業の位置づけは，前節でみたような2000年代後半の政策文書とは異なっている。ここでは，社会的企業は，社会貢献による地域雇用の創出の場としてでも，社会貢献による間接的な就労支援でもなく，就労支援自体を社会的目的とするものとして想定されている。

　公的な法律に準ずる文書のなかで，「雇用創出」ではなく「就労支援」を主たる目的とする「社会的企業」概念が明記されたことは，日本国内ではこのガイドラインが初めてのことだと考えられる。2000年代後半の「緊急人材育成就職支援基金事業」「地域社会雇用創造事業」では，「雇用創出」機能が重視され，社会貢献を図る事業体による雇用創出やその分野での就労支援を目的とする事業体が政策へと位置づけられた。これらの政策とは異なり，生活困窮者自立支援法は「生活困窮者への就労機会の提供」を目的に含むことが想定されており，より明確な就労支援と社会的企業概念の結びつきが確認できる。

・・・

　社会的企業概念は2005年以降，メディアや学術界で受容されるようになった。そして，その傾向は2000年代後半にかけて強まっている。また，2009年前後に雇用関連政策のなかで社会的企業は明確に位置づけられた。しかし，その主眼は就労支援自体に置かれていたわけではなく，社会的活動を行う事業体による雇用創出にあった。雇用創出の意味で用いられる社会的企業は「労働統合型」社会的企

業とは呼び難い。それに対して，2013年度に成立した生活困窮者自立支援法では，明確に就労支援を目的とする事業体を社会的企業として位置づけている（厚生労働省 2013: 2）。ここに就労支援と社会的企業概念の結びつき，すなわち「労働統合型」社会的企業の政策導入を確認することができる。

それでは，労働統合型社会的企業が政策導入されたことが確認されたとして，社会の人々は労働統合型社会的企業のカテゴリに対して，正統なものとして受容したのだろうか。この点を次節では検討する。

4　労働統合型社会的企業の組織フィールドの構造化

2000年代後半以降，就労困難者一般を対象とした社会的企業が認識され，社会政策へと位置づけられた。とりわけ2013年に成立した生活困窮者自立支援法の中間的就労ガイドラインでは社会的企業概念が明確に就労支援と結びついた。これは労働統合型社会的企業の政策導入とみなすことができると考えられる。さらに，本節では労働統合型社会的企業概念がそれぞれの組織や研究者の視点からも正統性をもつカテゴリとなったことを確認する。

(1) 組織フィールド成立の四側面

ここでは，「組織フィールド」の構造化の観点から，これまで異なるカテゴリに属していたと考えられた組織が，社会的企業という同一の問題を対象とする組織として，自己からも他者からも認識される変化を分析する。ここでカギとなるのが，新制度派組織理論で蓄積されてきた，「組織フィールド」概念である。

組織フィールドは同種の活動を営む組織の総体のことであり，下記の通り，定義される。

〔組織フィールドとは〕制度的活動領域を構成する総体として認識された組織群であり，具体的にはその組織群は，主要な供給者，資源と生産物の消費者，規制主体，同じサービスや生産物を生産する他の組織から構成される（DiMaggio and Powell 1983: 148）。

佐藤と山田は，組織フィールドを，「ある共通の生産活動……に関わる組織や機関が全体として構成する影響関係の場」と説明し，より分かりやすく「業界」と言い換えている（佐藤・山田 2004: 228）。組織フィールドの形成，あるいは構造化とは，それまでは異なる問題・目的を追求していたと考えられた組織群や関連アクターが，「共通の生産活動」に従事するものとして認識する，されるようになる「一つの業界なり産業としてのまとまりが形成されていくプロセス」（佐藤・山田 2004: 230）のことを指すと考えられる。

 組織フィールドの構造化を，本章が問題とする労働統合型社会的企業のカテゴリの制度化に適応するならば，労働統合型社会的企業というカテゴリが正統性をもつようになり，自己・他者ともに認識するようになることを意味する。労働統合型社会的企業カテゴリが認識され，それを踏まえた行動を関係者がとるようになることは，労働統合型社会的企業という「業界」が成立したと言い換えることができるだろう。[19]

 これら，ディマジオの二つの論文は，博物館などの文化・芸術分野の組織フィールドの構造化を検討したものである。それぞれ公共政策（DiMaggio 1983），財団からの支援（DiMaggio 1991）をきっかけとした，芸術分野の非営利組織の組織フィールドの構造化を分析している。組織フィールドの構造化は，四つの側面からなると考えられている（DiMaggio 1983; 1991; 佐藤・山田 2004）。四つの側面は，(1)組織間の接触密度の増加，(2)情報のフローの増加，(3)中心—周辺構造の現れ，(4)提携のパターンの現れ（集合的なプロジェクトとしての自己認識と文化イデオロギーレベルでの発展）[20] である。

 最初の論文を例として組織フィールドの構造化の過程を紹介しよう。ディマジオがこの論文で論じたのが，1960年代から80年代にかけてアメリカの文化・芸術組織に対する公的助成が増大と組織フィールドの形成である（DiMaggio 1983）。まず公的助成が増大するとともに，様々な形での相互作用が増加する。ディマジオが，この論文で強調しているのは，中央政府と，州レベルをつらぬくような垂直な相互作用の強化であり，例えば，一種の選挙区のようなものができあがることが描かれている（(1)にあたる）。そのうえで，公的機関は補助金に関する業務の公開や公表が求められ，さらに個々の芸術団体でも運営技術の共有が必要となる

ことなどにより，情報の増大が起こる（(2)にあたる）。公的助成はお墨つきのような効果を生み，広範な公的助成を受けることができる組織とそうではない組織との間で影響力における非対称的な関係（マタイ効果的なフィードバック）が成立する[21]（(3)にあたる）。そして，公的助成の削減に抵抗する芸術団体の業界レベルでの抵抗のための提携が起き，共通の目的をもつことにより，同一の集合的な取り組みに参加するという集合的意識が生じる（(4)にあたる）。これは，外的影響である公的助成金の増大がきっかけとなった組織フィールド形成の過程であるが，他の種類の外的影響である専門職のはたらきかけが，きっかけになる事例もディマジオは論じている（DiMaggio 1991）。

　本章の事例に即して結論から先に述べると，四つの側面のうち，国内の労働統合型社会的企業に関していえば，(1)と(2)は該当する現象は確認され，(3)，(4)はあまり明確な現象が確認できない。ここでは，(1)と(2)に関して集中的に検討する。第一に，相互交流の増加を検討する。ここでデータとして使用するのは，労働統合型社会的企業とみなされることが多い組織の全国ネットワークの資料である。第二に，情報量の増大を検討する。分析するデータは中間的就労の成立に先駆けて行われた調査報告書であり，調査報告書の内容を再整理することで，多様な事業体が並列に調査対象とされていることを示す。両者からはこれまで異なるものとみなされていた組織が相互交流を図り，類似のもの——少なくとも同じカテゴリの組織——として認識されるようになったことが見出される。最後に，それ以外の二つの側面が確認できないことを簡単に述べる。

（2）団体間の相互作用の増大

　情報密度の増大は，組織フィールド成立の一つ目の側面である。労働統合型社会的企業間の相互交流が2000年代後半，増加していることが確認される。ここでは三つの事業体の連合体間の相互作用の傾向を検討する。

　ここで対象とするのは，現在では労働統合型社会的企業のアイデンティティを形成してきたと考えられる全国的なネットワークであるワーカーズ・コレクティブネットワークジャパン（WNJ），日本労働者協同組合連合会，共同連の三つの団体である。WNJは1995年に設立された，ワーカーズ・コレクティブの全国[22]

第4章　労働統合型社会的企業の制度化

ネットワークである。日本労働者協同組合連合会はワーカーズコープの全国ネットワークであり，1985年に設立されたものである。共同連は，全国の共働事業所，社会的事業所[24]のネットワークであり，1984年に設立された。

この三つのネットワークだけでは，就労支援を対象とした労働統合型社会的企業の全体像は把握するには十分ではないとの批判もありうる。しかし，これらの三つの団体は，次節で検討する各種報告書の調査対象にも多くの事業体が含まれ，さらに，研究者も労働統合型社会的企業の典型的な組織だと考えている（藤井他編 2013; 米澤 2011a）。これらの団体の相互作用の増加は社会的企業間の相互作用の増加の一端を示していると考えられる。

ここで相互作用の指標とするのは，各ネットワークが実施する全国大会におけるシンポジウムや分科会の発題者数である。具体的には，それぞれのネットワーク（共同連，ワーカーズ・コレクティブ，ワーカーズコープ）および，次節で取り上げる報告書に取り上げられた「社会的企業」関係者（これをまとめたものは後に掲載している表4-3である）の登壇者数がどのように推移し，どのような分科会で発題しているのかを検討する。

これらの三団体は定期的に全国大会を実施している[25]。それぞれの全国大会の形式は比較的類似しており，基調講演と分科会に大きく分かれている[26]。各団体の構成員や社会的企業と認められる団体の関係者が全国大会に参加していることは，相互作用が増大しているとみなすことができるだろう。ここでは，入手しうる限りの各団体の大会報告書などの資料から，各ネットワークおよび次項で取り上げる就労支援に従事する労働統合型社会的企業の先駆的事例が大会の基調講演（シンポジウム）および分科会に参加している回数を数え挙げた（表4-1）。

もちろん，これ以外にも相互作用はなされており，それぞれの構成員はさまざまな会議や研究会などで同席している。例えば，次項で取り上げるホームレス資料センター調査では各団体の構成員が委員として参加しており，次章で詳しく分析する社会的事業所促進法案大綱においては，三団体が連名で提案している点に特徴がある。しかし，相互作用の推移を確認することは容易ではないため，その指標として団体関係者の登壇者を数え上げることには一定の意味があると考えられる。

第Ⅱ部　労働統合型社会的企業の成立と展開

表4-1　各団体ごとの大会参加者推移

	ワーカーズ・コレクティブ				共同連				ワーカーズコープ*			
	共同連	ワーカーズコープ	その他	参加分科会名（企画名）	ワーカーズ・コレクティブ	ワーカーズコープ	その他	参加分科会名（企画名）	ワーカーズ・コレクティブ	共同連	その他	参加分科会名（企画名）
1993	0	0	0		0	0	0		n.d.	n.d.	n.d.	
1994	0	0	0		0	0	0		n.d.	n.d.	n.d.	分科会「女性たちの仕事おこしと協同」
1995	0	0	0		0	0	n.d.		1	2(**)	0	分科会「女性たちの仕事おこしと協同」
1996	0	0	0		0	0	n.d.		0	n.d.	0	
1997	0	0	0		0	0	n.d.		0	0	0	
1998	0	0	0		0	0	n.d.		0	0	0	
1999	0	0	0		0	0	n.d.		0	0	0	
2000	0	0	0	分科会「障がい者と協働で働く場づくり」	0	0	0		3	3	1	リレートーク「若者の就業支援と協同労働」、分科会「働く若者の協同組合はどうつくられるか」「労協法ワークショップ」
2001	0	0	0	分科会「障がいのある人の働き方」	0	0	0		0	0	0	
2002	n.d.	n.d.	n.d.		0	0	0		1	1	0	分科会「障害者名も地域で暮らし続けよう／女性がつくる地域」
2003	n.d.	n.d.	n.d.		0	0	0		0	2	0	
2004	n.d.	n.d.	n.d.		0	0	0		0	0	2	分科会「若者の仕事づくりと働き方・生き方」
2005	1	0	0	分科会で働く場多くり」	0	0	0	分科会「第三の働き方」	0	0	0	
2006	1	0	1	分科会「障がいのある人の働き方」	1	0	0	分科会「社会的協働力」	1	3	1	分科会「協同労働の価値／障害者の就労支援と協同労働」
2007	3	0	0	※外部参加者はないが、誰でも一緒に働ける地域づくりが開催	1	0	1	シンポジウム「ソーシャルインクルージョンと社会的事業所づくり」	1	3	0	分科会「地域・生活とともに示す働き方と協同労働の可能性／働きおこしと協同労働の可能性」
2008	1	0	0	分科会「コミュニバーサル就労のすすめ」	3	0	1	分科会「食品製造」「店舗運営」「リサイクル」「異業種交流」	1	0	0	分科会「社会的つながりと協同労働／障がい者の仕事」
2009	2	1	0	分科会「様々な条件の人とが働ける職場。／ワーカーズコープのネット的な運営・事業モデル支援の拠点や共同運営の事業所」	1	0	1	シンポジウム「共に働く場のあり方」・分科会「自立の場となる事業所をつくるには（社会的事業所論）」	1	1	1	分科会「閉関係で働くこ文化づくり」
2010	1	0	0		2	1	3	シンポジウム「社会的事業所法制化」に向けての起案」「社会的事業所に向けての起案」「社会的排除される人のネットワークづくり」	1	0	0	分科会「ゆいの芽、協同労働で支え合うことで社会をつくる地域社会」
2011	0	0	0		0	0	0	「社会的に排除される人のネットワーク」	1	1	0	
2012	1	0	1	分科会「介護・生活介護／分科会コミュニケーション支援の排除／分科会生活困窮者自立支援の法人のネットワーク」	0	2	2	シンポジウム「共に働く場の先進的な運営・事業所の生活困窮者自立支援を創る」分科会「生活困窮者自立支援トドワーク」	1	2	0	分科会「社会的働き方を地域から創るコミュニティケア」
2013	1	0	0		1	0	0		1	1	1	分科会「1人間らしい生き方支援合いの地域から創るお互い支え合いの地域から創るコミュニティケア」
2014	0	1	0	分科会 ｢生活困窮者自立支援モデル事業」	1	0	1	特別講座「日韓社会的経済ネットワークフォーラム」に向けての基盤力アップ、分科会「障がいのある人たちの意志、くらしを共に創り出す自治事業体」	1	2	3	特別企画「日韓社会的経済ネットワークに関して同一年度で複数回大会に出る者含む」

注：各自のネットワークに所属しているかどうかは除外し、三団体の加盟団体と報告書掲載団体のシンポジウムや分科会での報告者数をカウントし、集計を行った。なお各団体とも年単位で参加人数を把握することはできず、資料が入手できなかったのは n.d. と表記している。また、ワーカーズコープに関して同一年度で複数回大会に参加する場合は報告者のみを集計とした。参考文献より筆者が整理。**はワーカーズが率先して創り出す自治事業体。

表4-1からは，二つのことが指摘できる。第一に，就労困難者を対象とする社会的企業の関係者の登壇は，団体ごとに傾向はやや異なるものの，2000年以前は少ない。さらに，大会資料を見ると，シンポジウムや分科会（とくに分科会）のテーマについて，基本的に各団体が設立当初から抱えてきた問題——例えば，共同連であれば障害者就労，またワーカーズ・コレクティブでは地域社会の食や環境，福祉など——がテーマとして取り上げられ，就労困難者の包摂はテーマとしては取り上げられなかった。

それに対して，2000年代——とりわけ2000年代中盤以降——組織外部の就労困難者支援に関連する団体の構成員が登壇者として参加する頻度が増加している。これは，三つの連合体および前節で示した社会的企業間での相互作用が活発化していることを示していると解釈できる。1990年代までには，各々の連合体独自の問題意識に基づいて活動をしていたことがうかがわれ，2000年代中盤以降それぞれの団体で，就労困難者の就労支援を行う団体が参加している。加えて，大会で議論される内容にも変化が見られる。例えば，共同連を例とすると，障害者就労に特化されていたものが，それ以外の困難者を含めるテーマが選択されていることがわかる。これはワーカーズコープやワーカーズ・コレクティブも同様であり，それぞれ障害者や生活困窮者を対象とするテーマが設定される傾向になっている。[27]

加えて，登壇者数以外にも，相互作用が増加している根拠は存在する。共同連の全国大会では，2012年からワーカーズ・コレクティブやワーカーズコープが後援団体に明記されている。さらに，全ての年度ではないものの，同時期から複数回の大会シンポジウムにおいて，冒頭にこの二団体の関係者による挨拶が設定されることが増加した。

また，それぞれの団体の活動方針の変化にも現れている。例えば，ワーカーズ・コレクティブでは2005年の第七回全国大会から「障がい者，団塊の世代の高齢者の仕事の場としてのワーカーズ・コレクティブを拡大することが大会アピールとして宣言」されるようになった（藤井 2013b: 43）。これは直接的に相互作用が増加していることを示しているものではないが，女性を中心として活動をしてきたワーカーズ・コレクティブの活動方針の変化を示している。障害者を中心に就労の場を作り出してきた共同連でも，2000年代なかごろから社会的事業所と呼

ばれる（社会的事業所については第7章で詳述），障害者以外の働きづらさを抱える人を対象とする社会的事業所づくりを活動の方針に掲げるようになった。

以上を踏まえるならば，2000年代中盤以降，就労支援にかかわる事業体同士での相互作用は増大している。さらに，それと並行する形でそれぞれの組織でももともと設定された問題だけではなく，新しく広く就労困難者の就労の問題が立ち現われたと考えることができる。2000年代までは，それぞれの目的の範囲を超える活動が見られなかったが，これが2000年代後半以降は，それまでの対象者の範囲を超えて就労の場を作る試みがなされてきた。[28]

（3）情報量の増大——社会的企業の調査報告書に見る対象団体の性格

組織フィールドの構造化の二つ目の側面は，対象とする組織の情報量の拡大である。労働統合型社会的企業を対象とする調査・研究を見ると，これまで異なる「組織フィールド」（業界）に位置してきたと考える団体を一つにまとめ，その情報を蓄積する過程が見て取れる。

生活困窮者自立支援法における中間的就労の構想にあたってはその担い手と期待される事業体に対する調査研究が民間事業者に委託された。これらの調査研究では中間的就労の担い手となることが期待される事業体，そのモデルになると考えられる事業体へのヒアリング調査などを通じて，そのあり方を明らかにすることを試みている。ここでは2012年度に実施された調査報告書で，いかなる事業体が社会的企業と認められたのかを検討し，労働統合型社会的企業の組織フィールド形成の一側面を検討する。

中間的就労の導入前の2012年度に，厚生労働省の社会福祉推進事業において[29]「社会的就労支援事業のあり方に関する調査・研究事業」の項目名で，調査研究事業が民間団体に委託された。この項目では七件の事業が委託されているが，このうち三つの事業で，就労支援に取り組む社会的企業の先進例の調査が行われた。[30]生活困窮者自立支援法の成立を見込んで，この時期にここで取り上げるような調査研究が採択されたのだと考えられる。三つの調査は独立して行われ，一部の委員は重複している。ここではこれらの三つの報告書を検討する。このうち，ホームレス資料センター調査には，筆者は研究協力員として参加した。[31]それぞれの調

表 4-2　2012年度に実施された中間的就労関連報告書の概要

報告書名	対象団体数	報告書の目的	対象団体選定基準	略称
UFJリサーチ&コンサルティング報告書	17（自治体2か所含む）	本事業は，「中間的就労」の場の提供を通じた支援（以下中間的就労支援という。）に取り組む団体の先進的な事例の収集・分析や有識者による検討を通じて，中間的就労のあり方や課題等を明らかにすることを目的	「中間的就労」の場の提供を通じた支援に取り組む団体の先進的な事例	UFJ報告書
みずほ情報総研報告書	10	本事業では，全国の民間団体で既に実施されている社会的就労支援事業についての実態把握を通じ，制度化にあたって検討が必要と考えられる点について，提言を行う	社会的就労を実施する支援団体であるが，現時点で，社会的就労を実施する団体を全国的に網羅したデータベースは存在しない。そこで，これまで様々な就労支援活動が展開されてきた「若者」「障がい者」「ホームレス（経験者）」「その他生活困窮者」といった分野の支援団体を対象にアンケート。アンケート調査で得られた情報について，より詳細に把握するため，プレヒアリングを含め10件の団体にヒアリング	みずほ報告書
ホームレス資料センター報告書	24（行政1か所含む）	就労能力がありながら仕事に就けないでいるいわゆる就労困難層を対象とし，彼らに対する政府，自治体そして社会的企業等の民間団体による就労支援の実態を調査するとともに，こうした人びとへの支援のあり方について提言を行う	日本において先進的な就労支援事業を展開している民間団体——とりわけ社会的企業を中心とした民間団体——と自治体の事例を，ヒアリング調査によって明らかにしようとしたもの	資料センター報告書

出典：各調査研究の報告書より筆者作成。

査目的と概要を示したのが表 4-2 である。

　この三つの報告書では，社会的企業概念をそれぞれ意識しながら調査がなされた。それぞれ中間的就労に近い形態で就労支援に従事する民間事業体に対するヒアリング（みずほ報告書ではアンケート調査を含む）を行っている。直接的に社会的企業という用語を用いているものはUFJ報告書と資料センター報告書であり，みずほ報告書では，社会的就労事業といった表記がなされ，社会的企業概念は用い

られない。しかし，みずほ報告書でも社会的就労に取り組む事業体の先行研究では，全て（労働統合型）社会的企業をタイトルに含む文献を挙げており，社会的企業を明確に意識している。中間的就労に取り組む事業体を「社会的企業」（社会的就労）として捉える点で三つの報告書は共通している。

それぞれの調査では，就労支援の専門家や就労支援団体の関係者が委員となり，ヒアリング調査やアンケート調査が行われた。ここではそれぞれの調査内容には深く踏み込まない。ここで組織フィールド（「業界」）の形成の観点から焦点とするのは，いかなる対象が就労支援に取り組む社会的企業として，各報告書の調査委員会で判断されたかにある。[33]調査対象となった——すなわち社会的企業として認められた——団体の性格を再整理することで，どのような組織が社会的企業として認められたかを検討する。いわば，調査報告書の簡易な内容分析である。

三つの報告書で43の団体がヒアリングの対象となった。そのうち5団体が複数の報告書で取り上げられており，1団体は三つの調査研究事業全てで対象となっている。これらの団体の基本的情報を，三つの報告書や団体のホームページ，その他の関連資料によって，対象団体を整理したのが表4-3である。ここでは団体名称，法人格，当初の就労支援対象者，設立年を示している。これらの団体のリストを見ることで，いかなる団体が，中間的就労の担い手となる「社会的企業」の「先進的事例」として捉えられたか，その輪郭を得ることができる。

表4-3や調査報告書の内容からは，社会的企業として認知された組織について，少なくとも三つの特徴が指摘できるだろう。

第一に，それぞれの団体の法人格は多様である。相対的にはNPO法人（19団体）が半数程度を占めているが，社会福祉法人などのそれ以外の非営利法人格（11団体）や，株式会社などの営利とされる法人格の事業体（10団体）も少なくない。また法人格をもたない団体も複数存在する（3団体）。ここからは，労働統合型社会的企業を問題とする場合に，法人格に基づいた把握は困難であることが示唆される。

第二に，当初の対象であった支援対象者は多様である。特定のタイプの就労困難者を対象とする団体が主であるが，その対象は，若者（11団体），障害者（9団体），ホームレス（9団体）とばらつきがある。2000年代以前から活動していた団

第4章　労働統合型社会的企業の制度化

表4-3　報告書掲載団体一覧

	団体名	法人格	支援開始当初の支援対象者	都道府県	設立年	資料センター	みずほ	UFJ
1	ワーカーズ・コレクティブ風（ふう）	任意団体	障害者	東京都	1998	○		
2	特定非営利活動法人やまぼうし	NPO法人	障害者	東京都	1991	○		
3	企業組合あうん	企業組合	ホームレス	東京都	2002	○	○	
4	ワーカーズ・コレクティブ風車	NPO法人	若者	千葉県	2008	○		
5	NPO法人自立支援センターふるさとの会	NPO法人	ホームレス	東京都	1990	○		
6	株式会社K2インターナショナルジャパン	株式会社	若者	神奈川県	1989	○		
7	NPO法人文化学習協同ネットワーク	NPO法人	若者	東京都	1974	○		
8	NPO法人「育て上げ」ネット	NPO法人	若者	東京都	2001	○		
9	特定非営利活動法人ワーカーズ・コレクティブ協会	NPO法人	中間支援	神奈川県	2004	○		
10	株式会社美交工業	株式会社	障害者	大阪府	2002	○		
11	がんばカンパニー	社会福祉法人	障害者	滋賀県	1986	○		
12	NPO法人わっぱの会	NPO法人	障害者	愛知県	1972	○		○
13	特定非営利活動法人日本スローワーク協会	NPO法人	若者	大阪府	2002	○		
14	特定非営利活動法人 北九州ホームレス支援機構	NPO法人	ホームレス	福岡県	1988	○		
15	情報の輪サービス株式会社	株式会社	ひとり親	大阪府	1984	○		
16	NPO法人 暮らしづくりネットワーク北芝	NPO法人	中間支援	大阪府	2001	○		
17	森の102工房（NPO法人ワーカーズコープ）	NPO法人	就労困難者	埼玉県	2009			○
18	NPO法人 ワーカーズコープ静岡就労支援	NPO法人	生活保護受給者	静岡県	2011			
19	有限責任事業組合 大阪職業教育協働機構	有限責任事業組合	失業者	大阪府	2009			
20	のわみ相談所	NPO法人	ホームレス	愛知県	1995			
21	社会福祉法人グリーンコープファイバーリサイクルセンター	社会福祉法人	ホームレス	福岡県	2010			
22	ねっこ共働作業所	任意団体	障害者	滋賀県	1977			
23	NPO法人ワーカーズコープ東京中央事業本部	NPO法人	失業者	東京都	2001			
24	セントラルキッチンかすがい	社会福祉法人	障害者	愛知県	2002	○		
25	株式会社たつみ	株式会社	ホームレス	神奈川県	2000		○	
26	高崎ホームレス支援の会	任意団体	ホームレス	群馬県	1993		○	
27	学校法人麻生塾	学校法人	若者	福岡県	1939			
28	NPO法人わくわくかん	NPO法人	障害者	東京都	1993			
29	株式会社ナイス	株式会社	ホームレス	大阪府	1997			
30	NPO法人市民社会研究所	NPO法人	若者	三重県	2004		○	
31	NPO法人神奈川県生活サポート	NPO法人	ホームレス	神奈川県	1999			
32	一般社団法人パーソナルサポートセンター	一般社団法人	就労困難者	宮城県	2011		○	
33	一麦会	社会福祉法人	障害者	和歌山県	1977			○
34	栃木県若年者支援機構	一般社団法人	若者	栃木県	2010			
35	まごころ	NPO法人	若者	京都府	2008			
36	まちの学び舎ハルハウス	一般財団法人	就労困難者	京都府	2006			
37	エスアールフードプロデュース	有限会社	若者	京都府	1996			
38	青少年就労支援ネットワーク静岡	NPO法人	若者	静岡県	2002			
39	生活クラブ風の村	社会福祉法人	就労困難者	千葉県	1994			
40	インクルージョンネットよこはま	一般社団法人	就労困難者	神奈川県	2011			
41	おしごと興業合同会社「とらんぽりん」	合同会社	就労困難者	大阪府	2009			
42	釧路市社会的企業創造協議会	一般社団法人	就労困難者	北海道	2012			
43	生活科学運営株式会社	株式会社	就労困難者	東京都	1983			

注：報告書より必要な情報が得られない場合は各団体HPから情報を補足した。
出典：各報告書から筆者作成。

体はこれらの特定の支援対象者が原型にある場合が傾向的には多い。一方で，2000年代以降になって，就労支援を開始した事業体は，就労困難者など，特定の支援対象者をもともと想定しない団体（8団体）が比較的割合としては高くなる。支援対象者も，就労支援分野の社会的企業として対象化される際には，高い多様性を示すと考えられる。

第三に，就労支援の手法も多様である。事業体に関して，UFJ報告書では，「独自の就労場所の有無」と「就労者全員が生活困窮者であるか／一般就労者・福祉的就労者の中に生活困窮者を含むか」（三菱UFJリサーチ＆コンサルティング 2013a: 25）で区分している。みずほ報告書では，団体内部で社会的就労の場の提供を行うか否かで内部型／外部型に区分している（みずほ情報総研編 2013: 3）。資料センター報告書では，訓練型／継続型／混合型の三つに事業体を区分する（大高・北島 2013: 10）。対象団体の中では，事業体内部で事業を行うものもあれば，相談支援を行い，支援対象者を他の事業体に移行されるものも含まれている。就労支援の方法もこれらの団体のなかでは大きなばらつきがある。

以上の三つの調査研究は，就労支援にかかわる社会的企業概念によって，法人格や対象領域，支援手法に多様性のある，それまでは異なる領域で活動していた就労支援の担い手とされていた事業体が，まとめあげられて調査対象になったことを示している。以上に見た通り，法人格も多様であり，支援対象も方式も多様である事業体を，統一的に把握することは困難であろう。実際，みずほ報告書ではこれらの事業体の「網羅的なデータベースがないこと」が指摘されている（みずほ情報総研編 2013: 5）。

これ以外にも，2010年以降，就労困難の対象ごとの社会的企業調査も行われてきた。若者の就労支援に取り組む事業体である「若者統合型社会的企業」（労働政策研究・研修機構編 2010; 2011）や障害者の就労支援の取り組む事業体である「ソーシャル・ファーム」（NPO人材開発機構編 2011）を対象にした，就労支援分野の事業体を社会的企業として調査する研究もなされるようになった。これらの調査報告書でも本節で取り上げた団体と部分的に重なりながら調査対象が行われている。就労支援を行う事業体が，「社会的企業」として認知されて，調査対象となっていることを確認することができる。

法人格，支援対象，支援方法といった点で多様性の程度の高い事業体が共通して対象とされ，それらに関する情報の整理が試みられたことが組織フィールドの構造化を示すものである。「社会的企業」概念を用いながら，就労困難者に何らかの形で就労支援を行う多様な事業体が一つのカテゴリとして分類され，一つの「業界」に対する情報の蓄積が進められつつあることを確認できる。

(4)「中心―周辺構造」と「提携のパターン」の不在

　相互作用の増大と社会的企業に関する情報の増大が確認される一方で，(3)中心―周辺構造の現れ，(4)提携のパターンの現れは，少なくとも筆者が得たデータからは確認されない。

　(3)中心―周辺構造については，今のところ，中心と周辺構造は固定化していないと考えられる。中心―周辺構造とはここでは，公的支援を受ける中核的団体がますます影響力を強め，そうではない団体との影響力の差が広がるようなことを意味しているが，労働統合型社会的企業をめぐっては，公的にはとくに影響力のある団体とそうではない団体とのあいだで，今のところ「マタイ効果」が生じるほどの関係の固定化は確認できない。調査報告書でも言及される対象の重なりや，メディアに取り上げられる団体の偏重などを考えるならば，非公式的には中心的な取り組みは確認されるとも考えられる。しかし，現在では，そのような中心的な取り組みを追従するような，周辺的な取り組みは明確に形を成しているとは言い難いと考えられる。ただし，生活困窮者自立支援法が実施されるなかで，中心的事例の追従者が確認されることも近い将来のこととしてありうるかもしれない。

　提携のパターンの形成であるが，これも明確には確認することができない。これは例えば，公的支援を要請するような連合体が形成することが想定されているが (DiMaggio 1983: 154-155)，この典型的な表れだと考えられる，法制度に影響を及ぼすような，横断的な労働統合型社会的企業のネットワークは，現在のところ存在していない。生活困窮者自立支援にかかわる団体や関係者の全国ネットワーク（生活困窮者自立支援全国ネットワーク）は2014年11月に成立し，これは生活困窮者に対する労働統合型社会的企業も参加している[34]。しかし，労働統合型社会的企業が集合して成立した就労支援分野の事業体のネットワークは――先に見たよう

に団体間の相互作用は増加しているものの——見出すことはできず，この意味でも集合的な取り組みとはなっていないと考えらえる。ただし，次章で示すように，労働統合型社会的企業には少なくとも二つの類型が確認されるため，単一のネットワークではなく，それぞれのネットワークが広がる可能性はありうる。

これまでに示してきた通り，(3)中心—周辺構造の現れ，(4)提携パターンの形成については明確な変化は今のところ確認することができない。

・・・

以上を踏まえるならば，労働統合型社会的企業の組織フィールドは，すなわち「業界」は，完全に構造化されつくしてはいないものの，ある程度，構造化されてはいると言えるだろう。(1)組織間の接触密度の増加，(2)情報量の増加は部分的に確認される一方で，(3)中心—周辺構造の現れ，(4)コアリションの結成は明確に確認することはできないと考えられる。これらを踏まえると，明確な「業界」は成立してはいないものの，(35)これまでは異なる「業界」に位置した事業体が，同一の「業界」に位置し，それをとりまく関係者——政策担当者や研究者——も同様に認識しつつあることがわかる。

このような労働統合型社会的企業の組織フィールドの（半）構造化は，労働統合型社会的企業というカテゴリが正統性をもちつつあることを意味していると考えられる。

5　労働統合型社会的企業の（未完の）制度化

本章では，労働統合型社会的企業の制度化を，政策導入と組織フィールドの形成の両面から検討した。

第一に，社会的企業の社会的受容と，就労関連政策への導入過程を検討した。2000年代から，学術界やジャーナリズムの世界で社会的企業の認知度は高まった。社会的に受容されるなかで，社会的企業という概念は，就労関連政策のなかでも，取り入れられるようになった2000年代初頭は具体的な役割は明確ではなかったが，2000年代後半から雇用と明確に結びつけて社会的企業の活用が説かれ，実際に政策導入もなされた。この場合，政策の目的は就労支援よりも，雇用創出に重きが

置かれたものであったが，就労支援の側面が明確に顕在化したのが，2013年に成立した，生活困窮者自立支援法である。

　第二に，就労支援に従事する社会的企業の組織フィールド（業界）の形成を検討した。組織フィールドの構造化の四側面をそれぞれ検討し，組織間の相互作用の増大については，労働統合型社会的企業の団体間の相互作用の増大を，団体の全国大会の検討から示した。情報の拡大確認については，2012年度に行われた社会的企業を意識した調査報告書の対象にされた団体を整理することにより示した。残り二つの側面の明確な表れはみられないものの，これらの変化は，労働統合型社会的企業の組織フィールドが構造化されつつあること——完全に構造化はされていないものの——を示したと考えられる。

　以上のように，2000年代後半から，「労働統合型社会的企業」は制度化され，正統性をもちつつある。このことは，社会政策上も，民間事業体の活動およびその観察の側面からも確認することができる。次なる課題は，労働統合型社会的企業が，就労困難者に対する，訓練機会の提供や就業の場などの「福祉の生産」に従事している様態を明らかにすることにある。まず，次章では，人々による組織の分類に注目したうえで，労働統合型社会的企業の多様性を示すことを目的とする。

注
(1) 欧州でもこれは同様であり，障害者などを対象とした，賃金補塡に基づいた就労の場の提供を行う保護雇用（sheltered employment）を行う事業体が，最も伝統的な労働統合型社会的企業（the oldest form of WISE）として位置づけられてきた（Defourny and Nyssens 2006: 15）。
(2) 労働統合型社会的企業の定義は論者間で一致していない。基準を明確に示していないものもあれば（Laratta et al. 2011），「WISE〔労働統合型社会的企業の略称〕と称される」組織を労働統合型社会的企業として捉えるものもある（松本他 2010）。また長く社会的排除に取り組んできた団体を伝統的な労働統合型社会的企業と捉えることもある（藤井 2013a: 11）。
(3) 序章で述べた通り，筆者も，2011年の時点では，小規模作業所やワーカーズ・コレクティブを労働統合型社会的企業として捉えていた（米澤 2011a）。これは第3章で

論じた，探索的アプローチの対象として社会的企業概念を理解していたことによる。本書では，「対象特定の制度的アプローチ」に基づいて成立と行動を論じるため，米澤（2011a）と同じ立場はとらない。

(4) 哲学者のハッキングによる歴史的な動的唯名論は示唆的である。ハッキングは，人々を区分する分類が存在していない以前にそのような分類に当てはまる人々が見出すことができないことを，ギャルソンや多重人格，自閉症の例を用いて説明している（Hacking 2004=2012; 2007）。ハッキングによる（人々を分類する）科学がその対象と相互作用しながら，多重人格や自閉症などの人々（の分類）を作り上げる（making up people）という視点は，組織の分類にも当てはまると考えられる。

(5) 比較となるであろう「NPO」という用語をタイトルに含む雑誌記事は，2000〜2004年に3060件とピークを迎え，その後，減少していることを踏まえるならば，社会的企業概念が，2000年代後半から2010年代初頭にかけて関心を高めたことの妥当性は高いと考えられる。

(6) 社会福祉法人などが，就労関連政策においてどのように位置づけられてきたのか，という論点は重要であるが別稿を期したい。

(7) 産業構造転換・雇用対策本部（1999）より。

(8) ただし，大阪府などの地方自治体レベルでは社会的企業を積極的に就労支援のシステムのなかに位置づけようとする試みも見られた（佐口 2008）。また，産業構造審議会NPO部会での検討成果を発表した著作のなかでも，一部の研究者は就労支援的側面への期待を述べていた（玄田 2003: 88-89）。

(9) 当時の首相である鳩山由紀夫は，「人と人が支え合い，役に立ち合う『新しい公共』」を目指すと所信表明演説で明言した。新しい公共の定義として鳩山は，「『新しい公共』とは，人を支えるという役割を，『官』と言われる人たちだけが担うのではなく，教育や子育て，街づくり，防犯や防災，医療や福祉などに地域でかかわっておられる方々一人ひとりにも参加していただき，それを社会全体として応援しようという新しい価値観」だと述べている。首相官邸HPより。（http://www.kantei.go.jp/jp/hatoyama/statement/200910/26syosin.html：2015年5月5日最終アクセス）

(10) 注記には，「社会的企業; 社会的課題の解決を目的とした収益事業に取り組むもの。雇用支援分野ではイタリアの社会的協同組合B型やイギリスのグラウンドワークなどがある」（厚生労働省 2009: 10）と書かれている。社会的協同組合B型については本書序章を参照のこと。

(11) 内閣府HP「地域社会雇用創造事業」（http://www5.cao.go.jp/keizai1/koyou/chiiki/chiiki.html：2015年8月29日最終アクセス）

⑿　政策文書の経緯を見ると，雇用に対する力点が変わっていることが理解できる。当初の緊急雇用対策では，「（社会的企業を）特に若者など困難に直面する人々を雇用に結びつける雇用支援分野での活用を目指す」（厚生労働省 2009: 20）との記述が見られたが，それが政策的に実現したとみられる地域社会雇用創造事業では，目的を「地域社会における様々な生活関連サービスの事業と雇用を加速的に創造すること」（内閣府HP http://www5.cao.go.jp/keizai1/koyou/chiiki/chiiki.html：2015年5月5日最終アクセス）と規定しており，就労困難層への雇用支援の意味づけはより曖昧となった。地域社会雇用創造事業では，就労支援自体を社会的目的として位置づけるものではなかったと考えることができる。

⒀　厚生労働省HPより。（http://www.mhlw.go.jp/shingi/2010/04/dl/s0423-4h_3.pdf：2015年8月29日最終アクセス）

⒁　厚生労働省HPより。（http://www.mhlw.go.jp/stf/shingi/other-syokuan.html?tid=128950：2015年5月5日最終アクセス）

⒂　厚生労働省（2012: 1）より。

⒃　報告書には，生活支援の体系の四つの基本的視点として，「自立と尊厳」の他に「つながりの再構築」「子ども・若者の未来」「信頼による支え合い」が示されている（生活困窮者の生活支援の在り方に関する特別部会 2013: 5）が，この部会の座長である宮本は「自立と尊厳」を基本的理念としていると述べている（宮本 2013a: 251）。

⒄　同時期に小規模ではあるが，民間団体が提案する社会的事業所促進法案大綱が提案された。両者の比較は次章で行う。

⒅　本法では「雇用による就業を継続して行うことが困難な生活困窮者に対し，就労の機会を提供するとともに，就労に必要な知識及び能力の向上のために必要な訓練その他の厚生労働省令で定める便宜を供与する事業」と表現され，ガイドラインの中で「社会的企業型」が設置される構成となっている（厚生労働省 2013）。

⒆　組織フィールドの成立に関する研究はアメリカでは蓄積がある（Scott et al. 2006; DiMaggio 1991; Moody 2007）。これらの論文はそれぞれ，若者の社会問題，非営利の美術館やベンチャーフィランソロピーの組織フィールドが成立した過程を示している。

⒇　フィールドの成立の側面を四つに分けるのは，とくに，ディマジオの1991年の論文に基づいている（DiMaggio 1991）。なお，ディマジオの二つの論文の主たる違いは，1983年の論文では提携パターンの成立と文化・イデオロギーレベルの発展が別項目に分けられている一方で，1991年の論文では両者は統合されている点にある。筆者は，両者は重なると考えるので，ここでは1991年論文の枠組みを用いる。これは，佐藤・山田（2004: 229）の整理も参考にしている。

(21) 四つの側面のうち，(3)「中心─周辺構造の現れ」に関して言えば，組織フィールドの成立に必須的に付随するものとは限らないかもしれない。多心的な組織フィールドも考えられるし，論理的に言えば，影響力が均質的な組織フィールドも考えられるからである。しかし，多くの場合，一部の組織とその追従者のあいだで非対称的な関係がみられると考えている。

(22) ワーカーズ・コレクティブとは，1980年代以降，全国各地に設立された，主に女性たちが中心となり，新しい働き方を目指して設立された労働者協同組合の一つの類型である。

(23) ワーカーズコープとは失業対策事業の停止を契機として，失業者や中高年の仕事おこしを目的とした事業団を基盤として成立した労働者協同組合の一つの類型である（大高 2013a: 228-229）。

(24) 共働事業所・社会的事業所は障害者と健常者が対等に働きながら事業運営することを目的とした事業体である。詳細は第7章で記述する。

(25) 日本労働者協同組合連合会は複数のタイプの全国集会を実施している。ここで対象とするのは外部の団体と連携して行う「協同集会」と呼ばれる全国大会である。日本労働者協同組合連合会は実行委員の一つとなっているものの，他の地域の関連団体も実行委員に含まれているために日本労働者協同組合連合会の全国大会とみなすのは妥当ではないかもしれない。しかし，日本労働者協同組合連合会がかかわる主催者の一つとなっていることからここでは対象とする。

(26) 著者はこのうち共同連の全国大会には複数回参加している。

(27) ただし，各団体の出発点であるテーマが減少しているわけではなく，このようなテーマに追加して，就労困難者支援がテーマに含まれるようになったと考える方が妥当である。

(28) 対象者の，カテゴリによらない活動が広く見られるようになった変化の要因分析は重要な課題であるが，本章では検討することができない。ただし，イタリアの社会的協同組合の日本への紹介は，大きな意味をもっていると考えられる。例えば，共同連の全国大会報告書では，明示的にイタリアの社会的協同組合に影響された，社会的事業所という新しい組織形態が構想されたと述べている。

(29) 社会福祉推進事業とは「地域社会における今日的課題の解決を目指す先駆的・試行的取組等に対する支援を通じて，社会福祉事業の発展改善等に寄与することを目的」（厚生労働省 2013）とした調査研究など，厚生労働省から民間事業体に委託される事業のことを指す。厚生労働省HPより。(http://www.mhlw.go.jp/stf/houdou/2r985200000311my.html：2015年5月5日最終アクセス)

(30) 2012年度実施された「社会的就労支援事業のあり方に関する調査・研究事業」の他

の事業は，単独事例の研究が二事業，就労支援に必ずしも関係しないと考えられる調査研究が二事業であった。
(31) この調査データを利用した分析は第**5**章で行われる。
(32) 社会的就労は，「一般就労に困難を抱える人々が，何らかの支援を受けながら働く場／働き方」と定義されている（みずほ情報総研編 2013: 3）。
(33) 調査先には行政機関も含まれるため，ヒアリング調査先となった団体全てが，調査報告書で社会的企業として捉えられていたわけではない。ただし，各報告書では何らかの形で社会的企業が意識されているため，社会的企業と把握される組織集合の輪郭は描けると考えられる。
(34) 生活困窮者自立支援全国ネットワークは，支援員に対する「実践的研修セミナー」の実施も予定されており，専門職化が図られているとも考えられる。
(35) 組織フィールド（業界）の確立がより進展している，社会政策関連の領域としては，ホームヘルパーの全国協議会が存在する高齢者の訪問介護事業所や，「就労継続支援A型事業所全国協議会」が設立された障害者就労支援事業所が挙げられると考えられる。

第5章
労働統合型社会的企業の二つの類型
―― 制度ロジックの観点から ――

1 労働統合型社会的企業の多様性

　前章で示した通り，2000年代後半以降，就労困難者一般に対する「労働統合型社会的企業」は制度化されつつある。すなわち，当事者や政策担当者，研究者のなかでは，就労支援分野における社会的企業が，正統性をもった概念であることは認識されつつあると考えられる。ただし，ここで注意しなければならないことは，労働統合型社会的企業の制度化は確認されるものの，これが単一の組織形態が一般化したことを意味しないことである。[1]

　本章の目的は，労働統合型社会的企業が，支援型と連帯型という二つの方式で関係者――実践者・研究者・政策担当者――に共有に認識できる形で制度化されていることを確認することにある。もちろん個別の様々な手法に関して事業体ごとの差は確認できるものの（米澤 2011a），目的の水準においても，方向性が異なる類型が少なくとも二種類は確認される。

　この課題に対して，本章では，まず法制度のレベルで検討し，就労支援領域の社会的企業のあり方を規定する二つの法制度に準ずるものを比較し，その「福祉の生産」――ここでは就労機会・訓練機会の提供のなされ方――の，目指している方向性の違いを検討する。さらに，社会的企業を対象にした調査結果の分析を通じて，その取り組みの違いを事例レベルでも検討する。労働統合型社会的企業の福祉の生産の多元性を示すことは，社会政策の供給構造を理解することが求められている研究上の要請に照らしても，重要な主題であると言える。

　さらに，二つの類型の福祉の生産の方向性の違いが，両類型が異なる制度ロジックの影響を受けていることから説明できると主張する。これまで社会的企業

に代表されるサードセクター組織は，経済性と社会性といった二項対立的な思考法の下で理解されてきた。しかし，二項対立的な理解では，労働統合型社会的企業の「福祉の生産」という問題に限ったとしても，その多様性を捉えることはできない。労働統合型社会的企業の多様性を理解するためには，経済性と社会性といった二項対立でまとめられていたものを解きほぐし，多元性を認めることが必要であることを示す。

本章の構成は以下の通りである。まず，社会的企業の類型化を図ろうとする国内の研究を検討する。第3節と第4節では，法制度間比較と事例間比較によって，支援型と連帯型の二つの類型を導き出す。まず，第3節では，二つの類型に関して生活困窮者自立支援法と社会的事業所促進法案大綱を比較し，特徴を検討する。続いて，第4節では，社会的企業への調査データをもとに個々の組織の取り組みへの意味づけの差異を示す。最後に支援型と連帯型のそれぞれの社会的企業が，異なる制度ロジックの要請に応えていることを示す。

2　労働統合型社会的企業の類型の研究と課題

「労働統合型社会的企業」の範疇に属する組織形態の多様性は，社会的企業研究の初期から意識されていた（Defourny 2001=2004）。まず簡単に，これまで労働統合型社会的企業をめぐっていかなる分類が試みられたのかを検討しよう。

欧州的な社会的企業概念の社会的企業研究で注目されてきた労働統合型社会的企業に限定しても，欧州の社会的企業研究者のネットワークであるEMESは四つのタイプの区別ができることを主張している。その四つの類型とは，「永続的な補助金による職業的統合」を図る社会的企業，「自己資金による長期的雇用の創出」を図る社会的企業，「生産活動を通じた（再）社会化」を図る社会的企業，「職業的移行」を図る社会的企業である（Davister et al. 2004）。このうち，最後の「職業的移行」を図る社会的企業が欧州のEMESの調査では主要な対象となった（Defourny and Nyssens 2006: 16）。

労働統合型社会的企業を類型化する試みは国内でも見られたが，国内の研究ではとりわけ，EMESの分類のうち，「職業的移行」ではなく，「継続的就労」を図

る社会的企業が注目されてきた。例えば、藤井らは、国内で活動する労働統合型社会的企業を一般労働市場への移行を目指す移行支援型と同一事業内で継続して仕事に従事する継続雇用創出型の二つに労働統合型社会的企業を分類し（藤井 2013a: 13-14），2000年代後半から労働統合型社会的企業の実証研究を蓄積するなかで「継続雇用創出型」の重要性を強調してきた（原田他編 2010; 藤井他編 2013）。彼らは，EMESの類型を参考にしながら，そして，日本国内における「一般労働市場における包摂性」の低さ，すなわち一般雇用の労働条件が良好ではないことから，ワーカーズ・コレクティブやワーカーズコープなど継続雇用創出型の労働統合型社会的企業が重要であることを強調する。

同様に，経済学者の福原宏幸も，労働市場との関連性に基づいて，社会的企業を区分している。福原は「一般労働市場に向けた就労支援の場である中間的就労と，市場経済とは異なった原理によって継続的に仕事をなしえる場としての社会的就労の場が確保されることが望ましい」（福原 2013b: 7）と述べる。福原は一般的な労働市場が存在する市場経済領域と，市場経済とは異なる原理が存在する社会連帯経済領域に労働市場を区分したうえで，それぞれに対応する形で，社会的企業部門(1)と社会的企業部門(2)を区分している（福原 2013a; 2013b）[2]。福原の類型化は，藤井らの移行支援型と継続雇用創出型という類型と重なるものの，組織の行動様式ではなく，組織が活動する経済領域に注目して分類している点に特徴がある。

藤井や福原とは異なる観点から分類を図っているのが宮本である（宮本 2013a; 2013b）。宮本は日本国内の社会的企業に対して，事業型，連帯型，支援型の三つの類型に区分されると主張している（宮本 2013b: 66-67）。事業型とは「社会的起業家が，出資者の意志に強く制約されることなく，寄付金や社会的金融を活用できて，事業的な自律性も高い」という性格をもち，「アングロサクソン型の社会的企業」に相当する。連帯型とは，「労働者が比較的高い自律性をもち，民主的な意思決定に基づいて事業を遂行する」という性格をもち，イタリアの社会的協同組合A型などが該当する。支援型とは，「社会的弱者の構成員の少なくとも一部としてその社会的自立を支援する機能を組み込んだ」ものであり，イタリアの社会的協同組合B型などが該当する。明示的な基準は示されていないものの，媒

介モデル的想定がなされており,市場交換,互酬,再分配の要素の強さに対応した類型化がなされていると推察される。

しかし,これらの先行研究による類型化の作業は問題を抱えている。第3章で示した通り,社会的企業一般を議論することの困難を考えるのならば,ここで示した研究者による分類は意味をもつと考えられる。ただし,これらの先行研究における労働統合型社会的企業の分類は,明示的には労働統合型社会的企業にかかわる人々の認識に基づいておらず,法制度も部分的にしか参照していない[3]。このような分類は,第3章で批判的に検討した操作的定義と類似したものであり,研究者による分類と人々の一次理論による分類が一致することを前提としている。

しかし,人々による分類に基づいていない概念化をした場合,第3章でも示した通り,分析者の分類と人々の分類が一致するとは言い難い。そのため,対象特定が困難であり,その組織類型の経験的知見を得たとしてもそれが何を明らかにしたものであるのかが明確とならない。そのためどのような具体例がどの類型に当てはまるか,明確な見通しをもつことができず,類型間の比較によっての同一性や差異などの知見を経験的に得ることが難しい。

そのため,法制度や組織アイデンティティの参照項を基盤とした組織の分類に注目することによって比較をなすことが,労働統合型社会的企業の「福祉の生産」を明らかにするうえでは,より有効であると考えられる。本章では,人々の意味づけに注目して類型化を図ることにより,社会的企業の特徴を経験的に捉えることが可能になるとする立場をとり,人々が組織分類を共有している組織形態に注目する。そうすることで,労働統合型社会的企業の福祉の生産の多様性がより適切に捉えられると考える。以下では,藤井(2013a)や福原(2013b),宮本(2013b)の類型化と結果としては部分的に重なりながらも,制度化された組織形態のレベルで支援型と連帯型という二つの類型が区別されることを,法制度と事例のレベルにおいて確認する。

3　法制度間比較——生活困窮者自立支援法と社会的事業所促進法の社会的企業像

　国内の労働統合型社会的企業には，少なくとも二つの形態が確認され，それらの取り組みについて，人々が確認できる制度化されたレベルで異なる構想に区分できる。ここでは，法制度のレベルでの差異と類似点を検討する。第一に，生活困窮者自立支援法における中間的就労の社会的企業の規定と，第二に，社会的事業所促進法案大綱における社会的企業の規定を確認したうえで，社会的企業の法規定の基準から両法制度の特徴を検討する。

　ただし，両制度を比較する際には，注意が必要である。ここで比較する二つの制度は，厳密には法制度とは言えない。中間的就労はモデル事業のガイドラインに過ぎず，また社会的事業所促進法案大綱は法案に過ぎない。さらに，社会的事業所促進法案大綱は民間団体が提案したものであり，議会などで審議されたものでもない。しかし，両者は人々や民間組織，行政機関の行為を方向づけることを意図したものであり，参照先という観点から法に類する内容をもつと考えられる。

（1）生活困窮者自立支援法と支援型社会的企業
①　生活困窮者自立支援法における中間的就労

　生活困窮者自立支援法は，2013年に制定され，2015年4月施行となる，生活困窮者の自立を目的とした法律である。「自立と尊厳」を基本的理念としながら，「個別的で包括的な支援」を目指し，体系的な支援方策をまとめた「生活困窮者の生活支援の在り方に関する特別部会」報告書が基盤となっている（宮本 2013a: 251）。

　生活困窮者自立支援法は生活困窮者に対する包括的な支援政策である。各自治体の必須事業としてパーソナル・サポート・サービスの流れをくむ個別相談が義務づけられ，それ以外も家計相談や学習支援などの支援が自治体裁量によって実施されることが可能となった。

　生活困窮者自立支援法の体系的支援の一部が，就労支援であり，就労準備支援事業と就労訓練事業（通称：中間的就労）に分けられる。就労準備支援事業は就労

の見込みがあるが,「単に就職に必要な専門的技能・知識が不十分なだけでなく,生活習慣上問題を抱えている場合や,対人能力,社会適応能力等の点で改善が必要な場合」になされる支援であり,「基礎能力の形成」を目的とする,就労支援初期を念頭に置いた事業である。もう一方の就労訓練事業はより高度な職業的技能の形成を目的としたものであり,中間的就労と呼ばれることも多い(以降は中間的就労の呼称を用いる)。中間的就労は「就労体験やトレーニングが必要な,いわば,一般就労に向けた支援付き訓練の場」(生活困窮者の生活支援の在り方に関する特別部会 2013)と定義される。中間的就労は,一般的就労を目的としており,福祉的就労と一般就労のあいだに位置づけられる[4]。この中間的就労では,そのガイドラインのなかで労働統合型社会的企業に類する事業体が位置づけられた。

② 中間的就労での社会的企業の規定

それでは,現段階の中間的就労において社会的企業はいかに概念化されているのか。中間的就労を試行的に実施するモデル事業[5]における,事業者の性格を規定した「中間的就労のモデル事業実施に関するガイドライン」(厚生労働省 2013。以下「ガイドライン」と表記)および,その規定の原案となったと考えられる調査報告書(三菱UFJリサーチ&コンサルティング 2013a)を見ると,中間的就労で規定される社会的企業の特徴が確認できる。

本ガイドラインでは,中間的就労が実施される類型として二つの型を設定している。それらの型は,第一に社会的企業型であり,就労者の中に対象者である経済的困窮者等が一定割合以上含まれる,事業所を経営する類型と定められている。第二に,一般事業所型があり,一般事業所のなかで,経済困窮者等を受け入れる類型とされている。一定の要件をみたした事業体を自治体が認定できることを認めている[6]。

第4章でも確認したように,法律制定前のモデル事業のガイドラインではあるが,日本国内では,はじめて就労支援を目的とする事業体が,社会的企業として正式に位置づけられた文書である。第4章でも示したが,本ガイドラインでは,社会的企業は以下に定義されている。社会的企業とは「企業の目的として,生活困窮者への就労機会の提供,地域社会への貢献等の要素が含まれている事業所」であり,「就労者に占める対象者の割合が一定割合を占める事業所であって,そ

の他の要件をみたしているもの」である（厚生労働省 2013: 2）。

　中間的就労の対象者は幅広く想定されている。対象者は「将来的に一般就労可能と認められるが、一般就労に就く上で、まずは本人の状況に応じた柔軟な働き方を認める必要があると判断される者」と規定され、その具体例として「直近の就労経験が乏しい者」「法令に基づく身体障害者等」「身体障害者等とは認められないが、これらの者に類似して一定程度の障害を持つと認められる者や、障害を有する疑いのある者」（厚生労働省 2013: 2）が挙げられている。これらの規定は例示的であり、対象者が特定のカテゴリに限定されていない点に特徴があると考えられる。

　中間的就労の最終目標は、「対象者が支援を要せず、自律的に就労することが出来るようになる」（厚生労働省 2013: 6）ことであり、そのために段階的な待遇、担当者による相談支援が規定されている。段階的な待遇については、ガイドラインでは、「能力の上達度合い」に応じて一般就労、雇用、非雇用の違いが定められており、段階を踏んで一般就労まで移行することが想定されている。相談支援に関して社会的企業には、相談支援を行う就労支援担当者の配置と、就労支援プログラム[7]の作成が義務づけられ、一定期間ごとの相談支援の実施が要請される。中間的就労では就労支援プログラムと支援担当者によって、効果的な就労支援と対象者の不当な処遇の防止が意図されている。

　以上を踏まえると、中間的就労のなかの、社会的企業による就労支援の構想は、就労困難者の性格を厳格に定めないうえでの「支援付きの就労」の場であると特徴づけることができる。中間的就労における、社会的企業は、就業と伴走型支援を組み合わせるものと言える。本研究では支援付きの就労の場を提供する事業体を「支援型社会的企業」と呼ぶ。「支援型社会的企業」は現在の労働統合型社会的企業と呼ばれる事業体の主流にあると考えられる。

（2）社会的事業所促進法案と連帯型社会的企業
① 民間団体による社会的事業所促進法案の構想

　2010年代以降、中間的就労は異なる形での就労機会・訓練機会の提供を目指す法案も民間団体によって提案された。

先に述べた通り、中間的就労で構想されている社会的企業による就労困難者の就労支援のあり方は、段階的な就労の場を設け、相談支援を組み合わせることにより一般就労へと結びつけるものである。しかし、中間的就労の報告書でも指摘される通り（三菱UFJリサーチ＆コンサルティング 2013a: 21）、全ての就労困難者が一般就労に移行できるわけではない。長期間、中間的就労の状態に置かれる際、就労支援が適切でないのか、あるいは本人の生産性向上の限界のためなのか、観察により明らかにすることは容易ではない。欧州の研究でも指摘される通り「人を仕事に合わせるだけではなく、仕事を人に合わせる」方向性も検討される余地がある（Laville et al. 2006）。

実際に、「仕事を人に合わせる」方向性を示すのが、民間団体が自発的に提案している社会的事業所促進法案である。社会的事業所促進法案では、すでに活動する社会的事業所の取り組みに基づいて、2011年から諸団体による研究会が始まり、2012年の7月に厚生労働省に社会的事業所へ法制定を求める要望書を提出した（藤木 2013: 312）。社会的事業所促進法案大綱では、中間的就労による生活困窮者の就労支援とは異なる方向性での、就労困難者の就労による社会的包摂が構想されている。社会的事業所促進法案大綱は、何度かの委員会での議論を経て、6団体の連合体によりまとめられたもので、2012年5月に発表された。[8]

② 社会的事業所促進法案大綱における社会的企業規定

社会的事業所促進法案では、どのように社会的企業のあり方を規定しているのか。社会的事業所促進法案では第一条に、法律の目的が規定され、「社会的不利を何らかの理由により負わされ、そのため、就労が困難な状態に置かれる者に対して労働の機会を与え」るとある。社会的事業所促進法案の目的は、就労困難者への労働機会の提供である。生活困窮者支援法の中間的就労と同様に、就労困難者の就業機会の提供が目指されていることが示される。そして、労働の機会を提供する事業体を社会的事業所と呼び、その支援が規定される（二条）。

中間的就労と同様に、その対象である「就労が困難な状況に置かれる者」とは中間的就労と同様に特定のカテゴリによらないものである。同法案の四条では「社会的不利を何らかの理由により負わされている者であって、障害者、難病者、ひきこもり、ニート、アルコールまたは薬物その他の依存者、シングルマザー、

第5章 労働統合型社会的企業の二つの類型

ホームレスの人，性暴力被害者，外国人移住者及び生活保護受給者などの人をいう」と規定される。社会的事業所促進法案では，中間的就労と同様に，広く規定された就労困難者に対して，事業活動を通じた生産活動への参与による社会的包摂が目指されていると考えられる。

しかし，その一方で，社会的事業所促進法案では，中間的就労との差異も確認できる。中間的就労の社会的企業の規定と大きく異なる点は，就労の捉え方とそれによる社会的包摂の目指す方向性の違いに認められる。中間的就労では前節で確認した通り，綿密な相談支援と段階的な就労移行が想定されていた。しかし，社会的事業所促進法案で強調される要素は，第一条の「共に働き，かつ，対等に事業を運営することができる」との規定に見られる働き方の対等性である。また，第六条では，「事業所の運営に関しては，その意思決定において事業所に所属する者の意向を尊重しなければならない」と規定され，同条では，法人格の違いに配慮しつつも当事者を含めた参加的運営が重視される。

また，社会的事業所促進法案では，能力形成は重視されていない。後述するように社会的事業所を構想する中心的団体である共同連は反能力主義的な理念をもつ（米澤 2011a: 4章）。社会的事業所の周知を目的とした書籍で，共同連の代表者である堀利和も「社会的事業所は，民間企業のように一定水準の稼働能力・生産能力を前提とせず，たくさん働ける者もそうでない者も仲間として交じり合いながら一緒に働き，しかも仕事に障害者を合わせるのではなく障害者に仕事を合わせるといった働き方で，その上で，収益は対等平等に分配することになる」（堀 2012: 103）と明確に，社会的事業所が反能力主義的であることを指摘している。これは支援によって能力を伸長する中間的就労の目指す方向性とは対照をなしている。

社会的事業所促進法では中間的就労と類似している点として，対象者となる就労困難者を幅広く捉えつつ，異なる点として，生産活動参与の際に対等性を重視する就労機会の提供の方式を採る。さらに，参加的運営を重視し，利潤の分配制約を定めるなど，協同組合的な運営に近い性質をもつ。社会的事業所促進法案で想定される，対等性を重視する社会的企業の型を本書では「連帯型社会的企業」あるいは「連帯型」と呼ぶ。連帯型社会的企業は就労支援の主流とは言えないも

179

のの，いくつかの事例が確認され，一部の地域では関連する条例も制定がなされている。

（3）二つの法制度の比較
① 社会的企業の法制度の四側面

続いて両制度の特徴を検討しよう。カファッジとイアミセーリは，欧州の社会的企業の7か国8制度の比較を行っており，それぞれの社会の社会的企業の制度の特徴を比較するうえでは有益な試みである（Cafaggi and Iamiceli 2008=2010）。この論文では，社会的企業にかかわる法規定の特徴を「社会的目的の規定」「利潤分配」「マルチステークホルダー性」「情報公開」の四側面から比較している。この四つの側面がどのような意味で社会的企業にとって重要であるのか，米澤（2011b）に従って，特徴を簡単に整理しよう。

第一に「社会的目的の規定」（①）についてである。社会的企業は利潤を第一の目的としない非営利組織の一つであるが，同時に，事業的性格が伝統的な非営利組織と比べて強いという性格をもつ。そのため，次に検討する利潤の非分配制約のみでは，社会的目的をもつかどうかを判定できない。社会的企業は事業的手法によって利潤を得ることは避けられず，独自に資金調達する際に，出資者への金銭的報酬が必要とされることもあるため，営利企業との境界は曖昧となる可能性が高いためである。そのため，社会的企業を規定するためには社会的目的の判定が重要な意味をもつ。

社会的目的の判定に関して，三通りの方法があるとされる。第一に，社会的目的を，法によって明確に定義する場合，第二に，社会的目的の判断が，立法者ではなく，公的な監督官（行政機関）に委任される場合，第三に，社会的目的の判断を社会的企業として活動する民間団体の定義上の条文により，民間当事者に委任する場合である（Cafaggi and Iamiceli 2008=2010）。

第二に「利潤分配」（②）についてである。利潤や資産の配分は非営利組織の規定の焦点の一つである。一般に非営利組織（non-profit organization）は利潤分配を行わないことに特徴があるとされる。しかし，社会的企業は事業性が強く利潤分配により継続的な事業活動が促進される側面があるために，利潤分配自体を

禁止するのではなく，利潤分配を制約づける方法が問題となる。

カファッジとイアミセーリは，配分の制限を二つに分けている（Cafaggi and Iamiceli 2008=2010: 70）。組織構成員や従業員に配分することを禁じる「消極的制約」，積立金や他の社会的機関の活動に割り当てることを定める「積極的制約」に区分する。前者を採用する国は彼らの欧州7か国比較の対象のなかでは，ポルトガル，ポーランドなど少数である。

第三に「マルチステークホルダー性」（③）についてである。社会的企業の特徴として，組織の意思決定に関して，労働者や地域住民，ボランティアなど，複数の利害関係者の参加（マルチステークホルダー性）が強調されることが多い。マルチステークホルダー性が強調される背景には，地域の関係主体の参加を促すことで，組織のパフォーマンスを向上させる意図や異なる利害を調整する役割とともに，社会的企業の活動を監督する機能を果たすことも期待されている（Cafaggi and Iamiceli 2008=2010: 39）。ただし，各国ごとに各種のステークホルダーの発言権や責任，法的保護の組み合わせの規定は異なる。

最後に，「情報公開」（④）についてである。社会的企業は公的な問題（就労支援や社会サービスの提供）にかかわり，補助金や優遇制度が整備され，収入構造も複雑であることが多い。そのため，事業の実態がわかりにくく貧困ビジネスとの峻別が問題となることは少なくない。それを防ぐためにも，社会的企業の事業内容の説明責任や責任体制が問題とされる。焦点の一つは情報公開であり，その典型的な方法は，社会的バランスシートの公開である。社会的バランスシートとは，社会的企業の活動を事業内容だけではなく，社会的役割も含めて整理した報告書のことを指す（Pestoff 1998=2000）。

この四つの側面は社会的企業の公的な規定において重要な論点である。この四つの側面に対して，中間的就労と社会的事業所促進法案大綱はいかなる規定を行っているのだろうか。

② 両制度の差異と共通点

この四つの側面から生活困窮者自立支援法における中間的就労のモデル事業と社会的事業所促進法案大綱の社会的企業の規定を検討する。このことで，社会的企業としての特徴が浮かび上がると考えるからである。四つの側面に照らして，

表5-1 中間的就労と社会的事業所促進法案大綱の特徴の整理

法(案)の名称	項目名	中間的就労	社会的事業所促進法案大綱
基本事項	社会的企業名称	社会的企業型	社会的事業所
	制定年度(法案大綱は公表年度)	2013年	2012年
	法人格	多様な法人格	多様な法人格
社会的企業の目的の定義	社会的目的の判定	法による(労働統合)	法による(労働統合)
	条件	活動部門(就労支援)	活動部門(就労支援)
利潤分配	利潤分配	明確な禁止なし	制限あり
ステークホルダーとガバナンス	ステークホルダーの参加	規定なし	あり
	一人一票原則	規定なし	規定なし
	資本所有と議決権の関連・制限	規定なし	規定なし
説明責任	社会的報告の必要性	あり	規定なし
その他	就労支援担当者	あり	規定なし
	専門職員によるモニタリング	あり	規定なし

出典:筆者作成。

それぞれの性格をまとめたものが表5-1である。

まず,中間的就労のモデル事業の社会的企業規定は,①社会的目的(就労機会の提供や対象者割合の規定)や④情報公開(支援体制,仕事内容の公開)は明記されているものの,②利潤分配の制約や③マルチステークホルダー性に関して規定は確認できない。利潤分配制約は,中間的就労で認定された事業体に対して,人件費補助などの金銭的支援がなされないことによるためとも考えられるが,後者について言えば,社会的企業に関しては欧州や韓国の社会的企業制度で要件とされる当事者の参加的要素はあまり配慮されていないことは特徴的と言える。

ただし,事業体の営利化の傾斜の歯止めと考えられる利潤の分配制約やマルチステークホルダー性に代わって,ガイドラインでは,段階的な就労の場を設けるとともに,相談支援を組み合わせることにより一般就労へと結びつけることが明記されている。中間的就労では就労支援プログラムと支援担当者によって,効果的な就労支援と当事者の不当処遇の防止が意図されていると考えられる。

一方で,社会的事業所促進法案大綱は中間的就労モデル事業の社会的企業の規定とは異なった特性をもつ。内容は異なるが,中間的就労と同様に①社会的目的の規定は存在する(「労働を通じた社会的包摂を達成する」)。その一方で,④情報公開についての記述は存在しない。中間的就労の規定にはなかった,②利潤分配の制約については,使途の制限を明記する積極的制約という形式で一定の制約がな

されており，さらに，③当事者の参加に関連するマルチステークホルダー性についても多様な諸主体の参加が明記されている（「事業所に所属する者の意向を尊重しなければならない」）。

とくに，当事者の参加と民主制が重視されていることが社会的事業所促進法案大綱の特徴であろう。社会的事業所促進法案大綱では，中間的就労のような情報公開や段階的な就労の場の設定という規定とは異なる方式で，社会的包摂という事業所の目的達成と当事者の不利益の防止を達成しようとしていると考えられる。

以上のように，両制度は異なる形で社会的企業による「福祉の生産」のあり方を規定しようとしていると考えられる。一方で，情報公開や支援担当者の設定によって「福祉の生産」の内容を規定する支援型社会的企業と，当事者の参加によって「福祉の生産」の内容を規定しようとする連帯型社会的企業で，構想の特徴は異なっている。ここでは，制度にかかわる人々が認識できる形で労働統合型社会的企業の異なる類型が確認できる。本章は，両者の有効性や実現可能性を吟味・評価することを目的としていない。そうではなくて，同様の社会問題に対して異なる集合的な制度の構想がなされていることをここでは確認しておきたい。

さらに，これは法制度のレベルだけで確認できるだけのものではなく，実際の事業体の活動のなかでの取り組みや関係者の意味づけでも，支援型と連帯型の差は確認できる。次節では，事例調査の内容を検討することによって，支援型と連帯型の福祉の生産（訓練機会・就労機会の提供）の類似点と相違点を確認する。

4 事例間比較——ホームレス資料センター調査を中心に

就労困難者一般を対象とした社会的企業について，二つの制度化が図られている。両制度は，民間事業体による活動を基盤としてそれぞれ政策形成が試みられたものである。そうであれば，労働統合型社会的企業であると人々が認知している事業体の活動でもこのような活動パターンの差異が現れると考えられるだろう。本節では，第4章でも扱ったホームレス資料センターによる社会的企業調査を再検討し，二つの社会的企業の類型が区分できることを示す。[9]

(1) 支援型社会的企業——伴走的支援の強調

　ホームレス資料センターによる社会的企業調査では，25団体の就労支援を中心とする取り組みを行う民間団体へのヒアリングが行われた。そのうちの多くは，適切な支援によって当事者の労働市場への適応力を高め，生産活動の場への包摂を図ろうとすることを目的とする。とりわけこのような取り組みは，若者支援から支援を開始した団体や，パーソナルサポート事業を受託してきた団体に多く見られた。

　表5-2は，NPO法人・文化学習協同ネットワークのケースレポートから作成した，就労支援の流れとメニューである。NPO法人・文化学習協同ネットワークは，労働統合型社会的企業の代表的なものであると考えられる。この団体は，前章で取り上げた社会的企業に関する三つの調査研究プロジェクト（三菱UFJ調査，みずほ情報総研調査，ホームレス資料センター調査）の全てが，本団体を調査対象としている。三つの調査で，すべて調査対象となっているのはこの団体が唯一である。この団体を，代表的な例と考えることは妥当であろう。

　本団体は，支援型社会的企業の一つのあり方を示している。ケースレポートに示されている支援手順は，支援付き就労の場として，一般労働市場への移行を目指す場合の，典型的な手順とメニューが示されている。まず，当事者は，最初に面談を受けて担当者が決められ，担当者によって当事者にあったプログラムが組み立てられる。その後，職場体験や講座，日常生活のサポートが行われる。そして支援プログラムが実践された後には，振り返りがなされる。

　文化学習協同ネットワークに代表される，就労支援に取り組む多くの団体では，最終的には就労体験や訓練によって一般の労働市場で働くことが目指される。就労支援は——中間的就労がこれらの団体をもとに制度設計されたと考えられるため当然であるのだが——中間的就労で想定されている支援のあり方と類似している。様々な団体が多様な事業を組み合わせて，支援を行っているが，最終的に一般労働市場で働くことに目的が置かれ，そのためにある程度共通した取り組みの型が確認される(10)。

　ホームレス資料センター調査からは，支援型社会的企業の場合，四つの特徴が認められる。第一に，支援担当者が置かれる。問題が生じたときには支援担当者

第5章 労働統合型社会的企業の二つの類型

表5-2 NPO法人・文化学習協同ネットワークの就労支援の流れと就労支援メニュー

支援の流れ	就労支援メニュー
①インテーク面談を行う ②担当者を決定する ③担当者を中心に情報を提供する ④担当者が支援プログラムを策定する ⑤支援プログラムを志向的に実施する ⑥ケース・カンファレンスで情報共有 ⑦必要に応じて支援プログラムを修正 ⑧支援プログラムの継続 ⑨ふりかえりの面接	・講座・講習 ・就労体験 ・一般就労への移行支援 ・日常生活訓練・日常生活サポート ・その他

出典:ホームレス資料センター (2013:99) より筆者作成。

と当事者が面談し,支援担当者が職場や他の専門職と連携を取りながらステップアップが目指される。第二に,個人に応じたアセスメントシートが作成される。就労支援の当事者は,支援前にアセスメントがなされ,当事者が抱える課題の把握が目指されている。第三に,専門の支援担当者が置かれ,さらに組織内・外に専門家が配置され,チームでの会議などを通じて情報の共有が図れている。支援担当者だけではなく,様々な専門職が連携することによりその人に合った支援が目指される。第四に,当事者の仕事への慣れに応じた,ステップアップ式の就労の場が用意されている。支援型社会的企業では,講座・講習や体験,実習を経て一般就労に近づくことが目指される。その後のフォローにも積極的に取り組んでいる団体は少なくない。

これらの取り組みを見ると,個人の状況に対応しながら,ここでの特徴は,専門職的な支援員が支援するもので「伴走型支援」(奥田他 2014) と呼べるようなものだと考えられる。ホームレス資料センター調査が示している調査結果では,団体ごとにその頻度や内容に関してばらつきはある。例えば,職場前体験において座学を強調する団体もあれば,当初から実習に取り組む団体も確認できる。また自前の就労の場をもつ団体もあれば,就業の場は団体外部の一般の事業所が請け負う団体もある。ただし,伴走型支援を重視する団体が目指している方向性に関して,共通点を見出すことができると考えられる。

注意しなければならないのは,支援型の取り組みは,一方通行的な労働市場への移行だけを目指すものではないことである。ワークフェアや積極的労働市場政

策は支援的手段を重視するか要求的手段を重視するかで、「サービスインテンシブ」と「ワークファースト」（就労優先）に区分されることがある（宮本 2004）。注意すべきことは専門職が設置され、支援計画に基づいて支援がなされたからと言って、それが当事者の必要充足を軽視する「ワークファースト」であるとの評価をすることはできないということである。例えば、事業体の中にはステップアップだけではなく、ステップダウン（体調や生活環境にあわせて待遇や仕事内容を下げること）を許容する団体も少なくない。(11) また、社会的居場所と言われるような社会参加の場を提供している団体も複数確認することができる。多くの団体の場合（とくに社会的企業調査で取り上げられるような先進的事例の場合）、「ワークファースト」と形容されるよりは「サービスインテンシブ」と形容される方が妥当である。

支援型と考えられる取り組みは生活困窮者自立支援法の中間的就労で目指されている方向性と一致していると考えられる。いうなれば充実した支援によって労働への包摂を目指す方向性である。一方で、論点となるべきは「サービスインテンシブ」ともまた異なる方向性を目指す、組織的取り組みの存在である。この点を次項で検討する。

（2）連帯型社会的企業――支援への反発と対等性へのこだわり

調査対象団体のなかには、支援型とは異なる「福祉の生産」の方向性をとる団体も確認される。ここで、これらの団体に共通していたのは、支援への反発とその裏返しとしての対等性へのこだわりであった。

① 支援への反発

ホームレス資料センターによる社会的企業調査の対象団体のなかには、明確に「支援」への反発を示す団体が見られた。同時に、就労困難者と非就労困難者のあいだで、公式的には対等の関係で生産活動にあたることが、既存の福祉制度とは異なる考え方であった。例えば、本調査では、ヒアリング項目に「就労支援」という項目が設置されていたものの、「支援」の表現に抵抗感を示し、別の表現での自らの活動の記述を望む例が複数確認された。

支援への反発が見られる理由には、それらの事業体の対等性への志向がある。

第5章 労働統合型社会的企業の二つの類型

これらの事業体では，就労困難状態にある人とそうではない人との間で，「支援」関係を設定するのではなく，同じ生産活動に携わる「同僚」的関係にあるとする考え方がこれらの団体には認められる。これらの団体は支援を重視する支援型社会的企業とは異なる価値基準に従っていると考えられる。そのような見方からすると，就労支援で想定される，支援する人／支援される人といった非対称的な関係を設定することに対する拒否感が確認される。例えば，連帯型社会的企業の事業所の代表者たちは次のように述べている。

　メンバー全員が出資者・経営者・労働者であるため，団体において「支援」「提供」という言葉は用いられていない。下記に記載されている多くの就労支援メニューは，基本的にOJTでカバーされている。その都度メンバー同士でのたすけあいによってカバーされている。（団体D代表者）

　企業［引用者注：組合］法人なので，いわゆる就労支援は行っていない。共に仕事に従事する組合員は互いに対等なので，支援をする関係ではない。もちろん，すでに協同労働で働いているので，一般就労を促すことも一切ない。団体Bでは……互いに得意な業務をこなし，チームワークで仕事をする。原則，リーダーや専門家といった役割は存在せず，必要に応じて互いに助け合う。（団体F代表者）[12]

ヒアリングでは，支援への反発が示されている。「団体において『支援』『提供』という言葉は用いられていない」といった発言や，「共に仕事に従事する組合員は互いに対等なので，支援をする関係ではない」という発言に，支援なるものへの反発が明確に示されている。

一方で，組織内部で重視されているのは相互扶助や対等である。「メンバー同士でのたすけあい」「原則，リーダーや専門家といった役割は存在せず，必要に応じて互いに助け合う」といった表現に見られるように，構成員同士の相互扶助が重視されている。

ヒアリングで聞かれた考え方は，中間的就労で想定される充実した支援による

187

段階的な一般雇用へのステップアップとは異なるものである。このような能力向上による労働への包摂に反対する考え方は，障害学などでは反能力主義と呼ばれる。能力主義とは，能力に対応した処遇が求められるように，社会的障壁の是正を求める立場であり，反能力主義とは，能力にかかわるすべての処遇上の差が正当なものではないと考え，その是正を社会に求める立場である（遠山 2004: 170-171）。本節で取り上げている団体は，反能力主義に基づいて活動している。次に見るように，就労困難者の社会的包摂が，職場内のいくつかの水準での対等性を通じて，目指されていると考えられる。

② 対等性への志向

　支援型に比べたときに，連帯型社会的企業の就労支援の方向性は，対等性に関して高い価値を置く。対等性の三つの水準をここでは区別しよう。両者の差異は，就労困難層と非就労困難層の関係性に関する三つの水準から区分できると考えられる。それは(1)意思決定の水準，(2)生産活動参与の水準，(3)報酬支払いの水準である。

　第一の意思決定の水準は，事業体の運営方針を決定する際に，どの程度，当事者が意思決定の場面に参加できるのかを意味している。連帯型では，社会的事業所促進法案にも見られるように，経営レベルでの就労困難者の参加が重視され，組織全体の運営方針が決められることが求められる。その一方で，支援型においては，ガイドラインでは一般企業や非営利組織と同様に被支援者である従業者の意思決定にかかわる参与は求められていない。個別相談などを通じて，当事者の意思はくみ取られることは想定されるが，直接的には組織全体では反映されるかは明確ではない。

　第二に，生産活動参与の水準である。連帯型では，生産活動に携わる場面で，就労困難者も非就労困難者も同じ立場（＝同僚関係）であることが重視されていることが多い。連帯型においても指揮命令系統は存在し，特性に合った業務配置もなされるが，非就労困難者も生産活動に携わる立場である。一方で支援型においては，基本的には，従業者の保護の意味合いもあって，従業者は同時に支援対象者の立場に置かれる。この立場を職場内で開示するか否かによって帰結は異なるであろうが，同僚関係にある個人なのか被支援者かによって，就労困難者の位

表5-3 労働統合型社会的企業の二つの類型——共通点と相違点

	共通点	相違点		
	目的	意思決定への水準	報酬支払いの水準	生産活動参与の水準
支援型社会的企業	特定のカテゴリによらない就労困難層一般の生産活動への包摂	限定的	能力主義	支援者／被支援者
連帯型社会的企業		非限定的	反能力主義	同じ立場

出典：筆者作成。

置づけは異なるだろう。

　第三に、報酬支払いの水準である。連帯型では、個人の生産性と対応せず報酬が支払われることが望ましいと考えられることが少なくない。生産活動に携わる個人の能力差は、多くの場合には自覚的であると考えられるが、それにもかかわらず、能力ではなく個人の必要に応じた配分が目指される。就労困難者の生産活動への参与を保障する場合に、本人の生産性を高める能力主義的対応だけではなく、事業体自体の生産性向上と、組織内部での強い相互扶助による方式もありうる。一部の団体では、反能力主義的な報酬支払いによって、重度の就労困難者でも生活に足るだけの生活保障が可能になっている（米澤 2011a）。一方で支援型においては、就業の場で仕事に慣れ、一定のスキルを積むことによって、報酬や待遇が一般労働者に近づくことが想定される。最終的には職場内での仕事に慣れることによって、事業活動に貢献し、それに見合う報酬を受けることが期待される。

　折衷的事例もあるだろうが、理念型として両者は区分可能だと考えられる（表5-3）。両者は同種の目的をもちながら、意思決定と生産活動参与、報酬支払の水準で異なる構想をもつ。

　ただし、実際の組織は、二つの類型には明確には分けることができない点には注意していただきたい。例えば、制度の利用に関して、連帯型社会的企業と分類している共同連（第7章で分析）の組織のなかでも、中間的就労制度を利用している事業体もある。また支援型社会的企業と分類している事業体も、参加的要素を強調する場合もある。例えば、第6章で分析する「生活クラブ風の村」も消費生活協同組合を母体とするものであり、民主的な性格を尊重していると考えられる。

　ホームレス資料センターによる社会的企業調査からは、少なくとも調査対象の

第Ⅱ部　労働統合型社会的企業の成立と展開

表5-4　連帯型社会的企業の概要

	法人格	設立年	構成員数	業種	主たる対象者	加盟ネットワーク	利用制度
団体A	任意団体	1975	31人	食品製造	障害者	共同連	滋賀県社会的事業所
団体B	社会福祉法人	1986	49人	印刷・公共施設清掃	障害者	共同連	障害者就労継続支援A型
団体C	NPO法人, 社会福祉法人, 企業組合	1971	200人	食品製造・介護・リサイクル等	障害者	共同連	障害者就労継続支援A型・B型
団体D	任意団体	1998	13人	軽食・喫茶	障害者	ワーカーズ・コレクティブ	なし
団体E	NPO法人	2008	17人	リサイクル	若者	ワーカーズ・コレクティブ	なし
団体F	企業組合	2002	33人	リサイクル	野宿者	なし	なし

出典：ホームレス資料センター（2013）より筆者作成。

うち6団体は，三水準全ての対等性が目指されている団体を確認することができた（表5-4）。それ以外にも，意思決定の水準においては，参加を重視しながら活動している事業体が確認された。これらは，中間的就労モデル事業で検討されている支援付き雇用とは異なるような価値基準に基づいて，生産活動の場を提供している例だと考えられる。

　連帯型の取り組みによる社会的包摂への効果は必ずしも示されておらず，対等性ゆえに持続可能性や拡大可能性が問題とされる。とりわけ，非就労困難者の就労インセンティブの維持の論点は重要である。実際に，ヒアリングでは，連帯型社会的企業では生産性の差による不満は存在する（しかし，説明によって理解を得ている）という声も聞かれた。活動のなかで対等性を理念として重視しつつも，その実態に合わせて組織内で調整がなされており，第7章で検討するように，非就労困難者も，社会的使命に対する満足度や代替選択肢の少なさのために，一定の就労意欲が確認できる。

5 制度ロジックと二つの類型

（1）二つの組織類型と異なる制度ロジック

　労働統合型社会的企業は，法制度上も実際の組織的性格においても，二つの類型に区分することができる。それぞれ，就労困難者一般を対象として生活活動への参加を促進させながら，異なる価値基準に基づいて福祉の生産（就労困難者への就労機会・訓練機会の提供）に取り組んでいることが示唆される。この二元性——支援型／連帯型——を説明する際には，制度ロジックを用いることが有効だと考えられる。

　労働統合型社会的企業の行動パターンや組織内部のコンフリクトを制度ロジックと関連させて理解することは，国外の研究では試みられてきた（Garrow and Hasenfeld 2012; 2014; Tracey et al. 2011; Pache and Santos 2013）。これらの研究に共通するものは，一方では，「商業のロジック」（Pache and Santos 2013），「市場のロジック」（Garrow and Hasenfeld 2012; 2014），「営利のロジック」（Tracey et al. 2011）であり，一般営利企業のように「経済的余剰を算出するために市場で財やサービスを販売することを目的とする」（Pache and Santos 2013: 980）ものであり，それぞれ基本的には重なっていると考えられる。

　もう一方のロジックは就労困難者の支援にかかわるものであり，先行研究では，「社会福祉のロジック」（Pache and Santos 2013），「社会サービスのロジック」（Garrow and Hasenfeld 2012; 2014），「ホームレス支援のロジック」（Tracy et al. 2011）などと表現されている。最も明確に定式化しているパチェとサントスによれば，「ローカルな社会的必要に対応するために財やサービスを利用可能にする」ことを目的とする（Pache and Santos 2013: 980）と規定されており，他の論文でもおおむね同様の意味である。これらは，それぞれ支援による必要充足を方向づけるものであり，「社会福祉のロジック」とまとめられるだろう。ただし，制度ロジック研究を牽引したソーントンの分類したバージョンでは，市場のロジックは6つの制度ロジック——市場，国家，企業，家族，宗教，専門職——の一つに，挙げられていたが（Thornton 2004），社会福祉のロジックは含まれていない。

ソーントンが挙げたロジックの類型のなかでは（Thornton 2004），専門職のロジックの下位分類として捉えることが妥当であると考えられ，本章ではこの位置に社会福祉のロジックを位置づける[15]（制度ロジック・モデルが発見的なものであることは96頁を参照）。

本章で検討してきた両類型でも，先行研究と同様に「市場のロジック」が，各組織が位置する領域の価値・規範の一つとなっている。ここで市場のロジックは，組織のレベルと労働のレベルで組織に影響を与えると想定される。組織のレベルで機能する市場のロジックとは，財・サービス市場から退出することなしに，一定の競争力を得ながら事業継続することが望ましいとする価値・規範が当てはまるだろう。労働のレベルで機能する市場のロジックとは，事業体で雇用される労働者も，その生産性に応じた形で報酬支払がなされること，すなわち労働力が純粋な労働市場で取引されることが望ましいという価値・規範のことも指すだろう[16]。社会的企業にとって市場のロジックは二重の意味で，組織活動に影響を与える価値・規範であると言える。

市場のロジックに適合的な考え方は，少なくとも組織のレベルのものに関しては両類型の法制度でも明記されている。中間的就労でも社会的事業所促進法でも，事業体が経済活動を行うことは認められており，前提とされている。中間的就労ガイドラインでは，経営能力に関する要件として「当面，経営を維持・継続できる財務的基礎を有すること」という規定がある。また，自主事業として運営されることが想定されていることも，事業体として安定した運営ができることを想定している。また社会的事業所促進法案大綱で「事業所は，ビジネス手法に基づく事業展開により五の理念［引用者注：就労困難者の社会的包摂を指す］を実現する事業体」と規定され，「商業，工業，サービス業，農林水産業等のあらゆる業種に属する事業のいずれかを営み，その事業に係る収入が，総収入の五〇％を上回らなければならない」と指摘しており，事業体レベルでの市場志向性を強く示している。少なくとも両類型においては，市場のロジックに従うものとして労働統合型社会的企業が位置づけられていると考えられる。

しかし，労働統合型社会的企業が，組織のレベルで，純粋に市場での取引を重視するといっても，そしてその背景に労働力の商品化をある程度は肯定する考え

方があったとしても，それのみに従うだけで，搾取を防ぎ，就労困難者が対価を受け取りながら就労機会や訓練機会を提供することは困難である。そこでは何か市場のロジックを緩和し，長期的には事業体および労働者のレベルで継続可能な形にするために，何らかの異なる価値基準が必要になると考えられる。労働統合型社会的企業の先行研究では，これまでそれは「社会性」や「社会福祉のロジック」などと呼ばれてきたものの，この内容が一元的でないことを本章の分析は示している。少なくとも支援型社会的企業と連帯型社会的企業では異なる「社会性」が存在する。

まず，支援型社会的企業では，「社会性」に当たるものは，「専門職（その下位類型としての社会福祉）のロジック」であると考えられる。これらの事例は，ゲロウとハセンフェルドなどが対象とした事例と共通するものであると考えられる。具体的には，中間的就労ガイドラインでは，「対象者の就労支援に係る……業務を行う就労支援担当者（上記の支援スタッフとは別）を1名以上配置すること」が明記され，就労支援担当者が相談業務を通じて，対象者の職業能力を向上することが想定されている。専門職が就労支援の中で当事者を適切に支援し，適切に当事者の声を聞き取ることが目指されることを意味しているだろう。それによって，人々の個人差や程度の差はあろうとも，生産活動への包摂を試みていると考えられる。また調査事例のなかでも支援が重要であることは強調されていた。

それに対して，連帯型社会的企業では，「社会性」に当たるものは，「民主主義のロジック」（民主主義のロジックは最初期のフリードランドとアルフォードの論考ではカテゴリーの一つに挙げられていた）とも呼べるようなものであろう。これはゲロウとハセンフェルドを代表とする諸先行研究では強調されていないものである。法制度上でも，社会的事業所促進法案大綱では，「その意思決定において事業所に所属する者の意向を尊重しなければならないものとする」と規定されており，当事者の意思決定への参与を重視している。また，事例研究でも，これらの事業体は，「支援」という組織内の関係性に反発し，専門職による支援に抵抗感を示し，望ましい生産を行う際には当事者の運営参加を重視している。支援型とは異なる価値・規範に基づいて，当事者の意思を福祉の生産に反映させる価値意識が背景にあると考えられる。

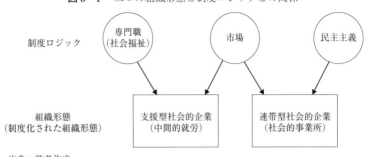

図5-1　二つの組織形態と制度ロジックとの関係

出典：筆者作成。

　以上を踏まえると，先行研究での想定とは異なり，市場のロジックを緩和させ，社会的包摂を進める「社会性」の内容は一つとは限らないことが意味される。国内の既存研究の分類と本分類が重なっていることも踏まえるならば，他の研究者も「社会性」に含意される内容の区分をなそうとしてきたと解釈できる。例えば，福原は本章で連帯型として区分した類型と類似した形態の社会的企業に関して，「こうした事業所で働く人びとの社会的評価の基準は，市場原理である『成果』『効率』に代わって『努力』『献身性』などに置き換えられたり，多様な働き方を組み合わせた結果である『集団による成果と効率』としてとらえ返す中で，それらの就労がポジティブな性格をもちえるのではないか」と指摘する（福原 2013b: 95）。これは，市場のロジックではない，多元的な社会的な価値・規範が組織へと影響している可能性を指摘しており，本章で採用する考えと重なる。その区分に関して，制度ロジック・モデルから理解することは有益であると考えられる。

　図5-1は支援型社会的企業と連帯型社会的企業がそれぞれいかなる制度ロジックを参照しているのかを整理したものである。それぞれの類型は共通して，市場のロジックを参照しているものの，もう一つのロジックは異なっている。労働統合型社会的企業の二つの制度を検討することで，組み合わされるロジックの差異が確認できる。

（2）制度ロジックを使用することのより一般的な含意

　これまで，社会的企業が複数の制度ロジックのセットに板挟みになることは，

近年の社会的企業を対象とした研究では指摘されてきた。例えば，他の非営利組織の形態と同様に，複数のロジックの影響を受けることが社会サービス供給組織の研究（Garrow and Hasenfeld 2012; 2014; Mullins 2006）や，経営学的な組織研究（Tracey et al. 2011; Pache and Santos 2013）の文脈のそれぞれで指摘されてきた。それぞれの研究は，市場と社会福祉のロジックがせめぎ合う組織として社会的企業を捉えている[17]。

市場と社会の対立を，サードセクター組織に見出すことは目新しいことではない。事業性や社会性，経済性と社会性といった形で，NPOや協同組合の運営は分析されてきた。

そして，労働統合型社会的企業に二項対立の枠組みが適用される場合，市場のロジックが相対的に強くなったときに当事者に対して商品化がなされるという，比較的単純な想定がなされてきたこともあった（Garrow and Hasenfeld 2012）。この想定の延長線上で議論が展開されることにより，労働統合型社会的企業は，新自由主義的ロジックの体現者であるとみられることもあった（Garrow and Hasenfeld 2014）[18]。

しかし，これらの研究は問題を抱える。本章の議論と密接にかかわる点は，制度ロジックの概念を用いながら，制度ロジックの多元性に配慮していない点にある。

第2章でも検討したように，制度ロジック・モデルは制度的環境が単一のものではなく，その価値規範の質は複数であることを示す点で長所をもつとされてきた（佐藤 2003）[19]。例えば，佐藤と山田は「新制度派組織理論が想定するような『制度的環境からのプレッシャー』とは言っても，その中には相互に対立するものを含めて雑多な要素が存在することが少なくない」（佐藤・山田 2004: 299）と指摘する。これは重要な指摘であると考えられ，制度ロジックの利点の一つは，制度的環境の差異を区別することが可能となる点に求められると考えられる[20]。

制度ロジックによって，労働統合型社会的企業を捉えると，二項対立的な見方では区分することができない多元性（ここで対象とした労働統合型社会的企業の場合は二元性）を把握することができる。サードセクター組織が従う価値規範の多元性は，本章で示した労働統合型社会的企業の二類型には表れていると考えられる。

さらに，市場の要素を緩和するものは，民主主義や専門職だけではないかもしれない。就労支援においては，家族を基盤とした取り組みや宗教を基盤とした取り組みも確認される。本研究では，経験的データから見出すことはできなかったが，宗教（白波瀬 2015）や国家（愛国）（仁平 2011: 6 章），家族（米澤 2014）といった論理も，サードセクター組織や社会的企業の行動を理解するうえでは重要な要素となりうる（Knutsen 2012）。

労働統合型社会的企業が，複数の形で就労機会，訓練機会の場となっており，福祉の生産に取り組んでいることは，これまで「社会性」などとまとめられてきたものの多元性を示している。研究者はこの多元性に一層の配慮を行うこと，そしてその帰結を吟味することが必要となるだろう。

6 組織形態と制度ロジックの多元性

本章では，労働統合型社会的企業について，支援型と連帯型という二つの類型の制度化を検討した。法制度のレベルでも異なる構想が見られており，実際に事業体もそのような類型に従う活動のパターンを分けることができることを示した。さらにそれぞれの類型が異なる福祉の生産のあり方を示すことは，それぞれの類型の事業体や法制度が参照する制度ロジックの視点からそれらが理解できることを示した。

まず，藤井（2013a），福原（2013b），宮本（2013b）など先行研究における諸類型を検討し，対象特定の困難に直面していること，また，経験的データとの関連づけが弱いことを指摘した。続く第 3 節では，中間的就労と社会的事業促進法案大綱に二つの法制度の規定を検討し，情報公開や支援担当者の設置によって福祉の生産の質を規制する支援型社会的企業と，当事者の参加によって福祉の生産の質を規制する連帯型社会的企業では，異なる福祉の生産のあり方，そして最終的な社会的包摂の構想をもつことを示した。

そのうえで，第 4 節では，それぞれの類型に当てはまる事業体の活動事例を検討し，広く就労困難者を対象とすることを共通点とする一方で，支援に対する考え方や就労困難者と非困難者の関係性をめぐり，「支援の充実」と「対等性の強

調」という違いが存在することを示した。支援型社会的企業は，充実した支援による段階的な能力向上を志向しているが，連帯型社会的企業は，能力の向上ではなく従業者の対等性によって，人々を継続的に生産の場へと包摂することを目指している。

両者がこのように異なる「福祉の生産」と労働への包摂の構想をなしていることを理解するためには，それぞれの組織が異なる制度ロジックに従っていると解釈することが有効であることを示そうとした。制度ロジックの観点からは，二つの類型は，市場のロジックに一方では従いつつ，それを緩和，あるいは媒介するために，専門職（社会福祉）のロジック，あるいは民主主義のロジックを組み合わせていると理解できる。それぞれ異なるロジックに従って，就労困難者の仕事への包摂を図っていると考えられることを述べた。

本章の意義はこれまでよりも，より明確に労働統合型社会的企業の類型を，経験的データに照らしたうえで，示したことにある。これにより，経験的に労働統合型社会的企業の多様性を整理することが可能になると考えられる。また，制度ロジックを用いて両者の違いを説明しようとすることにより，これまでのようにサードセクター組織を単一の論理，あるいは経済性と社会性といった単純な二項対立に落とし込むことの問題点を示したと考えられる。

支援型社会的企業と連帯型社会的企業は，就労困難者の社会的包摂という課題に対して，異なる望ましい方向性を保持していると考えられる。それぞれ，コンフリクトを孕みながら，いかなる形で「福祉の生産」を図っているのかを示すことが，続く二つの章の課題である。

注

(1) 組織フィールドが構造化したとしても，そのなかで活動する組織形態は単一のものとは限らないことは，ディマジオによる組織フィールドの形成の初期の研究で示されている（DiMaggio 1991）。

(2) 社会的企業という術語は直接用いていないが，筒井他は中間的就労と社会的就労を「決定的に異なる」として区別している。中間的就労は「何らかの支援・ケアを受けながらステップアップし，一般就労というゴールにたどりつくことを含意している」ものとして，社会的就労は「一般就労をゴールとしない働き方・生き方があってよ

い・あるべきだと考える（だから，一般就労からの「ステップダウン」もあってしかるべきなのだ）」ものとして整理する（筒井他 2014: 3）。後述する本書の分類に重なる部分もあるが，社会的就労を「支援付きの就労」（筒井他 2014: 9）として位置づける点で，本書の分類とは異なる。

(3) 例えば，宮本の類型化は該当する「制度的特徴」や「法制化の運動・提起」などを含めて分類しているが（宮本 2013a: 67），なぜその法制度が該当する分類に当てはまるのかについては記述がない。また，該当する法制度や事例などについて，本書とは異なる解釈をとっている。

(4) 「中間的就労は，一般就労（一般労働市場における自律的な労働）と，いわゆる福祉的就労（障害者の日常生活及び社会生活を総合的に支援するための法律……に基づく就労移行支援事業等）との間に位置する就労（雇用契約に基づく労働及び後述の一般就労に向けた就労体験等の訓練を総称するもの）の形態として位置づけられる」（厚生労働省 2013）。

(5) 生活困窮者自立支援法の本実施前に，モデル事業として試行的に事業が実施され，中間的就労の成果検証が行われた。

(6) その他の要件とは「①法人格に関する要件（社会福祉法人，NPO法人，消費生活協同組合法人，営利法人等法人格を有していること）②経営能力に関する要件（当面，経営を維持・継続できる財務的な基礎を有すること。等）③就労支援体制に関する要件（就労支援担当者を1名以上設ける，就労支援プログラムを通じた状況把握及び評価を行う）④対象者の処遇に関する要件（非雇用型の場合，就労支援プログラムが訓練内容を定めた計画という位置づけで策定。雇用型の場合は，一般の労働者に求められるような一定期間（半期等）ごとの個人目標の形式で就労支援プログラムが策定され中間的状況把握がなされる）⑤情報の公開に関する要件（就労支援体制，具体的な訓練や支援付雇用における作業の内容，利用状況等についてホームページ等において公開すること）」である。

(7) 就労支援プログラムには，①中間的就労を通じた短期的目標，②短期目標に沿った就労支援の方針，③本人が当面希望する就労内容，④本人が長期的に目標とする就労内容，⑤期間中に行う就労内容，⑥就労に加え，就職のために必要なスキルの習得のための支援の内容，が含まれる（厚生労働省 2013）。

(8) 提案団体は，共同連，ホームレス支援全国ネットワーク，ジャパンマック，日本ダルク本部，ワーカーズ・コレクティブネットワークジャパン，日本労働者協同組合（ワーカーズコープ）連合会（法案記載順）である。

(9) 筆者はこの調査プロジェクトに参加し，ヒアリングの一部を担当した。

(10) 取り組みがパターン化すること自体，重要な主題であると言える。団体間の相互交

流やメディアなどを通じて，パターンが形成されている。それまでは異なる組織行動が類似化することは新制度派社会学がいうところの，制度的同型化（DiMaggio and Powell 1983）が起こっていると考えられる。このような支援の同型化過程の分析は，別稿を期したい。

(11) 例えば，第6章で検討するユニバーサル就労は期待される仕事内容および待遇のステップダウンを許容している，他の団体でもステップダウンを許容している事例もある。また，研究者のなかでもステップダウンの有無を重要な要素として捉える研究者もいる（筒井他編 2014）。

(12) ホームレス資料センター調査における対象団体のケースレポートより。ただし印刷版では一部省略された部分がある。その部分はヒアリング対象者の許可を得て引用している。

(13) 資源の混合を焦点として持続可能性に関して検討したものとして米澤（2011a）がある。

(14) 「生産性には労働者のなかで差があり，そのことによる不満はある。特に活動期間の短い清掃の仕事では生産性の高くない労働者に対して『なんであいつと同じ給料なんだ』と言って不満をもつ労働者はいる。それぞれの働き手の貢献によって仕事全体が成り立っていることや，この事業所では生産性によって差をつけず，対等性を重視していることを繰り返し説明することで理解を得ており，実際活動当初より理解は得られている。一方，事業期間の長い印刷部門では，個人の生産性とは別の観点から，その労働者が事業所で働くことの意義を評価する人が多く，不満はあまり見られない」（ホームレス資料センター調査におけるヒアリングレコードより）。

(15) 例えば，制度的論理の研究を進展させたソーントンの研究（Thornton 2004）では編集者のロジックを専門職のロジックのサブカテゴリとして使用している。

(16) ただし，「制度ロジック・モデル」では，組織環境の一つの価値・規範として市場のロジックが存在すると想定しているだけであり，実際の経済活動が純粋に市場のロジックのみから成立していると想定しているわけではない。これは他のロジックと実際の活動，例えば，民主主義や専門職，家族なども同様である（家族に関する例は第2章93頁を参照）（Friedland and Alford 1991: 256-257）。

(17) また，制度ロジックの概念は使用しないものの，同様に複数の目的をもった組織として社会的企業を捉える試みは存在した。欧州の社会的企業の研究者ネットワークは社会的目的，社会政治的目的，経済的目的の三つの目的を同時に追求しつつ，コンフリクトを抱える組織として社会的企業を捉えた。国内の非営利組織研究でも制度ロジック概念は使用しないものの，複数の価値基準に基づいて事業を行う非営利組織の理解が図られてきた（天野 1988; 1997; 田中 2004; 米澤 2011a）。

第Ⅱ部　労働統合型社会的企業の成立と展開

⒅　ただし，ハセンフェルドは別の論文では社会政策の組織やワーカーによる実践は複数の論理の競合の結果，曖昧になるとも主張している（Hasenfeld 2009=2011: 155）。
⒆　佐藤と山田によれば，制度ロジックの枠組みは，技術的環境／制度的環境という二項対立ではなく，技術的環境に対しても「経済的効率性を何よりも重視する市場制度のロジックに由来するプレッシャーとしての側面を持っている」ものと認識することを可能とする（佐藤・山田 2004: 305-306）。
⒇　市場と社会（福祉）の二項対立のみを問題とするのであれば，制度ロジック概念を使用する意味はあまりなく，制度的環境と技術的環境という区別を用いればよい。例えばクーニーによる制度的環境と技術的環境の境界に社会的企業を位置づける研究がその例である（Cooney 2006）。本書第**2**章の後半で論じたように，制度ロジックを用いることでより対象の多様性を柔軟に把握することができる。

第6章

支援型社会的企業の支援の論理
──専門職のロジックと市場のロジック──

1 支援型社会的企業による福祉の生産

　第4章，第5章では労働統合型社会的企業の制度化がなされたこと，そして労働統合型社会的企業には異なる形で，二つの労働の場への包摂の構想が体現化された類型が存在することを示した。本章の対象は，そのうちの類型の一つである支援型社会的企業であり，本章の課題は，支援型社会的企業による就労機会・訓練機会の提供といった「福祉の生産」がいかなる形でなされており，それによって当事者はいかに社会的包摂（労働への包摂）を達成しているのか，あるいは問題は何かを明らかにすることにある。

　支援型社会的企業とは，生活困窮者自立支援法の中間的就労制度で想定されるような社会的企業の類型である。制度ロジックの視点から言えば，専門職（社会福祉）のロジックと市場のロジックに従いながら，支援付きの段階的就労の場を，就労困難者へと提供し，当事者の社会的包摂を試みる事業体である。就労支援分野で社会的企業といったときに通常想定される型は，このようなタイプの事業体であることが多いと考えられる。実際に，支援型社会的企業と呼べるような段階的な就業の場を，充実した支援によって取り組む事例の検証も試みられている（奥田他 2014; 本田 2014b）。

　支援型社会的企業の福祉の生産を明らかにすることは，生活困窮者支援が大きな課題となる社会政策研究においても，労働統合型社会的企業のあり方が問われるサードセクター研究においても重要な意味をもつ。その理由の一つとして，支援型社会的企業の支援と就業を組み合わせる就労機会の提供の評価をめぐり，対象者の処遇をめぐる議論が起きていることがある。本章はこれに対して，組織レ

ベルにおける特性を検討することで,支援付き就労の成しうることや限界を理解することができ,中間的就労制度への研究上・政策上の示唆を与えることができることを示す。

　本章の構成は以下の通りである。第2節では,中間的就労をめぐる論争がどのように展開しているのかを整理する。続いて,第3節では,本章で用いるデータと収集の方法を示す。第4節では,本章で対象とする生活クラブ風の村の活動の概要と,組織的な様々な工夫——とりわけいかに当事者の意思や生活を擁護する支援がなされているのか——を検討する。第5節では,プログラムの参加者が生活クラブ風に村のユニバーサル就労によってどのような形で必要を充足したのか,課題はどこにあるのかを検討する。第6節では分析結果を受けて,とくに組織に働く二つのロジックの力関係が,従業者の従業上の地位に影響する可能性を示す。最後に結論を示す。

2　中間的就労についての評価と研究課題

　本章で対象とする支援型社会的企業は,前章でみた通り,生活困窮者自立支援法の就労訓練事業(以下,中間的就労と呼称)で規定されるような社会的企業である。

　中間的就労は,前章でみた通り,「対象者が支援を要せず,自律的に就労することが出来るようになる」(厚生労働省 2013: 6)ことを目的とした就労支援プログラムである。ここでは,段階的な就労と職場における担当者による相談支援を組み合わせることにより,能力の向上が期待される。

　中間的就労は,研究者や支援者のなかでも評価が分かれていると考えられる。政策担当者やこの制度の形成に携わった研究者は,中間的就労制度に肯定的な態度をとり,中間的就労の最終的目的である就労自立の達成につながるものだと考えている。例えば,宮本は,中間的就労を「生活困窮者を一般就労につなげていく経路として」(宮本 2013a: 252)位置づけたとする「生活困窮者の生活支援の在り方に関する特別部会」の報告書に関して「就労の受け皿についても踏み込んだ意義は大きい」と評価する(宮本 2013a: 252)。

一方で，否定的な意見も見られる。中間的就労に対して懐疑的な見方をする論者は，中間的就労のような就労支援の取り組み自体がもつ意味は評価するものの，実際の中間的就労制度——少なくとも現況の制度——に対して懸念を示す。ここで，その問題は，現況の中間的就労が，雇用型と非雇用型という二つの待遇が用意されていることに求められる。

　ここで，問題とされる雇用型と非雇用型の区分を簡単に確認しておこう。中間的就労は段階に応じた待遇が用意されており，雇用型と非雇用型に待遇が分けられている。待遇は「対象者の意向」や，「対象者に行わせる業務の内容」，「当該事業所の受入れに当たっての意向等」を考慮して，相談支援機関が決定することになる（厚生労働省 2013: 8）。非雇用型で開始した場合でも，「能力の上達度合いや事業所及び対象者の合意に応じて」雇用型へ移行することは可能であるとされている（厚生労働省 2013: 8）。

　問題は，雇用型と非雇用型の労働条件の差に関連して存在する。雇用型の場合，その名の通り，労働基準関連法令の適用対象であり，最低賃金法が適用される。これに対して，非雇用型の場合，労働基準関連法令の適用対象外となり，最低賃金法も適用されない。このため，中間的就労が周囲の労働市場に影響を及ぼすことや，より直接的に就業者本人の搾取が生じることの懸念が存在している。

　このことにとくに敏感なのは，管見の限り，労働法の研究者・実務者であると考えられる。例えば，弁護士の中村は，中間的就労を含む生活困窮者自立支援法の理念については，共感をしつつも，最低賃金以下の就労が不当な形で行われるのではないかと懸念する。すなわち，営利を含む民間事業者が中間的就労制度を利用することにより，最低賃金以下の水準の報酬に据え置いたままで，生活困窮者が働かされる可能性がある。このため，雇用主の利益につながる形で搾取される懸念があるという（中村 2013; 2014）。また，外国人技能実習生の状況と同様に，雇用者による搾取が生じることに懸念を寄せる指摘もある（岩田他 2013）。

　このような懸念は，海外の労働統合型社会的企業の研究でも見られる。ゲロウとハセンフェルドは，労働統合型社会的企業を，市場のロジックと社会福祉のロジックが競合する場として捉える（Garrow and Hasenfeld 2012; 2014）。そして，市場のロジックが強い場合には就労困難者を商品化する傾向があり，搾取が生じる

可能性があることを指摘している。

これらの議論に対して，実態の検討こそが重要であるとの意見も見られる。筒井他編（2014）では，横浜市と豊中市の就労支援の取り組みを対象にした研究がまとめられており，その序文では，教育社会学者の本田由紀は以下のように述べている。「『非雇用型』は労働関連法規の適用外であることから，賃金が支払われる場合も最低賃金水準を満たさない場合が多くなると予測される」（本田 2014a: ⅰ）と断ったうえで，「この呻吟に満ちた意図のみを注視し，何が行われているのか，何が必要なのかを明らかにする作業が，声高で決めつけがちな議論の前にまず必要である」（本田 2014a: ⅱ）と主張する。

本章も基本的には，本田（2014a）や筒井他編（2014）と同じ立場をとり，どのような支援が民間事業体のレベルで行われているのかを明らかにすることが必要であると考える。とくに，全ての事業所において搾取が行われることは考えづらく，一方で全ての事業所で望ましい支援が行われるとも考えづらい。そうだとすれば，いかなる組織レベルの特性や動態が福祉の生産や意図せざる帰結を生むのかに注目する必要がある。このような立場から，本章では，中間的就労の代表的事例，すなわち支援型社会的企業の代表的事例を対象に，どのようなメカニズムのなかで支援がなされているのかを明らかにする。

本章では，支援型社会的企業の代表的な例と考えられる生活クラブ風の村を対象とする。生活クラブ風の村は，中間的就労の制度が成立する際に，その原案を作成した委員会の委員となっており，就労支援計画書や人事考課表（厚生労働省 2013）に多くの共通点が見られ，一つのモデルとされたと考えられる。生活クラブ風の村は，支援型社会的企業の例としては適当であると考えられる。[3]

3　方法——分析の焦点と使用するデータ

ここでは，複数のデータを組み合わせることにより，生活クラブ風の村で運営されるユニバーサル就労の福祉の生産の過程と帰結を検討する。だだし，時期に応じてユニバーサル就労の取り組みは大きく変化している。ここでは，ある程度取り組みの方法が定まった2011年度から，大きなシステム上の改革を行った2014

第6章　支援型社会的企業の支援の論理

年度のあいだを主たる対象とする(4)(その後，システムは変化したが，ここでは論じられない)。

　大きく分ければ主題は二つに分けられる。第一にユニバーサル就労においては，どのような形で「福祉の生産」(就労・訓練機会の創出)がなされているかである。この点に関しては，ユニバーサル就労はいかなる形で，就労困難者に就労機会が創出されているのか，それはどのような組織の資源・制度配置に支えられているのかが問題となる。

　もう一つは，ユニバーサル就労の福祉の生産によるアウトプットやアウトカムの問題である。焦点としては，ユニバーサル就労プログラム参加者(ここでは従業者と呼ぶ)の成しうること，すなわち潜在能力(capability)の向上が見られるかと，就業者の社会的包摂がいかなる条件のもとでいかになされているかが問題である。とくに，重要な論点は，中間的就労に対する懸念で確認された最低賃金以下(非雇用)にとどめおかれる傾向が確認されるかにある。さらに，ユニバーサル就労は他の中間的就労のプログラムと比較しても，後述する組織独自の資源配分構造(後述するコミューターと職員で経費負担のあり方が異なること)により，非雇用の段階にとどめおかれる傾向がより強いことが予測される。

　この二つのポイントに焦点を当てて，生活クラブ風の村の取り組みを分析するために，本研究では，三種類のデータを使用する。

　第一に，30人の従業者と，従業者が働く職場の上司へのヒアリングデータを用いる。このヒアリングは，筆者も加わった2013年度に生活クラブ風の村に設置された調査委員会が実施したものである。この調査研究プロジェクトの目的は，従業者が非雇用から雇用へのステップアップについてのメカニズムと要因を特定しようとするものであり，ヒアリングもそれを目的に行われた(5)。そのため，調査対象者は，非雇用の段階(「無償コミューター」「有償コミューター」と呼ばれている)から就業開始した従業者に限定され，ユニバーサル就労を雇用段階から開始した従業者(「最低賃金保障職員」「一般賃金職員」と呼ばれている)は含まれない。調査内容は，従業者とその上司の主観的なユニバーサル就労への評価や満足・不満などが含まれている。より具体的には，従業者については，「勤務の満足度・不満」や「仕事内容で苦労している点」，従業者の上司については，「仕事内容の評価」

や「受け入れの際に苦労している点」などである。対象者の限定があるものの，中間的就労で焦点とされている雇用／非雇用の問題を検討するうえでは十分であると考えられるため，これらのヒアリングデータに基づいて，本章では労働状況の評価とユニバーサル就労による当事者の変化を検討する。

　第二に，本章では，36人の従業者の属性データを分析する。これは風の村の事業所から匿名化された形で提供されたものである。この属性データには，従業者の性別や年齢，経歴など基本的な社会的地位にかかわる情報や，賃金，労働時間，雇用期間などの仕事にかかわる情報が含まれている。このデータを用いて，基本的な従業者の傾向や従業期間の傾向を示す。

　第三に，参与観察や会議への参加によって収集した文書資料やフィールドノートを用いる。筆者は，2011年度から2012年度にかけて定期的に，支援室会議と呼ばれる支援担当者によるミーティングや風の村が実施するシンポジウムに参加した。このなかでは，従業者のトラブルや，よりよいシステムをめぐる議論がされており，筆者は定期的にこの会議に参加し，フィールドノートを作成した。さらにこれを補完する形で，生活クラブ風の村から提供された支援室会議の議事録を中心とした文書資料も用いる。議事録は，フィールドノートよりもまとまった形で，支援室会議での議論がまとめられている。これらのデータにより，分析の妥当性を補強する。

　ヒアリングからは従業者およびその上司の主観的な意識，属性データからは従業者の労働時間や経歴，フィールドノートからはシステムを支える支援員の考えが理解できると考えられる。以上のデータにより，本章では，ユニバーサル就労の意義とメカニズムを明らかにすることを試みる。

4　「生活クラブ風の村」における福祉の生産

(1)「生活クラブ風の村」の概要

　生活クラブ風の村は，社会福祉法人格を所有し，従業員数1000人を超える，高齢者福祉分野を中心に事業展開する千葉県でも有数の規模の福祉供給事業体である。生活クラブ風の村では，2014年時点で，60人を超える働きづらさを抱える人

が，介護施設での見守り，清掃，事務補助などの仕事につき，高品質のケアサービス提供に貢献している。

　生活クラブ風の村は，生活クラブ生協千葉を母体とするが，現在では，別法人として活動している。生活クラブ風の村は，提供するケアの品質が高いことでも知られ，高齢者介護の社会学的研究において調査対象となったこともあった（上野 2011）。

　生活クラブ風の村では，2010年から「ユニバーサル就労」と呼ばれる枠組みで，障害者やひとり親，就労経験の乏しい若者など「働きたいのに働きづらいすべての人がはたらけるような仕組み」の下で就労支援に取り組んでいる。スローガンは「わたしたちは"会社"ではたらいています」であり，ここで"会社"が含意しているのは，福祉的就労のような保護的な環境ではなく，一般の人々が働く環境と同じ状態で働くことが望ましいとする考えである。

　ユニバーサル就労は，2006年の「社会的企業研究会ちば」での議論を原点とする。「社会的企業研究会ちば」では，「社会的に不利な立場にある人々の就労を促進する事業モデルの見学会や学習会[6]」を実施し，就労困難者の支援の理解を深めた。その取り組みと並行しながら，2008年以降，千葉県内の障害者就労やその他の就労困難者の支援団体と提携しながら，ワークショップと試行的な取り組みを行ってきた。その後，二期にわたるユニバーサル就労システムづくりワークショップが開かれ，現在の就労支援の体系が作り上げられた。

　「ユニバーサル就労」は，生活クラブ風の村による単独の取り組みではない。中心的には，高齢者向け住宅の販売・管理事業を行う生活科学運営や，千葉県内の自然派食品を扱う生活クラブ生協千葉の三つの団体によって，構想され，実践されてきた。現在では，これら三団体が中心となりつつ，就労困難者を受け入れる事業所や相談支援・生活支援を専門とする団体が連携しながら，中間支援組織である「ユニバーサル就労ネットワークちば」が運営されている。この「ユニバーサル就労ネットワークちば」では，「ユニバーサル就労」の取り組みの拡大に努めている。

(2) ユニバーサル就労の概要

「ユニバーサル就労」の支援は，(1)マッチング，(2)個別相談および就労体験，(3)定着・ステップアップの三段階に分けられる。

第一のマッチングの段階では，介護事業所の開設など，新規事業の開始の場面で，「マッチング・ワークショップ」が開かれる。ここでは就労困難者を受け入れる団体と相談支援を専門とする団体，当事者団体が合同で，当事者と仕事のマッチングが行われる。ワークショップでは，(1)理念の共有，疑問の解消，(2)業務分解，業務の洗い出し，(3)マッチング，(4)マッチング成果の共有などがなされる。とくに重要なことは(2)のプロセスであり，新規業務によって生じる仕事を細分化し，そのうえで，受け入れ団体と就労困難者の支援団体が相談し，就労困難者にあった仕事が見つけ出される。(7)

第二に行われるのが，個別相談および就労体験である。就労先が決まった後で，(1)職場実習に向けた個別相談，(2)本人の希望と現場・業務とのマッチング，(3)職場内の周知・情報共有，(4)職場実習，(5)職場実習後の評価，(6)就労開始に向けた面談，の手順で，実際の仕事と本人の適性や希望に合うかが確認される。この場面では，当事者の意見を尊重しながら，職場の仕事内容と労働条件の調整がなされる。

第三に，就業先が決まり就業が始まると，継続・キャリアアップのための支援が行われる。ここでは，就労開始から，一人ひとりに合わせた目標などが設定され，負荷の弱いボランティア的な働き方から，一般就労形態までの段階的な就労条件が用意されている。「無償コミューター」「有償コミューター」(以上二つは雇用契約無)「UW最賃保障職員（最低賃金での雇用）」「UW一般賃金職員（支援付きの一般雇用）」(以上二つは雇用契約有) の四段階があり，業務能力に応じて段階的なステップアップ，あるいはその人の体調や精神状態に応じてステップダウンがなされる。ここでUWとはUniversal Workの略称を示している。また，コミューターという表現は，本団体で活動する，一般の無償ボランティアや有償ボランティアと区別するために使用されている。

本章では，支援付きの就労の意義と効果を検討する問題意識から，以下，基本的にこの三段階目の就業開始後の支援のあり方とステップアップについて検討す

る。

(3) 支援室会議と外部相談支援による二重の支援

　生活クラブ風の村の就労支援体制で特徴的な要素は，組織内部・外部からの二重の支援である。ユニバーサル就労では，法人内部に設置された相談支援部署が重要な役割を果たしており，さらに，外部の相談支援機関の専門家と協力しながら当事者を支援している。

　組織内部に専門的部門を設置することは，ユニバーサル就労のプログラムのなかで当初から重要であると考えられてきた。職場内で従業者と上司だけでは業務が実施された際に，就労困難者の定着が図れないことやミスマッチが生じることの懸念があったためである。支援室が事業所側に立たない第三者的な立場にあることは，運用開始後の支援室内の会議でも確認されている[8]。

　生活クラブ風の村の場合，ユニバーサル就労支援室（以下，支援室と呼称）と呼ばれる就労支援の専門部署が設置されている。支援室は，時期によって異なるものの，おおむね10人程度の職員から構成されていた。この支援室員は，専任ではなく法人内の他の業務と兼任である。また，福祉専門職が配置されるとは限らず，事務的な業務を主に担っている従業員が配属されることも少なくない。

　支援室の主な業務は，就労困難者の受け入れの際に面談を行い，職場への配置を行うこと，そしてそれ以降に就労継続のための相談支援を実施することである。まず，受け入れの際に，ヒアリングに基づいて当事者の状況に関する資料が作成される。それに基づいて職場への配置が行われる。また，就労開始後は定期的に，支援室員は勤務開始後の就労困難者と面談し，支援計画書が更新され，相談支援が行われる。とくに，衝突の起きやすい就労困難者の職場の上司と働き手の関係を調整する役割を担うことが期待されている。

　また，この就労支援専門部署では1か月に1度，外部専門支援機関を交えた打ち合わせ（ユニバーサル就労支援室会議）を行い，支援のあり方や本人の職場定着に支障がないか，検討がなされる。この支援室会議では，連絡事項，支援対象者の近況の報告，今後の取り組みなどの議題に関して，毎回3時間程度の議論がなされる。相談内容は個別の相談結果は共通のリストに整理され，内部就労支援部

署会議によって議論される。このリストには，当人の名前，抱える問題，支援機関，現在の職業上の地位，相談時に表れた問題，今後の課題などが書き込まれている。例えば，業務内容が合わないことが問題にされれば，別部門への移動が提案されたり，専門的な相談機関職員も同席した形での訓練もなされる。

　先にも述べた通り，支援室員は専任ではなく，また福祉専門職であるとも限らない。(9)そのため，専門的助言が必要であると判断された場合，外部の専門機関の職員を含めた面談が行われることもある。例えば，障害者就労の専門的なアドバイスが必要だと考えられたときに，ユニバーサル就労支援室会議や面談などの場で，地域の障害者就労関連団体の職員からの助言がなされる。

　ここで，支援室会議において外部支援も含めた体制になっていることの重要性を示すエピソードを二つ示そう。

　問題になった第一の事例は，対象者の適切な期間の設定である。ユニバーサル就労において，どのタイミングでステップアップ（上方への待遇の変更）を認めるかは簡単な問題ではない。より高待遇の仕事への移行は，本人の意思や職場の状況を踏まえて是非が検討されるが，明確な共通基準がないため判断が難しい。長期間の最低賃金以下での就労は，不当な労働搾取の恐れもあるため，支援付き就労においてはこの判断は重要な意味をもつ。

　ある回の会議では，外部支援機関側の専門職から，従業者が配属される事業所ごとに，平均的なコミューター期間が異なること（場合によっては長期化する懸念があること）への懸念と，フォローの頻度が定期化されていないことへの意見が出され，議論がなされた。ここでは事業所ごとに仕事の密度が異なるために，最低賃金以下で活動に従事する従業員への対応が十分ではないことが問題視されていた。

　この提案に対して，内部支援担当者側もいくつかの組織運営上の難しさを指摘しつつも，組織内部の支援担当者からは，大きな反論もなされず，外部支援機関側の提案が受け入れられた。具体的には，3か月ごとの個別支援計画の作成を継続的に実施することと，コミューター期間が長期化している従業者の検討を集中的にすることにより，コミューター期間の長期化に対応することで合意が図られた。(10)この事例では，支援室会議において複数の立場の支援者がかかわることによ

図6-1　ユニバーサル就労の就労継続時の支援システム

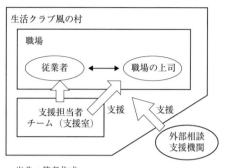

出典：筆者作成。

り，より当事者の必要充足が優先されたと考えられる。

　第二の事例は，職場での顧客に対する告知である。就労困難者の就労現場で，ある保育所に関する議論があった。支援担当者から，保育所において「親から，なぜ障害がある人や保育士でない人がいるのか聞かれる。対応を検討してユニバーサル就労の実施の理解を求めるパンフレットを配ろうとしている」との報告がなされた。ここでは，事務局側から，事業者の顧客（利用者）への配慮から，ユニバーサル就労のプログラムの告知や，ユニバーサル就労として働く人が職場にいることの告知が検討・提案されたのである。

　しかし，専門的相談機関の専門職から，「労働者として管理対象であることは［ユニバーサル就労の職員と一般職員は］同じであるため，［告知は］必要ないのではないか。支援対象者一般をくくって対応することは問題」「自団体の場合，顧客が障害者。自分の雇用対象が他のマイノリティでも説明しない。精神とか，社会的問題とか使わずに曖昧にする」「虐待防止法なども想定したほうがいい。……使用者として問題になる可能性がある」などの意見が出された。ここで問題とされたのは，当事者のプライバシーへの配慮である。このような提案の結果，必要以上の告知はなされない形で，配慮がある説明がなされることになった。これも複数の立場の支援者がかかわることにより，当事者の必要充足がなされた例であると考えられる。

　この二つの支援室会議の討議事例では，内部就労支援部署だけではなく，支援

を専門とする外部団体が会議に参加することの意義を示している。内部支援部署の活動に対して，外部の立場から修正意見が提示され，提案を受けて実際に支援様式の調整がなされている。[12]これは内部・外部の支援者がかかわることによって支援様式が修正された例である。これはユニバーサル就労の支援が手厚いことを顕著に示しているだろう。

　ユニバーサル就労における支援の構図を整理すると，図6-1のようになる。生活クラブ風の村では，とりわけ調査期間内においては，二重に当事者の必要を充足するような「支援」がなされている。従業者は，職場で通常の業務を行いながら，就労経験を蓄積する。その際に，トラブルの解消を図り，就労困難者の定着のために，支援担当者が従業者と職場の上司の関係を調整する。さらに，専門的な知識が必要な場合や，第三者からの視点で必要の充足が十分ではないと判断されるときには，外部の専門機関が影響力をもつ構図となっている。このようにユニバーサル就労では二重の意味で手厚い支援がなされている。

（4）段階的な就労

　第二の特徴は，段階的な就労待遇である。先にも述べた通り，ユニバーサル就労では当初から，「無償コミューター」「有償コミューター」「UW最賃保障職員」「UW一般賃金職員」という四段階の就労待遇が用意されている。この段階的な就労待遇に沿って，就労のステップアップあるいはステップダウンがなされる。

　それぞれの段階の就労待遇の賃金は，表6-1の通りである。「無償コミューター」「有償コミューター」は雇用契約が結ばれない勤務形態である。「無償コミューター」では報酬はなく，交通費は法人で負担される（交通費の法人負担は他の形態も同様）。「有償コミューター」では最低賃金に満たないものの一定額の報酬が支払われる。この二つの段階で勤務する場合には，雇用契約は結ばれないが，「コミューター確認書」と呼ばれる書類での契約が行われ，労働条件の合意がなされている。また個人ごとに「個別支援計画」が立てられ，支援方針や中期的な目標が策定されそれに応じた振り返りがなされる。

　「UW最賃保障職員」「UW一般賃金職員」は雇用契約が結ばれる勤務形態である。「UW最賃保障職員」は千葉県内の最低賃金を保障する待遇である。「UW一

第6章　支援型社会的企業の支援の論理

表6-1　ユニバーサル就労の各段階の賃金と費用負担

	賃金	費用負担
無償コミューター	0円	法人全体で負担
有償コミューター	500円	
UW最賃保障職員	最低賃金	事業所負担
UW一般賃金職員	一般職員と同額	

出典：生活クラブ風の村資料より筆者作成。

般賃金職員」は法人内のアルバイト待遇と同じ水準の賃金が支払われる報酬形態である。この両者の待遇では，「個別支援計画書」は結ばれないが，代わって「人事考課」が行われる。個人ごとに就業にかかわる目標が設定され，それを達成することで，ステップアップとは別に時給が引き上げられる。

　ここで，組織内の資源配分の観点から重要な特徴であることは，人件費負担の仕組みが雇用（「UW最賃保障職員」「UW一般賃金職員」）と非雇用（「無償コミューター」「有償コミューター」）とのあいだで異なることである。非雇用の場合，人件費負担は法人全体の積立金から支給される。すなわち，人件費も含めたユニバーサル就労にかかわる経費は個別の事業所では負担がなされず，法人全体で積み立てている「地域福祉支援積立金」より支払われる。一方で，雇用契約が結ばれる「UW最賃保障職員」「UW一般賃金職員」は，人件費負担はその従業者が勤務する事業所で負担される。このような費用負担の差異がある。

　この費用負担の差異はステップアップにとって重要な意味をもちうると想定される。理論的には，就労困難者が働く事業所側は，「無償コミューター」「有償コミューター」で勤務させれば，事業所内での費用負担がないのだから，長期的に就労困難者を最低賃金以下で就業させるインセンティブが生じる可能性がある。ただし，実際上，このような最低賃金以下での就業へのインセンティブが働くかどうかは，本章第5節以下で検討する（結論を先んじて示すとそうなってはいない）。

　ステップアップやステップダウンの判断は，基本的には就業者の希望が確認されたうえで，職場を管理する部門長によってなされる。ある程度以上の水準で業務がなされたと判断されるとき，あるいはなされないときに，ステップアップ／ダウンがなされる。このイメージを示したのが，図6-2である。仕事の負担が大きくなるほど，段階的に待遇が上昇する。また健康などに問題を抱えて，相応

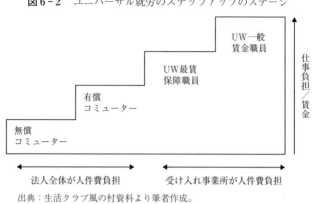

図6-2　ユニバーサル就労のステップアップのステージ

出典：生活クラブ風の村資料より筆者作成。

の仕事負担ができないとみなされた場合にはステップダウンがなされる。

　生活クラブ風の村では，このような段階的な就労支援や，内部支援部署の活動をはじめとする活動によって，数か月に一度の相談支援が可能になり，個人の適性に応じた定着や個々人の仕事範囲の拡張が試みられている。このような段階的な就労支援の実践は，生活困窮者を対象とする中間的就労の制度化においても一つのモデルとなっている。

　ユニバーサル就労では，内部支援・外部支援と二重に手厚い支援がなされながら段階的に就業のステップを踏むものである。生活クラブ風の村の支援は，ユニバーサル就労に取り組む他の事業体（株式会社や協同組合）と比べても，手厚いものである。支援対象者の範囲は広さ，法人内部の支援員の人数など，他の事業体と比べて，整備されている。生活クラブ風の村では，このように充実した支援がなされ，就労機会・訓練機会が提供されている。

　一方で，生活クラブ風の村の資源・制度配置をみると，待遇の変化に関して，中間的就労への懸念が当てはまる可能性が高いことが示唆される。ステップアップは，採算を確保する必要のある職場の部門長の判断によるところが大きく，加えて，費用負担は非雇用の場合には，人件費は生活クラブ風の村全体でカバーされるのに対して，雇用待遇になると，職場担当者が管理する事業所ごとの予算か

ら負担しなければならない。このような資源・制度配置を考えるならば，少なくとも外見上は，最低賃金以下にとどめ置かれる可能性は一般の中間的就労より高くなる可能性があると考えられる。このような想定に対して，実際はどのように運用されているのかという点も次節の論点となる。

5 中間的就労の意義と限界

（1）従業者への肯定的な効果

まず，ユニバーサル就労が従業者に与える肯定的効果を検討しよう。ヒアリングデータと属性データをもとにすると，[15]風の村のユニバーサル就労は，全体的にみると就労困難者に一定の望ましい影響を与えていることを観察することができる。これは二つの側面からなる。

第一の側面は，働きづらさを抱えた人に，実際に，生産的活動に参与する機会を提供していることである。このような機能は，属性データから確認することができる。ユニバーサル就労に参加する前では，36名中17名が1年以上の無職状態を経験していた。従業者の半数程度が何らかの理由により，長期間労働市場から遠ざかっていたことを意味する。

さらに従業者は，ユニバーサル就労の生産的な活動にかかわっているだけではなくて，その多くが，雇用段階への移行を経験していることである。今回のデータからは，36名中24名がユニバーサル就労によって，最低賃金以上の段階で就労を行っていることがわかる。非雇用の待遇「無償コミューター」「有償コミューター」から雇用の待遇「UW最賃保障職員」「UW一般賃金職員」の移行にかかる平均的な期間は7か月程度である。これらのデータは，全体でみれば，ユニバーサル就労は働きづらさを抱える人々に対して，生産的で職業的な活動にかかわる機会を提供していることを示している。

第二に，ユニバーサル就労に参加することによって，従業者は潜在能力（なしうること）が改善していることがヒアリングデータからは確認できる。ヒアリングでは，ユニバーサル就労による当事者の変化を当事者に尋ねた二つの設問がある。一つ目は，働き始めてからの生活の変化を問うもので，[16]日常生活上に得られ

た変化が回答されている。もう一つは，ユニバーサル就労によって可能になったこと[17]を問うもので，主に業務と関連した変化が回答されている。

一つ目の質問への答えを見ると，雇用群（「UW最賃保障職員」「UW一般賃金職員」）／非雇用群（「無償コミューター」「有償コミューター」）問わず，回答に関して共通性が見て取れる。日常生活でユニバーサル就労を通して可能になったことは，「朝早く起きるようになり，寝るのも早くなった」「仕事のおかげで生活が規則正しくなっている」「だらだらしなくなった。規則正しくなった」などの生活規則の整序化である。この点に関連して重要な点は，雇用待遇への移行群だけではなくて，非移行群のあいだでも就業前の準備支援的な内容も含んだ変化が確認されることである。また，それ以外にも，「人とのコミュニケーションをとることができた」「［家庭内で］職場でのお話し，会話が増えた」「仕事をすることで両親が頑張ってるねと言ってくれる」など，仕事以外の家族内の関係改善も複数の回答が確認できる。これは，ユニバーサル就労での就業経験が，生活全体の改善に貢献する可能性を示唆するものであろう。

一方で，二つ目の回答内容を見ると，雇用群は非雇用群と比べて，より具体的な技能が習得されていることが確認できる。例えば，雇用群のなかで複数の回答が確認できるのは，「挨拶ができるようになった」などサービス業の基本である挨拶や「パソコンで作業することができた」などの事務技能などの回答である。加えて，確認されるのは，「ブランクがあり，時間はかかるかもしれないが，やればできるという状況になった」「UWの前にアルバイトをしていて，めったに続いたものがなく半年，1か月で終わってしまったこともあった。こちらでは1年以上続いている」のように職場で支援を受けながら働くことで，継続性や自信がつけられていることが示されていることである。非雇用群でも「挨拶」「パソコン」なども挙げられているが，「お年寄りの方と接することができた」「社会的に問題なくかかわらせていただけるのだということで少し自信が持てました」「社会的にも人間的にも勉強になりました」というように，やや業務との関連性は弱い回答が多く寄せられている。

また従業者に対してだけではなく，従業者を受け入れている事業所側もメリットを感じている。ただし，受け入れる際に典型的に感じられるメリットは，非雇

用群を受け入れている事業所と雇用群を受け入れている事業所で内容が異なる。非雇用群を受け入れている職場の場合，業務とは直結しない職場内の雰囲気などの変化が感じられており，「職場の理解が深まった」「職場の空気が柔らかくなった」などの職場の変化が感じられている。一方で，雇用群を受け入れている職場の場合，具体的な業務改善の変化が言及されており，「本人に合わせた仕事内容に変えていくことで簡素化された仕事がある」「事務処理，ファイルの整理をしてくれることによって，職員が他の作業をできるようになった」と回答が寄せられている。

以上を見ると，風の村のユニバーサル就労は当事者にとっては望ましい変化を与えていると考えられる。実際にユニバーサル就労に参加することで，当事者やその周囲の人々は，参加者がより多くのことをできるようになったことを確認しており，それは当事者にとっても評価されている。ただし，雇用段階にあるか，非雇用段階にあるかによって，習得されている技能の内容は異なることも示されている。また，事業所にとっても，業務との関連性の違いはあるが，何らかのメリットを感じている事業所が確認できる。

(2) ユニバーサル就労の課題

このように就業への参加や潜在能力の向上は確認されるものの，ユニバーサル就労に政策担当者などが期待する機能が達成されていない側面もある。第一に，従業者のステップアップの進度にはばらつきがあり，第二に，所得保障の側面には限界があることである。これは，ユニバーサル就労だけではなく，支援付き就労による移行の一つの困難を示していると考えられる。

第一に，就労困難の程度が高い従業者に対して，ユニバーサル就労はそうでない場合と比べて高い移行率を示していないことである。これは，非雇用から雇用への移行にはより長い時間がかかることから理解できる。例えば，障害者手帳をもつ従業者の場合には，非雇用にとどまる割合が高いことを示している（表6-3）。また，年齢が高い従業者の場合もやはり，非雇用にとどまる割合が高い（表6-4）。

第二に，より重要な点ではあるが，ユニバーサル就労は人々を生産的にし，職

表6-3 障害者手帳の有無と雇用・非雇用

	障害者手帳有	障害者手帳無	合計
雇用 （ステージ3,4）	9 37.5%	15 62.5%	24 100%
非雇用 （ステージ1,2）	8 66.7%	4 33.3%	12 100%
合計	17	19	36

出典：調査データより筆者作成。

表6-4 年齢と雇用・非雇用

	10/20代	30代	40代	50/60代	合計
雇用 （ステージ3,4）	11 45.8%	8 33.3%	5 20.8%	0 0.0%	24 100%
非雇用 （ステージ1,2）	2 18.2%	3 27.3%	3 27.3%	3 27.3%	11 100%
合計	13	11	8	3	35

出典：調査データより筆者作成。

表6-5 満足度と雇用・非雇用

	満足	不満足	合計
雇用 （ステージ3,4）	14 63.6%	8 36.4%	22 100%
非雇用 （ステージ1,2）	3 50.0%	3 50.0%	6 100%
合計	17	11	28

出典：調査データより筆者作成。

業的活動に参加させていることで彼らの潜在能力を高めているものの，就業者は彼らが得る収入だけをもって生計を立てる水準には達していないことである。[19]

インタビューや属性データから，このことは読み取れる。表6-5は従業者のユニバーサル就労への満足度を示したものである。雇用群の従業者の多くがユニバーサル就労に満足しているのであるが，それでも雇用群全体では，3分の2程度の不満も確認される。また満足していたとしても，報酬や労働時間の短さに不満を示している例もある。ヒアリング結果を見ると，ユニバーサル就労の待遇面への不満が確認される。雇用群であっても，報酬について，その内容を見ると，

第6章　支援型社会的企業の支援の論理

表6-6　平均賃金と雇用・非雇用

	～25,000円	25,001～50,000円	50,001～75,000円	75,001～100,000円	100,001円～	合計
雇用 (ステージ3,4)	3 12.5%	5 20.8%	8 33.3%	3 12.5%	5 20.8%	24 100.0%
非雇用 (ステージ1,2)	11 91.7%	1 8.3%	0 0.0%	0 0.0%	0 0.0%	12 100%
合計	14	6	8	3	5	36

出典：調査データより筆者作成。

表6-7　労働時間と雇用・非雇用

	～10時間	11～20時間	21～30時間	31時間～	合計
雇用 (ステージ3,4)	7 29.2%	8 33.3%	7 29.2%	2 8.3%	24 100%
非雇用 (ステージ1,2)	10 83.3%	2 16.7%	0 0.0%	0 0.0%	12 100%
合計	17	10	7	2	36

出典：調査データより筆者作成。

「収入があまりないから」「子供の小遣い程度しかもらえない」といった不満や「時間が増えればよい」「毎日3時間にしていきたい」などの労働時間にかかわる要望が寄せられている。

　これらの回答の結果は，報酬や労働時間の分布を示した表6-6と表6-7が示している。雇用群であっても労働時間は11～20時間が最頻値となる山型の形を取り，報酬は5万～7万5000円が最頻値となる山型の分布を描いている。

　ここで重要なのは，中間的就労の批判者や生活クラブ風の村の資源・制度的配置（雇用／非雇用における人件費負担の違い）の特徴から，当初に推測された結果の通りとなっていないことである。非雇用状態に滞留が起こり，そしてそれを原因として，報酬が低くなっているメカニズムは存在していない。再度確認するが，中間的就労が就労困難者の搾取につながるのではないかと懸念している人々は，最低賃金以下での据え置きを問題としていた（本章第2節）。さらに，生活クラブ風の村のユニバーサル就労の場合には，事業所側がステップアップの権限を保持しており，また非雇用の場合は，法人全体で人件費を負担する資源配分上の特性があるため，組織内の制度配置上でも事業所側は，理論的には最低賃金以下での

就業で勤続させることへのインセンティブは，他の中間的就労の事業所と比べても高いことが推測される（本章第4節(4)）。もしこの推測通りになっていたとしたら，最低賃金以下の水準での就労が長期期間継続することになると考えられる。

しかし，実際には懸念する通りにはなっていない。このことがこの調査結果の重要な点である。ユニバーサル就労の場合，先にも見た通り，調査対象者のうち3分の2は雇用契約を結んでおり，実際に，ある程度難度の高い業務に従事している。

本調査のデータが示すことは，「最低賃金以上での待遇での就業がなされないこと」ではなくて，「最低賃金以上への待遇への移行がなされたとしても，ユニバーサル就労による報酬それのみでは生計維持は困難であること」である。この一因は，賃金だけの問題だけではなく，労働時間の問題にも求められる。雇用群の人々であっても，労働時間を見ると，30時間以上勤務している人は1割程度であり，多くは20時間以下である。それもあって，結果として生計を維持するだけの報酬とはなっていない。この背景には，就労困難者の精神的・身体的・社会的理由によって長時間労働が難しいことが想定される。これらの点が重要なことであり，生活クラブ風の村のような，先進的事例（第4章の報告書分析参照）でも，中間的就労のみによって人々の生活保障（とくに所得保障）は十分になされない可能性を示唆している。

加えて理論的に興味深いことは，ある雇用待遇に据え置かれる点をユニバーサル就労の均衡点と呼ぶのならば（例えば，中間的就労への懸念は最低賃金以下での待遇に均衡点が置かれることだったと考えられる），ユニバーサル就労の均衡点は最低賃金周辺ではなく，その上の水準──「UW最賃保障職員」／「UW一般賃金職員」という次の段階──にあることである。従業者の多くは，多くの場合，一定期間内が過ぎれば「UW最賃保障職員」までは就業移行している。しかし，最も就労の負担と賃金の高い「UW一般賃金職員」まで移行した従業者は限定的であり，今回調査対象となった36名中1名のみが「UW一般賃金職員」まで移行している。それに対して，雇用まで移行したとしても，最低賃金期間は長期間化していることが理解される。

これを示すのが図6-3である。これは従業者を調査時点で雇用か非雇用かに

図6-3 雇用と非雇用の従業者の各待遇の滞在期間

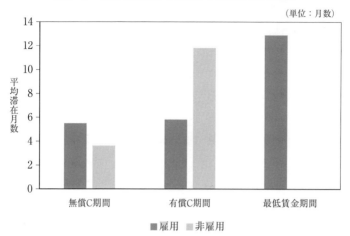

出典：調査データより筆者作成。

グループ分けをしたうえで，調査時点までで，それぞれの待遇でどの程度の期間従業していたのか，その平均値を示している。ここでは平均としては「無償コミューター」や「有償コミューター」で働く期間よりも長い，あるいは同じ程度の期間，「UW最賃保障職員」の段階で勤務していることが理解される[20]。

このようにユニバーサル就労では，良好な環境の就業機会の提供が行われており，就労困難者はそれによって肯定的な変化が生じている。しかし，それのみによって生計を維持できるわけではない。ただし，このような困難は中間的就労への懸念とは少々異なるプロセスによってである。このことは，支援付きの就労機会の提供が重要であるものの，それに加えて，適切な所得保障も併せて実施されることが求められることを示唆している。

6　均衡点のズレと制度ロジック

以上を踏まえて，制度ロジック・モデルを使用する本研究から見て理論的に重要な点は，なぜ「UW最賃保障職員」の段階で均衡しているのか，すなわち，就

労困難者が長期間ある待遇のままでいるのかという点にある。

　先にも見た通り，中間的就労の場合，完全に経済合理的な組織行動をとるのならば，できるだけ負担が大きくならないように就労困難者の待遇を低く抑えるはずであるし，とくにユニバーサル就労の場合には，組織内の経費負担の特性によって非雇用にとどまる傾向が他の中間的就労の事業所よりも高いことが予想される。しかし，実際はそのようなことにはなっていない。無償・有償コミューターでとどまるケースは多くはなく，やや水準が高めの（しかし，高すぎはしない），雇用契約が結ばれた「UW最賃保障職員」の待遇でとどまるケースが多く見られる。これは，中間的就労の賛同者が想定するように一般就労にスムーズに移行することとも，中間的就労の批判者のように待遇が長期に低く据え置かれることとも異なり，その中間に位置していると考えられる。

　問題は，雇用主の利得や組織内の制度的配置による事業所担当の経済合理性のみに依拠するのでもなく，そして，当事者の必要充足に完全に寄り添うのでもなく，ステップアップの際になぜ「UW最賃保障職員」でとどまるのかにある。中間的就労に対する批判者が想定するように，非雇用状態での搾取でも，政策担当者の期待する就労による自立までのスムーズな達成ともいえないメカニズムがどのように生じているのかが問題となる。

　このような想定との違いを理解するうえでは組織特性，とりわけ組織が依拠する組織ロジックとの関連でこの現象を捉える必要があると考えられる。とくに，この場合は，二つの価値規範に従って，当事者をとりまく組織内部の二つの力の均衡を捉えることが重要である。すなわち支援室は就労困難者に対する支援を当事者の必要を充足する視点で優先するが，受け入れ事業所側は顧客である高齢者などのサービス利用者を優先しなければならないために生じる対立と妥協である。

　第一に，支援者側の論理──専門職（社会福祉）のロジック──である。支援室会議でも当事者の必要（ニーズ）を満たすことが多くの場合に配慮されていた。例えば，毎月1回2〜3時間程度行われる支援室会議では，半分以上の時間が個別従業者の対応の検討に充てられていた。ここでは，それぞれのユニバーサル就労の従業者が，職場への開示や就労時間の希望，仕事内容への要望が話され，どうすればそれが満たされるかが議論されている。

第6章　支援型社会的企業の支援の論理

　とくに、就労支援担当者は、非雇用（コミューター）の状態に置かれることの問題性を認識しており、なるべく雇用の段階まで移行させることを目指していた[21]。しかし、そのゴールは少なくとも調査時点においては、雇用段階（UW最低賃金保障職員）への移行に設定されていたと考えられる。支援室会議でも、コミューター状態であることが問題であること、UW最低賃金保障職員への速やかな移行が必要であることが議論されることがあった[22]。この傾向は、支援担当者の面談件数が、雇用群と非雇用群で差があることからも示される。非雇用状態にあるときに1年あたり平均すると3.81回の面談が行われるが、最低賃金雇用になると2.85回となる。これは、雇用への移行を達成した際に、支援側の後押しが減少する側面を示している。少なくともヒアリング調査が行われた2013年度時点においては、雇用待遇への移行が支援室の目標となっていたと考えられる[23]。

　第二に、事業所側の論理──市場のロジック──である。従業者は高齢者介護などの多様な事業所で勤務する。ここでは市場の論理──正確に言えば、生活クラブ風の村の中心事業は高齢者介護業界であるため、他のサービス業に比べると市場の論理を緩和させたもの──が働いていると考えられる[24]。例えば、支援室会議における議論でも、一部の施設責任者が従業者のニーズよりは予算上の問題で、経営上の合理性を優先させる傾向にあることが懸念されたり、UW就労の取り組みに関して温度差があることへの対応が議論されることもあった[25]。これは同じ組織に属し、同じユニバーサル就労にかかわったとしても、異なる価値規範に従う立場が組織内に存在することを意味している。

　また、職場の従業者の上司は、有償コミューターからUW最賃保障職員への移行に比して、UW最賃保障職員からUW一般賃金職員への移行の際には高いハードルを課す傾向にあった。この点を示すのが、職員に対する一般賃金職員の基準を問うている設問である。この設問では「本人が一般賃金になるための目安」が尋ねられている。この回答内容では、「仕事を完全に任せられる」「フロアキャップが任せられる」など、より自律的な仕事の遂行や、「常勤でフルで働く」「勤務時間を増やしてほしい」などの労働時間の長さが基準として捉えられている。業務担当者が求める水準は、前節でみたようなユニバーサル就労を通じた変化の設問への回答内容と比べると水準は高く設定されている。これは、一般賃金への期

待水準を高く設定することで，事業所全体のケア全体の質を低めないことに配慮しているためではないかと考えられる。

　以上が示していることは，二つの価値規範の対立と調整である。支援者側は当事者の必要（ニーズ）の充足を満たすために，一定の就業能力のある従業者に対しては雇用の状態に移行させることに注力している一方で，職場担当者側は雇客である高齢者向けのケアサービス提供の品質を低めないように，能力向上が十分ではないと判断された人々の一般就労待遇への移行を拒む傾向があることである。しかし，風の村の場合は，積極的に支援室が移行に力を入れているとともに，職場担当者も最低賃金以上の就労が望ましいと考えているため雇用契約の有無ではなく，一段階上のステージが均衡点となっている。

　本章の知見のもつ，他の支援型社会的企業に対する一般化可能性には慎重となった方がよいであろう。ここでは，いかなる支援型社会的企業でも，最低賃金以上の就労が中間的就労のような就労支援で行われると主張したいわけではない。そうではなくて，社会福祉のロジックと市場のロジックが共存する支援型社会的企業の場合では，それらの影響を受ける組織内部の部門間の力関係もまた当事者の処遇に影響するということである。単純に市場の論理に基づいて従業者の処遇が決められるのではなく，組織内の異なる規範的価値に従う部門の力関係も，従業者の処遇を決める際の要因として機能していると考えられる。このような形での「福祉の生産」がなされている。そして生活クラブ風の村のように二重の支援がなされる事業所では，就労困難者の必要（ニーズ）を充足させようとする力はより強いと考えられる[26]。

　本分析では，一つの組織内部で，支援者側の論理と市場の論理が対立する局面を映し出した。本分析は，組織内のメカニズムが，就労待遇の決定には重要であることを示唆している。もし，一般化した形で適切な形での就労による自立を目指すのならば，組織内部における市場の論理を緩和するような集団を適切に配置することが必要であり，専門職化を図るなどの支援者側の論理を補強することが求められる[27]。生活クラブ風の村の場合，内部就労支援部署は重要な当事者の代弁者となっている。規制などにより組織でもそのような集団の組織内部での発言力を保つような規制的手法を導入することにより，より適切な形で人々の訓練・就

労機会の提供がなされると考えられる。

7　支援型社会的企業の「福祉の生産」——専門職と市場の論理の狭間で

　本章では，支援型社会的企業の福祉の生産の帰結と限界を示すことを目的に，支援型社会的企業の代表例と考えられる生活クラブ風の村の活動を対象にした分析を行った。期待と懸念が寄せられる中間的就労に対して，具体的に組織的な特性と福祉の生産の関係性を検討した。

　本研究がまず示したことは，生活クラブ風の村では当事者の必要充足のために二重の意味で支援を重視した取り組みがみられることである。組織内部の内部支援部署と外部支援機関により，当事者の意思を重視した就労支援がなされ，段階的な就業の場が提供されている。

　ユニバーサル就労による当事者への就労・訓練機会の提供の場面を検討すると，就労困難状態にあった就業者は，ユニバーサル就労により，生産活動への参与が図られている。単に生産活動の場に参加しているだけではなく，当事者が「なしうること」（潜在能力）の向上が確認される。この意味でユニバーサル就労は確実に就労困難者の必要の充足につながっている。その一方で，最終の一般賃金就労段階で働くためには，一定のハードルが確認され，ユニバーサル就労のみで生計を成り立たせる形になっていないことも示された。

　本研究が示したことのなかで，理論的に重要であるのが，本事例では，就労上の待遇をめぐる均衡点が，雇用と非雇用のあいだではなく，最低賃金と一般賃金のあいだに置かれていることである。このことは，先行研究の懸念のように市場の論理のみをもって考えるならば，非雇用段階にとどめる誘因が働くにしても，それだけでは従業上の地位は決定されないことを意味している。支援型社会的企業においては，組織内における専門職と市場のロジックの力関係と調整により，従業の地位が決まるメカニズムが存在することを示唆している。生活クラブ風の村のように二重の意味での支援を行い，当事者の必要充足を優先させようとする志向があれば，従業上の地位がより高まると解釈することが可能である。

　このように「福祉の生産」の内容は組織レベルの特性によって左右される側面

があると解釈できる。組織の多様性を踏まえたうえで，就労支援における福祉の生産の帰結と課題は検討されることが必要であることを本章の分析は示している。

注

(1) 本章における「福祉の生産」が意味することは，支援型社会的企業による就労困難者への訓練・就業機会の提供である。
(2) 支援型社会的企業のような，一定期間内に支援対象者に職業訓練機会を提供し，組織内外で一般就労へと移行させる取り組みは，欧州の社会的企業研究では主として対象とされてきたタイプの事業体でもある（Nyssens ed. 2006）。
(3) ただし，生活クラブ風の村は，UFJ調査では，厳密に言えば「一般事業所型」に当てはまり，「社会的企業型」には当てはまらない（三菱UFJリサーチ＆コンサルティング 2013a: 24）。しかし，ここで対象とするのは風の村の組織全体ではなく，ユニバーサル就労に関する部署のみであり，支援の方法や中間的就労で想定されているものとほぼ一致するため，支援型社会的企業の一つとして分析の対象とする。
(4) 2014年度以降は，地域をエリアという単位で分けたうえで，エリアごとに後述する支援会議が行われるようになり，就労支援体制は分権化している。ユニバーサル就労は毎年のようにシステムを改良している。本章注（20）も参照していただきたい。
(5) ヒアリング調査は，対象者にヒアリング可否および研究利用に関して同意をとったうえで，対象者が特定されないようデータ処理している。
(6) 生活クラブ風の村HPより。（http://kazenomura.jp/torikumi/universal/keii.html 2015年5月8日最終アクセス）
(7) ただし，マッチング・ワークショップを利用しない経路でも，支援対象者の受け入れはなされる。
(8) 2013年12月20日ユニバーサル就労支援室会議議事録。
(9) 経験のある福祉専門職も配置されているが，支援室会議メンバーでは限定的である。
(10) 2012年11月15日，2012年12月26日ユニバーサル就労支援室会議議事録およびフィールドノートによる。
(11) 2012年9月7日フィールドノートより。
(12) これ以外にも，個別の当事者の就労で問題がある場合には，専門的見地からアドバイスがなされることや，同じ風の村の従業員でも異なる視点から提案がなされることにより，支援のなされ方が調整されることがある。
(13) 「地域福祉支援積立金」とは，生活クラブ風の村独自の積立金制度である。この積立金は，社会福祉法人に対する課税軽減措置により生じる資金を利用して積み立てら

第6章　支援型社会的企業の支援の論理

れたものであり，生活クラブ風の村や地域の団体が，地域の福祉事業に貢献する取り組みに対して支出される。

⑭　同一プログラム内の法人間の差異は重要な課題であるが，別稿を期したい。

⑮　今回対象となった従業者の属性は表6-2の通りである。表6-2は性別と年齢構成を示しているが，男性の方が若干高く，多くの従業者は年齢が若いことを示している。

⑯　質問項目は，「働き始める前と比べて私生活で何か変化はありましたか」である。

⑰　質問項目は「これまでできなかったことがユニバーサル就労を始めたことでできるようになったということはありますか」である。

⑱　このことは職場担当者の評価においても確認できる。職場担当者へのヒアリングのなかでは，「働き始めてから本人ができるようになったことはありますか」とその内容が尋ねられている項目がある。この問回答内容を検討すると，当事者への質問と同様の変化が確認できるが，雇用群の方は「お風呂掃除は完全に任せている」「入居者対応をある程度任せられる」「自分から片づけるようになった」など逐一指示を出さなくても業務が可能となっている様子や「パソコンの業務は素晴らしい」「システム入力に関するミスも減った」などの具体的な仕事にかかわる変化が見られる。その一方で，担当者に感じられる非雇用群の変化は，「入居者や対人関係についての理解」「声のトーンが変えられるようになった」など，より一般的なスキルに関する変化が確認できる。このように当人の変化に関して言えば，本人，職場担当者ともに本人の変化は確認されているが，業務と関連しているのは雇用群の方である。

⑲　ただし，中間的就労は制度上，その報酬のみによって生計を維持することが期待されているわけではないことに注意しなければならない。しかし，UWの就労期間が1年以上となる従業者も多いため，生計を支える手段として何らかの政策が，中間的就労による報酬以外に整備されることが必要であると考えられる。

⑳　ただし，2013年度の調査後，コミューターからUW最賃保障職員へのステップアップの際に「職場の一人分のおおむね6～7割を担うことができている」という基準とUW最低賃金から一般賃金職員への移行の際に，「人事考課における総合評価が『B以上』であり」最賃保障職員の人事評価による昇給により賃金が一般賃金職員と並んだ際には，ステップアップするという基準が内部で決められた。また，面談回数もそれぞれの段階ごとの目安が決められた。その結果，2015年4月時点では13人が一般賃金職員まで移行している。

表6-2

年代・性別	人数	割合(%)
10/20代	13	36.1
30代	11	30.6
40代	8	22.2
50/60代	3	8.3
無回答	1	2.8
合計	36	100.0
男性	19	52.8
女性	17	47.2
合計	36	100.0

出典：団体提供資料より筆者作成。

⑵1 2012年12月26日フィールドノートより。支援室会議では，対象者がコミューター状態を脱し雇用段階に移行するための支援に必要なことは何かが論点になった。

⑵2 2012年10月，2012年11月の支援室会議議事録より。例えば，2012年10月の議事録では「コミューター期間はとくに，ステップアップを目指せるよう，しっかりステップを目指せるようしていく」との記述が確認できる。

⑵3 ただし，2014年度の段階では，この点の改善は見られている。

⑵4 より市場のロジックが強い場合（競合が激しい市場などの場合）にはコンフリクトはより明確になるだろう。

⑵5 2012年12月，2013年7月支援室会議議事録より。

⑵6 この結果は，制度ロジックと労働統合型社会的企業の関係を論じた先行研究とも異なっている。ゲロウとハセンフェルドは，市場と社会福祉のロジックの力関係によって，就労困難者の商品化／脱商品化の程度が決まると考え，社会福祉のロジックは対象者が保護されるために必要であるとされる（Garrow and Hasenfeld 2012）。しかし，適切な形での労働市場への接近のために専門職あるいは社会福祉のロジックは影響力を及ぼすことがあることを本研究は示している。社会福祉のロジックにしたがう組織内の部門（この場合は就労支援室）は「仕事に就く」ことの促進のために機能している。

⑵7 ただし，当事者をより強く支援することにより，能力よりも待遇が過度に高まるために，報酬と生産能力のバランスが偏る可能性もあると考えられる。

第7章
連帯型社会的企業における就労環境
―― 民主主義のロジックと市場のロジック ――

1 就労の場としての連帯型社会的企業

　本章では，労働統合型社会的企業のもう一つの類型である連帯型社会的企業の「福祉の生産」（労働への包摂のアプローチ）を検討する。具体的には連帯型社会的企業のなかでも民間団体による法案が存在し，関係する人々にカテゴリが共有されていると考えられる社会的事業所を対象とした研究を行う。

　支援や訓練を重視しない連帯型社会的企業の場合，「福祉の生産」に当てはまるのは安定的な就業機会の提供である。連帯型社会的企業は，継続就労型の労働統合型社会的企業（藤井 2013a）や連帯経済における就労の場（福原 2013a）といった概念化と重なる部分が大きく，これまでの諸研究ではこのような就業の場に対しては，通常の労働市場への移行を支援することを目的とする，支援型社会的企業とは異なる意味で安定的な就業の場の提供が期待されてきた。このような傾向は研究者だけではなく，事業運営の当事者にとっても意識されており，連帯型社会的企業は一般雇用でもなく，福祉的就労でもない「第三の就労の場」としての期待もなされた（堀 2012）。これはこれまでの働き方とは異なるオルタナティブとしての意味を連帯型社会的企業の提供する就労の場がもっていることを含意している。

　連帯型社会的企業が一般就労や中間的就労，福祉的就労に対するオルタナティブとして捉えられるときには，就業の場の良好性が強調される傾向にある。この場合，支援型社会的企業のような一般労働市場へと包摂するような試みに対しては，当事者に対する過剰な負担が生じることや，そもそも一般就労自体の労働環境が望ましくないことへの懸念が存在した（藤井 2013a: 13-14）。それに対して，

連帯型社会的企業では，就業が事業体内で完結しており，当事者の参加が重視されるため安定的な就業の場が確保されることが期待される傾向にあると想定されてきたと考えられる。

このように，雇用でも福祉的就労でもない「第三の就労の場」として活動家や研究者が就労支援場面における連帯型社会的企業の有効性を指摘しているものの（共生型経済推進フォーラム編 2009; 藤井 2013a），欧州での研究でも指摘されているように，このような連帯型社会的企業の社会的包摂の効果の実証的研究は少なく，過剰な期待が存在すると考えられる（Amin et al. 2002; McCabe and Hahn 2006）。先行研究でも，労働統合型社会的企業の包摂機能の検証は社会的企業研究の現在の課題の一つだと指摘されている（藤井 2010b: 146-148）。連帯型社会的企業が就労困難者の社会的包摂の場となるのであれば，それが具体的にいかなる就労環境の労働の場を提供しているのかが重要な主題となるだろう。

本章の中心的な主題は，連帯型社会的企業，とくに社会的事業所で働く従業員への聞き取りを通じて，継続的な就労の場として「雇用される能力」（employability）が高くない人々（就労困難者）とそうではない人々（非就労困難者）にとって，連帯型社会的企業（社会的事業所）の提供する継続的な就労の場がどのようなものであるのか，すなわち，連帯型社会的企業の「福祉の生産」の様態が，いかなるものかを明らかにすることにある。

本章の構成は以下の通りである。まず，第2節において，このような連帯型社会的企業の主要な組織形態である社会的事業所がどのような経緯で成立したのかを検討する。そして，第3節においては，社会的企業における就労にかかわる先行研究を検討し，本研究の枠組みと方法を提示する。続いて第4節以降では，ヒアリングデータの分析結果を提示し，第5節でその考察を行う。最後に本章の結論を述べる。

2　社会的事業所の成立過程

本章で対象とする連帯型社会的企業の一つのモデルとなる形態は第**5**章でも検討した社会的事業所と呼ばれている組織形態である。まず連帯型社会的企業（社

会的事業所）の「福祉の生産」を検討する前に，社会的事業所はいかなる過程のなかで成立したのかを示し，社会的事業所の組織形態の特徴を確認する。

社会的事業所という組織形態は，共同連という障害者運動のネットワークのなかで形成された。共同連は，第4章でも論じた通り，障害者運動を土台として，障害者の就労の場，生活の場を作り出すことを目的とした事業体が集まって1984年に結成された団体である。共同連は，設立当初は中央政府との政策にかかわる交渉やロビイングを主たる目的としたが，現在では，事業場の提携や新規の事業所への支援，諸外国の社会的企業との交流など多様化している。また，共同連は第5章でみた社会的事業所促進法案大綱を提案した際の中心的な団体である。ここでは社会的事業所が組織としてどのような特徴をもつ組織形態であるのか検討しよう。

① 社会的事業所の土台としての共働事業所

社会的事業所は，1990年代前半に共同連によって構想された共働事業所という組織形態を基礎として発展させたものである。共同連第10回全国大会にて，共働事業所の提唱が初めて行われた。第10回大会の資料には下記のように述べられている。

> わたしたちは各地でそれぞれ違った方法で様々な形態の場＝総じて『共に生き働く場』といえるものを拡げてきました。いわゆる小規模作業所やグループホームなどの小型の福祉施設ではない障害者と健常者の共同の労働，生活の場をつくってきたといえます／個々の違いを十分尊重した上で，今わたしたちは『共働事業所』づくりを広く呼びかけます（第10回共同連全国大会報告書: 20）。

ここでは，それまでは，共有された名称がなく「共に生き働く場」などと呼ばれ，規定がなかった活動を総称する形で「共働事業所」という組織形態が提唱されたことが読み取れる。

共働事業所の特徴は，(1)「共に働く」，(2)「事業所化」，(3)「障害者の労働権」，(4)「協同労働の道」の四つである。ここでは，中心的に共同連が発行した資料（共同連編 1998: 16）に基づいて四つの性格の概要を示す。

第一の「共に働く」とは組織内で働く障害者と健常者の関係を指す。「授産所，作業所にみられる指導する，されるという関係」「一般企業での管理する，されるという関係」とは区別される形で，「障害者も健常者も対等な関係で働き，運営するのが『共働』の関係」であると述べられる。福祉施設や一般企業における労働者の非対称的関係が問題とされ，共同連はそのような立場をとらないと想定されている。

　第二の「事業所化」とは，事業体レベルでの経済的自立を意味する。発行資料では，小規模作業所に対して，「福祉的就労の場であれば経済的な成果はなんら問われることなく，それなりに日々の活動が営まれていけばそれだけでよい」と捉えられ，その事業体としての自律性の弱さが問題とされている。そして，「障害者が労働を通じた自立を考えていくならば，経済活動の成果やそのための経営センスが問われ」ると述べられるように，主に小規模作業所との対比を意識する形で，事業所レベルでの経済的成果が強調された。

　第三の「障害者の労働権」は，障害者の労働者として働く権利の保障を意味する。「生活保護や年金に頼るだけの暮らしでは，生活の充実感は十分では」ないと指摘され，「金のためだけではなく，人と人との関係の中で自らの存在の意義を確認していくのが労働の重要な側面である」と指摘される。具体的に「所得（最低賃金）保障，8時間労働，週休2日制，社会保険・労働保険等一般労働者なら当たり前のことを働く障害者にも保障していくこと」が必要であると考えられる。ここでも，主として，小規模作業所との違いが意識され，最低賃金以下の水準で，各種社会保険も適用されず就業していることが問題だと考えられた。

　最後の「協同労働への道」は，障害者，健常者の働き方が問題とされる。「資本主義社会と共に生み出されてきた労働疎外……の問題に立ち向かい，ますますつまらなくなる労働，金を得るための手段でしかない労働」が批判され，「人と人とが協力しあう労働の可能性を開いていく」ことが必要であると考えられる。ここでは，第一の点と関連するが，働き方に関して雇用関係ではなく，労働者協同組合的な働き方が目指されていると理解される。

　四つの共働事業所の特徴は，ある程度自立した経済的な事業体としての性格（事業所化・障害者の労働権）と働き方にかかわる健常者と障害者の対等性（共に働

表7-1　共同連自身による共働事業所の位置づけ

形態＼課題	共に働く	事業所化	障害者の労働権	協同労働の道
共働事業所	○	○	○	○
共働作業所（※）	○	×	×	○
一般企業	×	○	○	×
小規模作業所	×	×	×	×

注：共同連（1998）には「（※）共働作業所とは共働事業所とは共通する考えを持ちながらもその経済力がともなわない場を指しています」との注記がある。ここからは「共に働く」「協同労働」が他の二つに比べ，より重要であることがうかがえる。
出典：共同連編（1998）。

く・協同労働の道）の二つの性格に区分できるだろう。前者に関しては主に小規模作業所での働き方，後者に関しては一般企業（部分的に小規模作業所）と対比的な特徴である。共働事業所と他の障害者就労の就業形態との違いは，共同連自身による整理では表7-1にまとめられている。この表から見て取れるように，共働事業所は，一般企業や小規模作業所とは異なるものとして概念化された。

　共働事業所の特徴である，障害者と健常者の対等性の特徴は，共同連のとる反能力主義的な考え方を背景とする。第5章でもふれたように障害学で展開されてきた社会モデルから障害者の就業を考える際に，能力主義と反能力主義に区分することができる（遠山 2004）。共同連は，反能力主義の立場をとり，個人の生産性と就業へのかかわり方や，組織の運営へのかかわり，報酬を関連づけず，対等性を強調する。

② 共同連による社会的事業所の構想

　本章で主題とする社会的事業所はこの共働事業所を土台に構想されたものである。共同連は2000年代以降，共働事業所に代えて社会的事業所という組織形態を強調するようになる。

　社会的事業所と共働事業所との最大の違いは，障害をもつ人だけではなく，それ以外の就労困難者も対象に含む点にある。社会的事業所は次のように規定されている。

　　障害のある人ない人との共働にとどまらず，「働く」ことから排除されてい

る人々——ホームレス，ニート，引きこもりの若者，薬物，アルコール依存者，刑を受けた者，外国人，高齢者，シングルマザーなど——が参加できる労働の場としていくこと，そして派遣切りされた若者，職の無い人々を含めて様々な人々が参加して，しっかりした稼ぎをあげながら自立できる，分けない・切らない事業体をめざそうとしたのです。／これが「社会的事業所」です（共同連編 2010: 54-55）。

　社会的事業所と共働事業所の顕著な違いは，「共に働く」範囲の拡大にある。共働事業所では，「共に働く」という関係で想定されたのは障害者と健常者の関係であった。社会的事業所では，その対象は障害者だけではなく，ひとり親，野宿者，就労経験の乏しい若年者などの多様な就労困難者も含む。
　共同連が障害者だけではなく，広く就労困難者一般に対象を拡大した背景には，二つの要因があると考えられる。第一に，海外の取り組みからの影響である。共同連は2000年代前半に，イタリアの社会的協同組合の活動に触れ，広く就労困難者の就業の場をつくり出す活動の可能性に刺激を受けた。第二に，事業運営上の理由である。共同連は反能力主義に基づき，多数の重度障害者も含めた障害者の就業の場を形成したが，その結果，事業体レベルでは生産性が低下することも懸念されたためである（斎藤 2012: 156-157）。それに対して就業者に多様性をもたせようとした。
　以上のように共同連は，共働事業所を土台として，社会的事業所を構想した。社会的事業所の考え方は，共同連内部で共有されるだけではなく，滋賀県や札幌市などの地方自治体でも制度化されている（米澤 2013）。例えば，滋賀県の「社会的事業所制度」では，その目的として「障害のある人もない人も対等な立場で一緒に働ける新しい職場形態の構築」が挙げられ支援対象とされている。また，札幌市の「障がい者協働事業」でも「障がいのある者もない者も対等な立場でともに働ける新しい職場形態の構築」が目的に設定され，対等性を重視した事業所が認定・支援されている。両者は，障害者と健常者が共に働く事業所を支援するものであり，共同連の共働事業所の考え方と共通する。
　このような形で，社会的事業所は構想されており，第5章でみたように連携す

る団体による社会的事業所促進法案大綱の提案などをみても，組織関係者のあいだでは，一定の定着を見せている。以後，このような社会的事業所が就労困難者にいかに就労の場を提供するのかを検討する。

3 枠組みと方法

（1）先行研究の検討——就労者の多元性

　社会的事業所が，どのような形で就労困難者に就業の場を提供しているのかを，直接的に扱った先行研究は管見の限りほとんど存在しないため，継続的な就労機会の提供の場としてサードセクターを扱った研究を中心に検討する。

　継続的な職場としてのサードセクター組織の就労環境を検討した研究は少なくない。国内外の研究は，賃金の低さと満足度の高さという傾向で一致していると考えられる。日本のNPO法人における労働研究で，最も包括的だと考えられる労働政策研究・研修機構の調査は，賃金が最も高い事務局長クラス（正規：40時間以上）でも年収が300万円程度である一方で，従業員とボランティアを含めて，NPO法人で活動する人々は，NPO活動自体には77.1%という高い割合で満足していることを明らかにした[1]（小野 2006: 61）。また，NPO活動に対して，従業員がメリットと考える要素としては，社会貢献の項目で8割を超える肯定的な意見が得られた（小野 2006: 60）。海外でも，ボルザガらの研究が，イタリアの社会的企業で働く就業者への質問誌調査を通じて，賃金は低いものの，やりがいや裁量性が評価され満足度は高いことを示した（Tortia 2008; Borzaga and Depedri 2009）。総じて言えば，メンバーのNPO法人などの比較的新しいサードセクター組織における労働条件は，報酬としては望ましいものではないが，社会貢献的側面，裁量性の高さから，満足度は高い。

　ただし，国内の先行研究の想定する労働者像では，就労が生活に必須ではない人々（例えば，高齢者や比較的高い階層の主婦）か（高原 2007），高い学歴と技能をもつ，健康な若者が想定されてきた。この点はボルザガらの調査でも同様である。多くのサードセクターと労働をめぐる研究では，「雇用される能力」（Employability）が高い人々が想定されてきた。

第Ⅱ部　労働統合型社会的企業の成立と展開

　先行研究に対して，課題として指摘できるのは社会的企業における従業員の複数性への関心の弱さである。例えば，非営利組織一般の調査と比べて，労働統合型社会的企業の場合は，労働市場から排除された人々に雇用や訓練機会を提供することをそもそもの目的とするため，とりわけ就労困難層にとっての就労条件の意味が重要性をもつ。就労条件が十分でなければ，社会的企業は，不安定な雇用を提供し，社会的包摂のための役割を果たせない可能性もあるためである。

　しかしこのような人々は，これまでのサードセクター論の議論の主要な対象とはなってこなかった（Amin 2009a; 2009b; McCabe and Hahn 2006）。例外的に，社会的企業にかかわる従業員を研究対象とした地理学者のアミンの研究では起業家，従業員，ボランティアの働く動機や，満足度を検討している（Amin 2009a）。アミンはさらに社会的企業の従業員を(1)高い学歴と技能をもつ中核的労働者，(2)周縁労働者であるが現状に満足する労働者，(3)周縁労働者であって現状に不満をもつ労働者，という三つの類型に分類し，それぞれの異なる働き方を分析した。その結果，典型的な労働者像は存在しないものの，不満をもつ周縁労働者も含め，多くの労働者は「給料はそこそこで，雇用は安定しているとは言えず，キャリアの見込みも限定されていたとしても，経済の主流――スピードが速く，プレッシャーのかかり，寛容性の低い――の外にいられることに価値を見出している」と知見をまとめている（Amin 2009a: 43-44）。

　また，浦坂（2007）も，経営者への聞き取り調査を通じて，日本国内のNPOの労働者のなかで，転職可能性の高い労働者と何らかの事情で転職可能性の低い労働者が存在することを指摘する。浦坂は，NPOの一部は労務管理上の工夫を行っているため，一般企業では就労が難しい人々でも柔軟な働き方が可能となっている一方で，低収入に甘んじつつ低条件に満足する従業員が多いことに注意を促している（浦坂 2007: 58）。

　アミンや浦坂は，サードセクター組織で働く労働者のなかの「雇用される能力」（Employability）の低い層も視野に入れている。この点で，就労困難者への就労機会・訓練機会提供を基本的目的とする，労働統合型社会的企業を対象とする本研究と焦点の当て方は一致している。しかし，彼らの研究では，一つの事業体における就労困難層とそうでない従業者の共存は焦点化されておらず，そのよう

表7-2 非営利組織に関する就労環境の先行研究の状態

	メリット	デメリット
就労困難層	?	?
自発的就労層	社会的価値 能力発揮（裁量）	低賃金

出典：筆者作成。

な特徴によって，いかなる就労環境が整備されているのかが示されてはいない。

とくに，従業者間の対等性を重視する連帯型社会的企業において，就労困難層と一般労働者の共存という組織特性と労働環境との関連は重要であると考えられる。連帯型社会的企業においては，就業能力にかかわらず対等性を志向するためである。連帯型社会的企業において，異なる価値規範に従う従業者が共存し，コンフリクトに折り合いをつけながら運営されていることは米澤（2011a: 6章）で示されているものの，それによって，具体的にいかなる就労環境が提供されているのかは議論されていない。また，労働統合型社会的企業として，ワーカーズコープやワーカーズ・コレクティブを対象にした研究（藤井 2013c; 大高 2013b）でも，従業員が意思決定に参加することの重要性は示されているものの，就労環境は詳細には論じられていない。すなわち連帯型社会的企業の就労困難者と非困難者の対等性という組織特性がいかなる就業環境の創出につながっているかの研究は不足している。

総じて言えば，国内の研究は，表7-2のように，その重要性に比してサードセクター組織，および連帯型社会的企業の就労困難層に対する機能の研究は不足している。本章では，就労困難層と非就労困難層（自発的就労層）を区分して，社会的企業での就労の利点と問題点について，ある社会的企業で働く従業員への聞き取り調査を通じて分析する。

本章では，連帯型社会的企業で働く従業者へのヒアリングを通して，どのような就労環境が望ましいと認識されているか示唆を得ることである。

（2）対象事例とその特徴

ここでの対象事例は，1980年代に設立された障害者就労を目的とする社会的事業所Aである。社会的事業所Aは社会福祉法人格を取得し，菓子の製造販売を中

心としながら，食堂の運営，高齢者介護などを行う事業体である。その事業規模は1億円を超える。本章では対象を法人内の事業所のうちで菓子製造の職場に限定する。

　菓子製造の事業所では，健常者が19人，障害者が41人（身体障害者9名，精神障害者10名，知的障害者22名）が勤務している（調査は2010年5～6月にかけて行われた）。障害者自立支援法の制度体系の就労継続支援A型の制度を利用しており，健常者，障害者問わず，全員と雇用契約が結ばれている。基本的には健常者や身体障害者の多くが事務作業を行い，知的障害者や精神障害者は菓子の製造，発送業務に従事する。

　社会的事業所Aの主目的は障害者雇用の促進にあるが，障害者以外にも就労困難者を受け入れている(2)。具体的には，公式には障害者手帳を保持しないが，障害をもつと考えられる人や，シングルマザー，生活保護受給者などである。

　事業所では，健常者は，正規職員（8名）と労働時間35時間以上の非正規職員（5名），35時間以下の非正規職員（6名），障害者（41名）は最低賃金の確保された施設利用者の立場で働いている。ただ，この区分は便宜的なもので実際には障害者と健常者の待遇に決定的な違いが存在するわけではない。

　この事業所の何よりの特徴は，能力に応じて賃金を設定するという能力主義的な考え方に批判的立場をとる点である。これは第5章で分類した連帯型社会的企業の特徴であると言える。この事業所では，障害者と健常者のあいだで一般の福祉作業所に見られるように時間あたり賃金が大きく異なっているわけではない。社会的事業所Aでは，健常者，障害者，就労困難の有無を問わず最低賃金を保障したうえで，なだらかな能力給が設定されており，生産性に応じた賃金という考え方は公式的に否定されている。

　本研究では，従業員への聞き取りと社会的事業所Aから提供された賃金，労働条件の資料を中心に分析を行う。聞き取り対象は，正規職員6人と労働時間35時間以上のパートタイム労働者2人，身体障害者3人，精神障害者2人，2008年に社会的事業所Aを退職した1人の計14人である(3)。今回の対象者には労働時間35時間以下の短時間労働者は含まれておらず，中核的な従業員がほとんどである。2010年5月から6月にかけて，事業所内で1時間から2時間程度のヒアリングを

行った。⁽⁴⁾

4　分析結果——連帯型社会的企業の就労環境の長所と短所

　本格的な分析に入る前に，まず，社会的事業所Aの従業員の基本的属性と労働条件を簡略に述べる。

　従業員全員の属性を見ると，障害のない正規職員のうち男性が3人，女性が5人である。障害のない非正規職員のうち男性が2人，女性が9人である。障害者では男性24人，女性が17人となっている。年齢層の平均はそれぞれ41歳，45歳，33歳である。全体で見れば，10代が1人，20代が17人，30代が20人，40代が14人，50代が7人，60代が1人である。詳細な当時の従業員とヒアリング対象者のリストは章末に記している。

　社会的事業所Aでの賃金は，平均をとると障害者には8万5000円，健常者には17万円が支払われている。社会的事業所Aの労働者は，短時間労働者を除けば，障害者も含めて，雇用保険，労災保険，厚生年金，医療保険などの社会保険に加入している。短時間労働者は，雇用・労災保険のみに加入している。労働時間は40時間が基本である。ただし，繁忙期には，残業や休日出勤（月に1回程度）が発生することもある。正規職員に関して言えば，休日手当は支給されるものの，いわゆるサービス残業も存在する。時給制の社員には残業代は支払われている。また有給休暇制度も用意されている。

（1）入職の経緯

　本研究の主題は，就労困難層とそうでない人々の社会的事業所Aでの働き方がもつ意味の違いにある。分析に当たって，NPO法人の労働者を転職可能性で区分した浦坂（2007）を参考に，社会的事業所Aの従業員を，入職時の状況によって「就労困難層」と「自発的就労層」に区分する。ここで就労困難層を入職時に他の職業を選ぶ選択肢のなかった者と位置づけ，他に選択肢があったと考えられる者を自発就労層とする。なお，社会的事業所Aへの入職経路は，知人の紹介（10人）と公的な職業支援機関の紹介（4人）の二つに分けられる。

第Ⅱ部　労働統合型社会的企業の成立と展開

　就労困難層とここで位置づけた人々にとっては，社会的事業所Aへの就業開始の際に，他の事業所での就業は難しい状況であった。従業員の多くは，社会的事業所Aに就労する前にも正社員経験があった。まったく正社員経験が無い労働者は，新入社員として働き始めた3人を含めて，14名中5名である。ただし，正社員経験があっても何らかの理由で，長いブランクや不安定な非正規就労を経験しているものは9名中6人と少なくない。企業などへの就業に対して障壁があったこれらの従業員にとって，就業は，他の選択肢が十分に選択できる状態でなされたとは言えない。

　例えば，ある重度身体障害者の従業員が前職から転職する際には，当時の就業先である企業の経営が傾いており，近い将来の失業が予測されたにもかかわらず，職業安定所を通しても，他の職場を紹介されなかった。

　なかなか就職がなかった，採用してもらえる所が。年齢的にもありましたし，というか。……［職業安定所に］行ってみたけれども，「もうあそこで我慢せえや」みたいに言われました。「他に，もうないで」と言われて……。

　このようにこの従業員は前の職場に「我慢して」残ることを勧められ，他に選択肢がない状態にあった。そこで，以前からの知り合いであった，社会的事業所Aの関係者の紹介により社会的事業所Aに勤め始めた。

　また，あるシングルマザーの従業員は離婚したのちに就業先を探していたが，「子供のために仕事を休める環境に無かった」ことを理由として応募自体を断られるなど，安定した仕事をあきらめざるを得なかったという。このとき，公的職業機関から紹介があった社会的事業所Aに入職した。応募をした際に，社会的事業所A側に学歴やシングルマザーであることを理由に断られなかったため「救われた」と感じたという。

　［募集の書類上は］短大卒以上って書いてましたね。電話したんですよ。高卒なんですけどって言って。「ああ，全然構わない。足し算，引き算，割り算，かけ算ができたらいい」って言われたんです。「母子家庭なんですけど」って，

やっぱり気になるんで言ったら,「ああ,全然構へん」って言ってくれはったんですね。それが,すごい救われたんです。

　就労困難層にとって社会的事業所Aは他の職場とは条件が異なる事業体であった。労働市場から遠ざかっていることによるスキルの低減や,労働市場への障壁を抱えた人々を許容できる性格を社会的事業所Aがもっていたと考えられる。
　一方で,他にも就労できる職場があったにもかかわらず,社会的事業所Aに就業した層も存在する(7人)。彼(女)らは,団体の考え方や仕事内容,雰囲気に惹かれて社会的事業所Aに就業した層(4人)と,他の就業先との違いをあまり気にかけず,就業を始めた層(3人)に大別できる。両者をここでは自発的就業者層と呼ぶ。
　前者の自発的就業者は,知人の紹介などを介して社会的事業所Aを知り,他にも就業できる可能性のなかから選択し就職を決めている。積極的に社会的事業所Aでの就業を選択した従業員は親族に障害者がいるとか,学生時代に障害者の介助をしたなど,社会的事業所Aの考え方に肯定的になるような経験を持ち合わせている。前者に該当する,ある従業員は次のように述べる。

　[就職先を]どうしようかなってときに[大学時代に介助をしていた障害をもった同級生から]「おもしろいところあるで」言うて,ここを紹介してもろうたのが最初の縁ですわ。(筆者:他に,就職活動はされたんですか?) 1回行きましたね,福祉の就職説明会とか行って,あまり興味がわかなかったんですけどね。

　一方で,自発的就業者の全てが社会的事業所Aの理念に関心をもって就業しているわけではない。社会的企業の理念や方針に関心をもっていない例も,当然,存在する。彼(女)らにとっても,社会的事業所Aは就業先の一つとして選択されているが,とくに積極的な動機づけがなされてはいない。ただし,今回の調査では,ヒアリング対象が中核労働者に偏っていることもあるためか,就業開始時に理念や方針に関心をもたない層でも,仕事にやりがいを感じ始めていた例が少なくなかった。[5]

以上のように、社会的事業所Aの従業員を、自発的就労層と就労困難層に区分したうえで、分析を行う。次に、それぞれの従業員層にとっての社会的事業所Aの働き方を検討する。

（2）就労環境の好ましさ
① 就労困難層——柔軟な働き方と労働圧力の弱さ

次に社会的企業のいかなる就労条件を従業員は評価しているのかを検討する。結論から言えば、就労困難層が評価する社会的事業所Aでの就労の特徴は、第一に「働き方の柔軟性」、第二に「ゆったりとした働き方」にあると考えられる。

第一の点であるが、社会的事業所Aでは、何らかの理由のもとで、経営者と相談のうえで、所定の就業時間のなかで出勤や退勤をある程度自由に設定することや休暇をとることが許容されている。この柔軟性を評価する従業員は7人の就労困難層のうち、6人であった。柔軟な対応は障害をもつ人に限らずシングルマザーなど、他の就労困難層にも適用される。

とくに、シングルマザーからの評価は高い。シングルマザーが親族に頼らずに子育てしながら働く際には病気など子どもの事情で突発的に仕事を休まなくてはならないなどの問題が存在する。シングルマザーの従業員のほぼ全てが、社会的事業所Aの柔軟な就業時間の調整を高く評価していた。例えばある従業員は次のように述べる。

今は本当に子ども中心になるので、［社会的事業所］Aからしたら、いらん人間かもしれないですけど、私としてはありがたいですね。融通を利かせていただけるというのが一番。
　　（筆者：その融通というのはかなり大事なところになるんですか？）。
そうですね。……恥ずかしいお話ですけど、今も毎日遅刻なんです。子どもがやっぱりグズグズ［学校に行かなかったり］で……遅れてくることが多いんです。やっぱり企業さんやったら、もう「辞めて」やと思うんです。［私のことを問題に］思ってはいらっしゃるかもしれないですけど、まだ大目に見てくださっているので。甘えさせてもろうてますけど。

就業時間の調整は雇用契約が結ばれた際に経営者との相談のうえでなされる。もし，従業員の生活に変化があり，調整が必要であれば見直しがなされている。例えば，ある精神障害を抱える従業員は次のように述べている。

［仕事を］自分で抱えてしまう癖があったので。逆に早く帰れというようにセーブをかけてもらった。……所定の時間ではなくて，仕事がたまってしまうので，早く片付けてしまわないと，気持ち悪いというか帰るに帰れないということがあったんですけれども。……［最近は］仕事量は減ったというか，減らしてもらったので，その辺は，仕事量も適量という感じで。……やっぱりAさん［＝経営者］が様子見てセーブかけたり，時間増やしたりしてもらってくれてますので。状況とか見てはって。

加えて，社会的事業所Aでは営業や生産のノルマが設けられておらず，仕事のペースが速くないことも肯定的に評価されている。社会的事業所Aにおいては職場の同僚からの仕事の圧力が強くないという。このことは，就労困難層の7人中3人の従業員から指摘された。

社会的事業所Aで求められる仕事量も過多とは言えない。この点は，精神的疾患にかかった従業員や，これまでの職業経歴で，強い労働負荷を感じていた層が評価していた。例えば，精神的障害を抱える従業員の1人は次のように述べている。この従業員は，過去に他の職場で働いた経験もあり，仕事や家庭上のトラブルもあって精神障害を抱えるようになった。

人間関係ももっと一般のとこ厳しいですからね。
（筆者：これまで働いてきた所はもう少し厳しいですか）
うん厳しいですわ，もっと，……ギスギスしてますよね，もっとサバサバでそんな人のことどうのこうの，そこまで思わないですからね。ここは，みんながね，障害もってはる人ばっかりやで，柔らかいですよね，人間関係が。

以上の「柔軟性」や「ゆったりとした働き方」は，就労困難層にとって重要な

意味をもつと考えられる。彼（女）らの経験してきた前職においては，職場における人間関係的なトラブルや厳しいノルマのために就業が難しかったと考えられるためである。

② 自発的就労層——やりがいと自己裁量

一方で，自発的就労層では柔軟性や労働への圧力の弱さが社会的事業所Aの特徴として評価されているものの，両者が決定的な仕事継続の誘因となっているわけではない。

肯定的に評価されている側面として第一に挙げられることは，社会的事業所Aにおける仕事自体のやりがいや意義である。具体的には，障害者と同じ現場で働くことや社会的に望ましい製品を製造することの意義について言及した従業員は多く存在した。やりがいは，自発的就労者で7人中5人が，就労困難層でも1人が言及した。また，仕事の意義についても自発的就労者層で7人中5人，就労困難者層では1人が述べた。例えば，ある従業員は次のように述べ，仕事上のやりがいに関して，障害者とともに働くことが重要であることを次のように述べている。

> 障害もった人と，ペアで，一緒に仕事するんですけども，やっぱりそういう仕事していくなかで溶け込んでいった……。一緒に働いてきて，この先もやっぱりずっと一緒にやっていきたいなと思ったし，その人らをほって，辞めていくっていうことが，できない。……最初はそういう営業の数人だけの話やったんですけど，［それ以外にも］やっぱりこう色々，いろんな人と関わりをもつなかで，一緒にこう，生きていけたらなみたいな，と，思うようになってきたというところですかね。

第二に，仕事上の裁量の大きさ（自律性の高さ）を評価する意見もあった。次の例では，障害をもつ従業員とともに働くことと同時に，自己の裁量で仕事が決められることを評価する意見も見られた。

> やっぱり，おもしろいからやね，この仕事が。例えば，一緒に回ってよく売れ

たときは，彼ら（障害をもつ従業員）がやっぱりうれしそうやね。そういうのを見てると楽しいし，自分自身も例えばよく売れたときに，このやり方で合うてたんやなとか。逆に，失敗した場合でも「きょうは売れんかったな」で彼らと話して「何で売れんかったんやろう」って彼らと話しながら「次はこの時間に行ってみよう」とか。成功も失敗も含めて，やっぱり一緒に働くのがおもしろいのと……。

以上のように，自発的就労層にとっては，仕事のやりがいや，自律的な労働スタイルが就労継続の理由として語られている。これらの側面は，先行研究で，サードセクターにおける労働の特徴として指摘された側面と一致する（Borzaga and Depedri 2009; Amin 2009a）。

まとめると，社会的事業所Aの労働条件は，就労困難層へは柔軟で負荷の弱い働き方がメリットであるとされ，一方で，自発的就労層には仕事のやりがいや，自律的な労働スタイルがメリットと認識されている。とくに，社会的包摂のためには，前者の性格は重要な意味をもつと考えられる。

（3）社会的事業所における労働環境の問題と対応

ただし，以上の意味で社会的事業所Aが評価されている一方で労働への包摂としては難点もある。大きな問題は先行研究でも指摘されている低賃金問題である。

社会的事業所Aでは，障害者に対して，最低賃金以上の賃金が支払われ，平均賃金は8万5000円程度である。これは，同県の障害者総合支援法内事業（調査当時は障害者自立支援法）である就労継続支援事業A型を利用する団体と比べると高い水準である。[6]しかし，同県の一般的な賃金水準からすれば，健常者への平均賃金は平均すれば17万円ほどで，社会的事業所Aの場合，一時金がないことも踏まえるならば高い水準とは言えず，扶養家族がいる場合には，それのみでは日本国内の相対的貧困基準と同水準となる。

平均賃金の低さは，経営者も含め「給与が上がらないこと」「賞与がないこと」「一般に比べれば安い」などの言葉で，聞き取り対象者の半数以上が言及していた。賃金構造基本統計調査で比べても社会的事業所Aの賃金の低さは確認でき，

同県内の食品製造業と医療福祉業の平均賃金と比較しても賃金水準は高くはない。

一方で，両タイプの従業員から，労働条件との兼ね合いで賃金水準は妥当だと考えているとの指摘も聞かれた。低賃金は，それぞれ就労困難層にとっては，柔軟でゆったりとした労働条件であること，自発的就労層にとっては，やりがいや自律性に見合ったものであると考えられている。生活の困難から月に2～3万円程度の上積みを望む従業員もいるが，他の多くの従業員は就労困難層も含めて，それなりの生活であれば上積みがなくても生活は可能であると答えている。

ただし，この「それなりの生活」は社会的事業所Aからの収入だけではなく，複数の収入源によって支えられていることに注意しなければならない。ヒアリング対象の就労困難層のほぼ全ては世帯単位で見れば，他の収入源をもっていた。

どちらのタイプにおいても，収入源の一つは他の家族成員による収入である。男性の世帯主は2人とも共稼ぎであり，パートナーが同程度の収入を稼ぐことが可能であった。また，女性の場合，夫が高い収入を得ているケースもあった。また，とりわけ就労困難層の場合，政府による何らかの形での所得保障も収入源の一つである。ヒアリング対象者のうち5人が障害者年金，1人が遺族年金，2人が生活保護を受給している。全てではないにしろ，社会的企業からの収入と多くの就労困難層は所得保障との組み合わせにより，生活を成り立たせている言わば「半就労・半福祉」の形態（岩田 2000）であると言える[7]。

逆に言えば，複数の収入源により生活を成立させていることが意味していることは，複数の収入源がない場合には「それなりの生活」を送ることが難しいことを意味している。つまり，政府や家族に頼れない場合，社会的事業所Aからの単独収入では十分ではないのである。

加えて，社会的企業に期待されることの多い，より望ましい条件の職場を目指した技能形成と職業移行（Borzaga and Loss 2006）の達成も，社会的事業所Aの場合は容易ではない[8]。そもそも社会的事業所Aからの転職を望む就労困難層の従業員は多くはない。これは社会的事業所Aへの満足度が高いとも考えられるが，複数の労働者は，年齢や学歴などの理由から，社会的事業所A以外の選択肢は現実的ではないと述べる。また，就労困難層にとって，社会的事業所Aでの就労で労働市場への参入の障壁が除去されるほどの技能蓄積が可能ではないことも意味し

第7章 連帯型社会的企業における就労環境

ている。

　転職の難しさは自発的就業層にも当てはまる。社会的事業所Aを通じた，キャリア形成は簡単ではない。社会的事業所Aは，社会福祉業界の事業所としての側面と一般企業的な事業所の側面を併せもつが，両者のどちらの業種にも，そのキャリアは評価されない可能性があるためである。実際には，一般企業が社会的事業所Aでの経歴をどう評価するかは明らかではない。しかし，ある従業員は社会的事業所Aの特殊性から，社会的企業の経験は評価されないだろうとも述べている。さらに，福祉部門とも社会的事業所Aは組織文化が異なることも指摘された[9]。

　相対的な一般就業者の低賃金問題は，利点となる働きやすさによって生じている点に社会的事業所の運営の難しさがうかがえる。賃金水準が高くならない要因の一つは，経営の効率性と望ましい労働条件の整備が両立できない点にあると考えられる。具体的には，従業員から評価されている個人にあわせた労働時間の調整は労務管理の難しさを意味する。一般には，仕事への圧力が弱い職場で労働意欲を高めることは難しいと考えられる。例えば，中核的従業員の一人は，従業員の意識に関して次のように述べる。

　障害あるからといって，こうできへんやっていう風に思ってる人がやっぱり，まだいるんちゃうかなと。ほんまはできるのに，障害で逃げてると，そういうところも感じるところはあるんで。やっぱり，できる部分は努力してやって欲しいなっていうところはありますね。障害あるなしにかかわらず。……障害ない人でも，やっぱり，こう，福祉のこう，なんていうかな，考え方の違いっていうか。……も，ちょっと，ちょっと甘く見てるというか，そういう人もいるんで，うちら，どっちかやったら会社的なね，ところがあるんで，その辺の意識をもうちょっと［心がけてほしい］[10]。

　このように，反能力主義的な考え方による働きやすさと組織レベルでの生産性を，どのように両立させるかが社会的事業所の一つの課題になると考えられる。

表7-3 労働統合型社会的企業の機能

	メリット	デメリット
就労困難層	柔軟性 負荷の弱さ	低賃金* キャリア形成の難しさ
自発的就労層	仕事の価値 能力発揮（裁量）	低賃金*

注：＊とりわけ，扶養家族あり，他の収入源なしの場合に問題が顕在化。
出典：筆者作成。

5 連帯型社会的企業の対等性が果たす役割と課題

　分析からは，就労困難者と自発的就労者では，社会的事業所Aへの就労の評価が異なることが示されている。

　労働への包摂と直接関連する前者では，社会的事業所Aは，その「柔軟性」や「仕事への圧力の弱さ」が評価されている。一方，本章第3節で検討した先行研究が示唆する通り（Amin 2009a; 浦坂 2007），自発的就労層においてはやりがいや自律性の高さから，賃金の低さにもかかわらず満足度は高い。これらを図に整理すると表7-3のようになる。すなわち，社会的事業所Aは，就労困難層にとっては社会からの排除のなかでの参加を保障する機能を保持すると同時に自発的就労層にとってはやりがいある働き場という機能をもつ。

　社会的事業所では複数の背景をもつ従業者が，異なる性格に意義を見出して就業にかかわりながら，同じ生産活動に携わるという点に特徴がある。このような多様性を生み出すことの背景には，障害者を含めた就労困難者と非困難者が，対等な立場で働くことが組織の目的とされていることや，組織の意思決定に就労困難者（全てではないものの）もかかわれることが影響していることが想定される。組織的性格と働きやすさのメカニズムの詳細な検証は必要であるが，本分析では「共に働く」職場における働きやすさの一端を示している。

　しかし，同時にこのような特徴が，低賃金問題や技能蓄積の不全を引き起こしている側面があることに連帯型社会的企業における事業の難しさがあり，ここに市場のロジックと民主主義のロジックの対立と調整を見ることができる。経営者

や中核的従業員も，賃金の低さという問題が存在することは否定していない。とくに平等な賃金体系をもつゆえ，とりわけ非就労困難者，健常者にとっては，その賃金水準はさほど高いものとは言えない。賃金水準が高くならない要因は，二つ挙げられるだろう。

第一に，事業所で重視されている対等性ゆえに，生産性に応じた賃金分配が行われていないことである。一般的な事業体やあるいは支援型社会的企業では許容されるだろう生産性に応じた配分に対して，社会的事業所Aでは否定的である。そのため，生産性が高い従業員の賃金も高くはならない。

第二に，事業体の効率性の問題がある。市場のロジックから求められる経営の効率性と，民主主義のロジックの帰結として生じる従業員の必要充足の両立が容易ではない。具体的には，従業員から評価されている個人にあわせた労働時間の調整は労務管理の難しさを意味する。また，一般には仕事への圧力が弱い職場で労働意欲を高めることは難しいと考えられる。これは，市場のロジックと民主主義のロジックが導く組織行動のあいだでのコンフリクトを映し出していると考えられる。

その結果，相対的な低賃金問題が生じる。ここで重要な点は，何らかの形での所得保障である。分析で示したように，公的な所得保障（生活保護や障害者年金）により，社会的事業所Aに関与する就労困難状態にある人々の生活が維持されている側面は小さくない。[11] 公的な所得保障の代替的役割を果たすものとして連帯型社会的企業が捉えられるならば，意図せざる帰結として，連帯型社会的企業や従業員への負担が拡大する可能性もあり，所得保障と連帯型社会的企業による就労の場の提供を代替的に捉えることには注意が必要である。

6　連帯型社会的企業のなかの就労の場——対等性と市場の論理の両立

本章の分析からは，連帯型社会的企業の提供する就業の場は，従業者にとって異なる意味づけを与えられ，異なる機能を果たしていると言えるだろう。

社会的企業概念は，一般的に政府や，企業，サードセクター界から異なる理解をされてきたことはかねてより指摘されてきたことである（藤井 2010b）。しかし，

第Ⅱ部　労働統合型社会的企業の成立と展開

社会的企業は，社会的企業で働く人々にとっても多様な意味づけを与えられている。社会的企業内部においても，社会的企業のなかでの働き方の意味づけは，少なくとも就労困難層と自発的就労層で異なっており，組織は，それぞれ勤続に関して異なる誘因を与えている。

　今後の社会的企業研究は，組織内の制度的配置と構成員の多元性に配慮したうえで，組織による「福祉の生産」とアウトプット（就労支援・就労機会の提供），アウトカム（社会的包摂の達成）の関係を理解することが求められる。第6章での支援型社会的企業と比較すれば，支援型社会的企業と同様に，生活状況に合わせた労働条件や負担のかからないような仕事配分はなされており，その結果，良好な仕事の場への包摂が達成されている意味で類似性があるものの，そこにいたるまでの過程には異なる側面が確認できる。

　連帯型社会的企業の場合は，複数の対等性が福祉の生産を支えている。連帯型社会的企業の場合，支援型社会的企業のように重層的な相談支援や生産性に合わせた待遇上昇（ステップアップ）によってなされているのではない。反能力主義的な賃金制度や支援／被支援の関係にない従業員関係によって，働きやすい就業の場が形作られている。連帯型社会的企業では，生産活動への参与は行われている一方で，それは能力の高低とは関連しない形で行われているのである。

　ただし，考察で検討したように，社会的事業所Aにおいては，民主主義のロジックは，(1)賃金分配の対等性を導くとともに，(2)効率的な運営を阻害する側面がある，という意味で，市場のロジックが促すような運営スタイルと異なる側面も併せもっている。市場のロジックに従う組織行動なくしては組織の持続性が損なわれ，民主主義のロジックに従う組織行動なくしては，従業員の必要充足が図れないことを考えると，両者をいかにバランスさせて事業運営するかが課題となるだろう。

　それにもかかわらず，社会的事業所Aの事業活動を支えている一側面は，民主主義のロジックによる組織行動であることも忘れてはならないだろう。社会的事業所の裁量の大きさや社会的意義に，やりがいを感じる自発的就労層による就業が社会的事業所の運営を支えている。民主主義のロジックに従った対等性により生じる事業活動の特徴に意義を見出すような層を取り込むことにより，連帯型社

第7章　連帯型社会的企業における就労環境

表7-4　ヒアリング従業員リスト

No.	性別	年代	週当たり労働日数	一日当たり労働時間	週労働時間	ヒアリング有無	就労困難/自発
1	F	40代	5	8	40		
2	F	30代	5	8	40	+	就労困難
3	M	30代	5	8	40	+	自発
4	M	30代	5	8	40	+	自発
5	F	20代	5	8	40		
6	M	40代	5	8	40		
7	F	50代	5	8	40	+	自発
8	F	50代	5	8	40	+	自発
9	F	50代	4	8	32	+	自発
10	M	30代	5	8	40		
11	M	60代	5	8	40		
12	F	40代	5	8	40	+	就労困難
13	F	40代	5	7	35	+	就労困難
14	F	50代	5	7.5	37.5		
15	F	30代	4	5.3	21.2		
16	F	30代	3	4	12		
17	F	50代	3	7	21		
18	F	30代	4	5	20		
19	F	50代	5	5	25		
20	M	20代	退職者			+	自発

障害のある従業者

No.	性別	年代	障害種別	週当たり労働日数	一日当たり労働時間	週労働時間	ヒアリング有無	就労困難/自発
1	F	40代	身体障害	5	7	35	+	就労困難
2	M	40代	精神障害	4	2	20		
3	M	40代	精神障害	4	5.5	22		
4	F	50代	身体障害	5	7	35	+	就労困難
5	M	20代	知的障害	5	7	35		
6	M	20代	知的障害	5	7	35		
7	M	40代	知的障害	5	8	40		
8	F	40代	知的障害	5	8	40		
9	M	20代	知的障害	5	7	35		
10	M	30代	知的障害	5	7	35		
11	F	40代	身体障害	5	4.5	22.5		
12	M	30代	知的障害	5	6	30		
13	M	40代	知的障害	5	5.3	26.5		
14	F	30代	身体障害	5	5	25		
15	F	30代	精神障害	5	4	20		
16	F	20代	知的障害	5	4	20		
17	M	30代	知的障害	5	4	20		
18	M	30代	知的障害	5	6	30		
19	M	20代	知的障害	5	4	20		
20	M	40代	身体障害	5	4.5	22.5		
21	F	20代	知的障害	5	4	20		
22	M	20代	知的障害	5	4	20		
23	F	30代	知的障害	5	5	25		
24	M	30代	精神障害	5	6	30	+	自発
25	M	20代	知的障害	5	4	20		
26	F	20代	知的障害	4	5	20		
27	F	20代	精神障害	1	2	2		
28	F	40代	身体障害	4	5	20		
29	M	10代	知的障害	5	4	20		
30	F	20代	知的障害	5	5.5	27.5		
31	M	30代	精神障害	5	7	35	+	就労困難
32	M	30代	精神障害	4	5	20		
33	F	20代	知的障害	5	4	20		
34	F	40代	身体障害	5	5	25		
35	M	30代	知的障害	5	4	20		
36	M	20代	身体障害	5	4	20		
37	M	20代	精神障害	5	6	30		
38	F	40代	身体障害	5	8	40	+	就労困難
39	M	20代	知的障害	5	4	20		
40	M	20代	精神障害	5	4	20		
41	F	30代	精神障害	5	4	20		

出典：団体提供資料より筆者作成。

会的企業は継続することが可能となっている。これは，常に市場のロジックに対して，民主主義のロジックが阻害的に機能するとは限らないかもしれないという含意をもつ。例えば，本事例で対等性により，自発的就業層のモチベーションが高まっていたように，片方のロジックによる組織行動が他方のロジックによる組織行動を捉進する可能性もある。

さらに，本調査からは，とくに労働統合型社会的企業のなかでも連帯型社会的企業は，就労困難層にとって，社会的企業は働きやすい生産活動への参与の場を提供する意義はある一方で，同時に低賃金問題や技能形成の不十分性といった課題を抱えるものであることが示された。このような連帯型社会的企業による生産活動への統合を進めるうえでは，就労困難層以外の一般労働者の活動参加の理由や，社会的企業をとりまく制度条件——具体的には，就労困難者への所得保障政策や企業外部の職業訓練——などが検討される必要があることも意味している。

注

(1) 「満足している」「まあ満足している人」の合計を指す。
(2) 2008年10月22日のヒアリングによれば，経営者は「わざとではないんだけど，例えば募集したときに二人来たときに母子家庭の方を採用する」と答えている。
(3) 本章では，プライバシーの観点から固有番号をつけずヒアリング対象を匿名化する。
(4) 事業所内でのヒアリングであり，経営者の許可のもとで行われたことを考えると回答の結果には問題（短所）をより過少に回答するバイアスが発生している可能性は高い。
(5) ただし，経営者によれば，労働時間が20時間以下の短時間労働者の少なくない層が，社会的事業所Aの理念にコミットしていないという。
(6) 平均賃金は労働時間や障害程度によっても影響されるため，単純な比較はできない。検証は必要であるが，経営者からの証言では，比較的重度の障害者や短時間労働者が多いなかでは，高い部類に入る。
(7) 就労困難層（7人）より，所得保障を得る従業員数（9人）が多いのは，就業時に，自発的就労層であったが，その後，何らかの理由で不利を抱えるようになった従業員が複数在籍するためである。
(8) 専門的な社会福祉系大学の卒業生は早期に辞める傾向にあることが複数の従業員から指摘された。この理由として社会的事業所Aでの主目的が障害者福祉施設と異なり，

障害者のケアにあるのではなく，障害者と同じ立場で事業を行うことにある点に求められると考えられる。

(9) また，社会関係の構築や社会集団への参加が社会的企業に期待されることもあるが（Evers 2001=2004），本事例においては，社会関係は事業内に限定されていると考えられる。これはとくに就労困難層に当てはまる。社会的事業所Aは，アドヴォカシー活動などを通じた他団体との交流も行っているが，交流に参加するのは社会的事業所Aの活動や考え方に関心をもつような自発的就労層が多い。就労困難層は，体力や家族などの問題から休日に行われることの多い交流活動に参加することは簡単ではなく，参加する従業員は多くない。

(10) 引用部では，当人の努力が言及され，能力主義的な側面が見られる。しかし，その後にすぐ，「やっぱり身体［障害］の人は物理的に動けない，知的［障害］の人は考えられないと言ったら言い過ぎですけど，そういうところ，部分はあると思うんですね。ほんなら，その逆のことをそれぞれがカバーし合えばいいんじゃないか」と述べられており，個別の能力が問題とされるだけではなく，組織レベルでの生産性向上が意識されていることが見て取れる。

(11) 加えて，就労困難者への直接的な所得保障は，労働市場で弱い立場にある就労困難者にとって，性格の合わない社会的企業からの退出を保障する点でも有効だと考えられる。社会的企業は，「貧困ビジネス」（貧困者を対象に不当な利益を生む団体）との峻別が問題とされることが多いが（湯浅 2008: 150-151），とくに当事者への直接の所得保障はその間接的な対策になるだろう。

(12) ただし，職業訓練は，反能力主義を重視する連帯型社会的企業の成員には好まれない選択肢である可能性もある。

終　章
ポスト福祉多元主義のサードセクター研究

1　本書の知見とその意義

(1) 知見の整理

　本書では，理論的にサードセクターを捉え直すこととともに，そこから設定した枠組みから労働統合型社会的企業の成立と展開を明らかにしてきた。終章となる本章では，本研究で探求の道筋とそれによって得られた知見を整理したうえで，これからの社会政策とサードセクターの関係をめぐる研究の行方を検討する。

① 理論的検討の整理

　これまでサードセクターの標準的理解では，市場でも政府でもないセクターが，一元的な原理を共有することを前提としていた。あるいはそうでない場合も，研究者や実践家は様々に，サードセクターに共通する本質を明らかにしようと試みてきた。しかし，第1章で示した通り，とりわけ福祉国家再編期において，市場でも政府でもない領域に，一元的な本質（互酬性，市民性，コミュニケーション的合理性などの原理）を見出す捉え方は問題を抱え，「福祉の生産」における多様性を識別する枠組みが求められる。このとき，福祉多元主義のようなサードセクターのこれまでの標準的理解では，少なくとも，サービス供給割合が高まり，福祉生産の多様性を理解することが必要とされる社会政策研究の文脈では，その供給の帰結を明らかにするためには困難を抱えることを主張した（第1章）。

　それに対して，第2章ではサードセクターを捉え直す方法を検討した。まず，サードセクターの境界は可変的であり，「発明」されたものと考える諸研究を検討し，市場でも政府でもない領域を対象とするとしても，それらの組織群が共有した原理をもつと想定する必要はないことを主張し，これを「弱い境界区分」と

概念化した。

「弱い境界区分」を採用した場合には，サードセクターの内部は複数の原理が共存し，対立すると想定することが妥当であると考えられる。複数の原理が共存し，サードセクターに影響を及ぼす状態を適切に捉えることが必要であり，このような視点からの研究は筆者が媒介モデルと呼ぶエヴァースの福祉ミックス論（Evers 1995）などでも見られた。ただし，エヴァースらが展開するような媒介モデルにも問題点――再分配・市場交換・互酬では捉えられない規範的秩序の存在――が存在し，それを改良するために「制度ロジック・モデル」によってサードセクターを捉えることが有用である可能性を指摘した。

さらに，社会的企業を経験的対象とするためには，対象特定問題に対応する――すなわち「何を対象に研究すれば社会的企業の性格を明らかにしたか」を明確にする――必要があった。そこで労働統合型社会的企業の概念特性を検討したのが，第3章であった。まず，社会的企業が経験的研究の対象とするうえで対象特定の困難を二重の意味で抱えることを指摘した。第一に，サードセクターと社会的企業概念が，法人格など既存の組織形態を横断して概念化されるという性格を示した。第二に，社会的企業という組織形態は，ハイブリッド性を中核的概念とするために，対象特定が困難な組織形態であることを示した。これらの二重の対象特定化の困難に対して，一次理論と二次理論の区別に注意し，法人格や組織アイデンティティなどの人々によって共有された組織形態を対象とする「対象特定における制度的アプローチ」を採用することによって経験的研究をなすことが可能となることを主張した。そのうえで，労働統合型社会的企業を対象に，その成立と行動を明らかにすることを経験的研究の主題として設定した。

② 経験的検討の整理

まず，分析した主題は労働統合型社会的企業の成立である。労働統合型社会的企業の組織カテゴリの制度化と，その内部の二つの組織形態の比較検討を行った（第4章・第5章）。

第4章では，労働統合型社会的企業という組織形態のカテゴリの成立を論じた。労働統合型社会的企業の制度化は2000年代後半以降から見られ，2015年時点では半構造化された状態にある。労働統合型社会的企業カテゴリは，社会政策のなか

終章　ポスト福祉多元主義のサードセクター研究

で就労支援と結びついて導入されたことが確認された。ただし，政策担当者や研究者，実践家によって受容され組織フィールドは成立しつつあるが，人々の認識において確固たるものとして確立しているとまでは言いづらい。

さらに，第5章ではそのような組織フィールドのなかで，労働統合型社会的企業は二つの主要な組織形態に区分できることを示した。支援付きの就労の場を提供することによって段階的就労を目指す支援型と，就労困難者と非就労困難者の対等性を強調することにより，能力を問わず，仕事への包摂を試みる連帯型に区分できることを示した。両者の組織形態はそれぞれ異なる制度ロジックの組み合わせ（市場のロジック／専門職（社会福祉）のロジック，市場のロジック／民主主義のロジック）に従っており，コンフリクトを抱えながら福祉の生産に取り組んでいることが予想された。

続いて，それぞれの類型における福祉の生産プロセスの帰結とメカニズムを検討した。第一に，支援型社会的企業における代表的事例を検討し，その福祉の生産とアウトプット，アウトカムを示した（第6章）。対象事例では，先行研究の懸念とは異なって最低賃金以上の水準には達成するものの，それにもかかわらず生計を維持する内容とはなりづらいこと，またステップアップは，市場のロジックだけでは決定されず，組織内の支援と市場のロジックの対立と妥協のなかで決定されることを指摘した。

第二に，連帯型社会的企業の事例を検討し，その福祉の生産とアウトプット（就労機会・訓練機会の提供），アウトカム（社会的包摂）の関連を示した（第7章）。連帯型社会的企業では，対等性が重視され多様な就業者が対等な立場で就業の場にかかわることで事業レベルでの生産性を高めており，全員が最低賃金以上の状態に置かれている。しかし，やはり労働による報酬だけでは生活に足るだけの水準とならないことを示した。また，反能力主義的な生産活動への参与を重視する民主主義のロジックを重視することにより，就労困難者にとって働きやすい環境を提供することは可能となっているものの，十全な効率化を図る事業体と比べて高い生産性を発揮することが容易ではない可能性を指摘した。

本書では，成立と行動という二つの主題に関して経験的研究を行ったが，この研究にかかわる知見と限界がいくつか確認できる。

(2) 本書の意義

① 理論的含意

まず，本書の理論的・経験的研究から導かれる理論的含意を示そう。

第一の意義は，サードセクターに対しては強い境界区分は問題があり，その代替案であった再分配－市場交換－互酬といった媒介モデル (Evers 1995) にサードセクターを位置づける捉え方も問題を抱えていることが示されたことである。本書ではこれまでのモデルに対して検討を加え，「制度ロジック・モデル」による視角を提案した。

労働統合型社会的企業への経験的研究が示すように，媒介モデルでは「互酬」とまとめられるであろう要素のなかには，複数の区別されるべき論理が区別できずに重なっており，異なる規範的秩序に基づいた活動が行われている。媒介モデルではこれは「互酬」とまとめられてきた。これに対して，制度ロジック・モデルを用いることにより，より柔軟にロジックの多様性の区別が可能である。例えば，この枠組みを使用することにより，市場－専門職，市場－民主主義が異なるプロセスのもとで福祉の生産に取り組んでいることを区別することができる。

サードセクター研究の文脈で検討の必要があるのは専門職と民主主義のロジックの区分だけではないと考えられる。例えば，米澤 (2014) では，本書の対象とは異なる，障害者就労支援領域の事業体の検討を行った。対象とした事例では，家族のロジックと市場のロジックの対立と妥協のもとで，就労支援が行われることを示した。このように，福祉の生産にかかわる事業体は複数のロジックのなかで活動しており，とりわけ就労支援の事業体においては市場が何らかの形で表れるにしても，それを介在する社会性の内容は多様であることが意味されている。[1]

社会／経済といった二分法的な視点では区別困難な対象が，「制度ロジック・モデル」により，理解可能になる例は他にもある。例えば，社会的企業のなかには，国内でも比較的若い世代の起業家による社会的企業（代表的には，病児保育のNPO法人フローレンス）もあれば，社会運動を基盤とした社会的企業（代表的には，ワーカーズ・コレクティブ）もあることが知られている。研究者は社会起業家などの言葉で取り上げられる社会的企業と伝統的な社会運動を基盤とした社会的企業を区分しようとしてきた。両者の区別をなす際に，これまでは市場性の強さと民

主主義という対立的な見方により，「市場主義的」な若い世代の社会的企業と「市民参加」や「連帯」を強調する社会運動を基盤とした社会的企業を区別してきた（藤井 2013a: vi）。

　しかし，「制度ロジック・モデル」を用いることで，より適切な区分を与える事が可能である。例えば，若い世代による社会的企業は，市場主義と形容するよりは「プロジェクト」主義的であると言えるかもしれない。ここで「プロジェクト」とは，フランスの社会学者であるボルタンスキーとシャペロが，1990年代の資本主義に見出した新しい規範的論理（「プロジェクトの市民体（シテ）[(2)]」）の一つの類型を指している（Boltanski and Chiapello 1999=2013: 162）。ネットワーク，柔軟性，プロジェクトへの不断のコミットに価値を見出す行為や象徴の型が「プロジェクト」のロジックであるとすると，その有無が，社会起業家による社会的企業と社会運動を基盤とした社会的企業を分かつと考えた方が，若い世代の社会的企業と社会運動を基盤とした社会的企業についてより正確に区分できると考えられる。

　これをより一般的な文脈に敷衍するならば，社会的企業だけではなく，我々が「社会的なもの」を研究対象とするときに，それを残余としてではなく，探求すべき対象として設定する必要と意義を本研究は示している。そして，探求によって，そのなかにある多元性——例えば，専門職と民主主義といった異なるロジック——を捉えるべきだと考える。近年，国内の社会学では「社会的なもの」（the social）を問い直す試みがなされている（市野川 2006; 市野川・宇城編 2013）。本書も「社会的企業」という分類により，社会の成員がいかに集合的な行為を行い，その意味づけをなしているかを問うものであり，経済活動と「社会的なもの」の関係の理解に貢献すると考えられる。

　サードセクター研究の標準的理解では，このような「社会的なもの」を，社会を市場や政府でない"オルタナティブ"で一元的なものとして想定するきらいがあった。しかし，我々は，「社会的」というときに見出される規範の複数性を解き明かすべき対象として設定しなければならない。その重なりや併存，対立，妥協などの局面を理解することにより，サードセクターだけではなく，「社会的なもの」を研究者はよりよく理解することができるし，さらに，翻って，国家や市場の社会的基盤の理解にもつながるだろう。

第二の意義は，市場でも政府でもない領域を捉える際に，人々の認識による組織形態の区分をもって対象を捉えることの可能性を示したことである。本書ではサードセクターやその下位の組織形態の分類に関して，一次理論と二次理論を区別する必要性があること，そして人々が共有する制度化された分類に注目することが方策としてありうることを提示し，その下で対象特定を行った。これまでのサードセクターの標準的な研究プログラムは問題を抱えていると考えられ，これからのサードセクター研究では，その多元性を——複数の制度ロジックや人々の制度化の試みに注目しながら——腑分けをし，理解することが必要であると考えられる。

　これまでのサードセクター研究では，人々のサードセクターの組織の分類にかかわる方法は同一のものであり，人々は異なる立場であっても同一の組織区分をなすものと疑わなかった——あるいは問題にもされなかった。標準的理解では，市場でも政府でもない領域は単一の「セクター」(the sector)だと想定され，それらのセクターは社会を区分する原理を体現するものであり，それゆえに人々が問題なく共有する分類に基づいていると考えていた。このとき，人々の組織分類にズレがあると考えられてはこなかったし，研究者の組織の分類も，また社会の人々の一次理論と同一のものであると考えられた。サードセクター一般を研究しようとする研究者は前提として，サードセクター一般にかかわる組織分類が人々に共有され，その組織分類に基づいた行動がなされるとの考えがあった。

　しかし，本書で指摘した通り，サードセクターの区分は歴史的に「発明」されたものであり，そこにいかなる組織形態が含まれるかは自明なものでない。「政治的」でも「経済的」でもない領域が存在すると想定したとしても，その組織分類は様々な形がありうる。いわば，サードセクターは，「複数のセクター」(sectors)を含みこみ，「複数のセクター」によって構成されるものである。もし，単一のセクターからサードセクターが構成されると考えるならば，それを改めて根拠立てて主張することが求められると考えられる。

　実際に経験的研究で示したように社会的企業という言葉によって，実践者，政策担当者，研究者は異なる組織の分類に基づいて組織形態の制度化——支援型／連帯型——を図っているようである。そして，それぞれの組織形態は異なる制度

ロジックのセットを参照しながら福祉の生産にかかわっている。そして，制度的に「業界」（組織フィールド）のようなものが作り上げられている。そうであれば，サードセクターの研究者がなしうることは，サードセクター一般を問題とするのではなく，人々がサードセクターやそれに関連する概念によっていかなる組織の分類を行っているかを示すこと，そして，それぞれの分類に基づいた組織形態が，いかなる制度ロジックの組み合わせのなかで活動しているのかを示すことではないかと考える。研究者は人々がどのように組織を分類しているのかに，より敏感にならなければならない。

　本書がサードセクターの福祉の生産を分析するために援用した「弱い境界区分」や「制度ロジック・モデル」「対象特定の制度的アプローチ」などの分析上の工夫は，これまでの標準的理論の問題を浮かびあがらせている。これまでのサードセクターの標準的理解では，「原理を共有する」という想定によって，意識的，あるいは無意識的に，サードセクターを論じるときのいくつかの困難を上首尾に回避してきた。そこではサードセクターが何らかの原理を共有するものであるとの想定により，境界内部の規範的秩序が多元的であることや境界線の引かれ方が可変的であることを論じる必要性は失われる。人々は一元的な原理に従って社会の分類をなしているのであれば，その議論自体が必要ない。

　しかし，規範的秩序が多元的であることや境界線の引かれ方が可変的であることに正面から立ち向かうことは，サードセクターの社会政策上での役割を理解するうえでは避けることができない。この作業は，人々に共有される組織形態の成立や行動を問い，様々な角度からの理論的・経験的研究を積み重ねることでしか理解できないと考えられる。これは一見すると遠回りかもしれないが，サードセクターの現代的位置を理解するためには不可欠な作業である。この作業の先には，サードセクターという"くくり"方は，意味を失ってしまう可能性もある。そのときに「サードセクター研究」は消滅するかもしれない。しかし，それでも「（社会サービス提供）組織と社会政策」という研究主題は重要な意味をもちつづけるだろう。

② 政策的含意

　本書の経験的研究は，就労困難者の労働統合型社会的企業が機能するための政

策的示唆も与えるものである。支援型と連帯型の両方の検討からは就労困難者への就労を通じた社会的包摂を試みるうえで，重要な政策的な示唆が導かれる。この二つの結果からは異なるプロセスで就労困難者に対応していることが示された一方で，共通の社会政策的文脈における課題が示されている。

　支援型社会的企業でも連帯型社会的企業でも，良好な条件就労の場を提供しているが，支援と対等性といった異なる価値を重視しながら，両者は異なるプロセスによってそれはなされている。それぞれで就労支援に対する批判者が懸念する搾取——それは市場のロジックに当事者の処遇を任せることを意味すると考えられる——を回避するための歯止めのメカニズムは複数ありうることである[3]。少なくともここで区別した，民主主義と専門職のロジックのそれぞれで，必要充足の力学は異なるため，同様に良好な就労機会・訓練機会を提供するためには焦点の異なる規制政策（ルールの設定）の導入が求められる。労働統合型社会的企業への規制のなかで，専門職のロジックを強めるためには，専門職の権限を強めることや職場担当者に専門職を設置することが必要であると考えられる。あるいは民主主義のロジックを強化するためには，職場において当事者の参加を実体的なものとして保障することが必要であると考えられる。

　一方で，いずれの類型においても，先進的事例でさえ，生活に足るだけの収入は就労のみによっては得られないことは共通している。この二つのロジックは市場のロジックを緩和する機能を果たしているが，そのために先進的事例でも，就労だけで就労困難者の生計の保障を行うことは難しいと考えられる。そのため，労働統合型社会的企業による就労機会・訓練機会の提供は所得保障政策と代替的関係にあるのではなく，補完的関係にあることに注意するべきである。支援型社会的企業，連帯型社会的企業のいずれも，国家による所得保障政策と代替的関係にあると考えられることもあるが，本研究の知見からは妥当とは言えない。いずれの型の社会的企業も所得保障のための他の政策手段と組み合わされることが必要である。

　具体的な政策手段を提案することは，本書の射程を超える。所得保障と補完的にあるとして，それが事業体への優先発注や人件費補助などの「組織のレベル」である方が望ましいのか，あるいは給付つき税額控除に代表されるような組織で

就業する「個人のレベル」である方が望ましいのかは，より詳細な理論的・実証的研究が必要であろう。いずれにせよ，対象とした組織が，社会的企業の代表的事例であることを踏まえると，より一般的な事例においては，労働統合型社会的企業が所得保障の代替とはならない傾向は一層顕著となるだろう。[(4)]

2　サードセクターと社会政策をめぐる研究の方向性

（1）分析レベルの再検討——単独組織レベルの研究／組織群レベルの研究

　これまでサードセクター研究は，単独組織の研究を中心としてきた。本書でも後半の研究は単独組織のメカニズムを研究している。しかし，その視点はよりメゾレベル——組織群や組織フィールド——のレベルで探求されることが併せて重要である。

　本研究では，第4章において，組織フィールドを部分的に導入し，この観点から組織の成立を論じた。これまでの研究では個別組織の成立や活動をもって，ある組織形態の成立や特徴を示してきた。このような形で組織形態の集合を対象に研究を図ることはこれまであまり意識されてこなかった。しかし，人々の認識された集合がどのように成り立っているかは，サードセクター研究にとっても，社会政策研究にとっても重要なことである。

　ただし，本研究では組織フィールドを全面的に活用した分析は行えなかった。これは，主として就労困難者支援の社会的企業が完全には確立されていないことによる。例えば，国内で先駆的にメゾレベルでの研究をなしているのは，社会学者の須田木綿子であるが（須田 2011），メゾレベルの研究は，ある程度の組織フィールド（業界）が形成された領域である高齢者介護のような領域には適合的であると考えられるものの，形成途中の就労困難者支援の社会的企業では，まだ困難であると考えている。本書で示したように労働統合型社会的企業の組織フィールドは形成途上であり，そこに属する組織群の確定ができないためである。

　組織フィールドを対象とした研究の重要性は，社会政策の対象となる個人の置かれる状況を考えれば明確になると考えられる。多くの場合，社会政策の対象となる個人（必要充足が求められる困難者）にとって，個別組織が問題となるのでは

なく，組織群（organizational population）や組織フィールドレベルのなかでサービス供給組織の選択が問題になっている。また，サードセクター研究は，先進事例の研究によって福祉供給の望ましさを論じる傾向があるが，このようなミクロレベルの研究では十分に捉えられない現象もある。例えば，サービスの質に関して，1団体の先進的組織と，9団体の平均以下の組織が存在している地域と，10団体の組織が全て平均以上の組織が存在する地域と比べた際に，必要充足を目的とする社会政策の供給にとってどちらが望ましいかは，メゾレベルの研究でしか判別できない。このような問題は，単独組織のメカニズムを理解するだけでは解くことができない問題である。

メゾレベルの研究を行う際に参考になるのが，アメリカの組織社会学で探求されてきた，新制度派組織理論や組織生態学の研究である。例えば，ディマジオとパウエルによる新制度派組織論の古典的論文では，公共政策と組織研究の対話を呼びかけている。彼らによる問いかけは，現代の社会政策研究においても極めて重要であり，社会政策研究者は正面からこの問いかけに答える必要があると考えられる。

> 組織的同型化のさらに発展した理論は，国家が私的組織を介して機能するような領域における社会政策において，重要な含意をもつかもしれない。公共政策をめぐる討議のなかで，多元主義が主要な価値とされる限りにおいては，私たちは，同質性を加速させるのではなく，多様性を促進するような，新しいセクター間（intersectoral）の調整の方法を発見する必要がある。フィールドがより同質化する方法を理解することにより，政策担当者や分析者は，大きな失敗による組織形態［引用者注：の多様性］の消失の混乱を回避することができるだろう。近年の多様性を促進させるような努力は，組織的空白のなかで行われる傾向にある。多元性に関心のある政策担当者は，プログラムの個別組織への単純な影響ではなく，全体としての組織フィールドの構造への影響を考慮するべきである。（DiMaggio and Powell ［1983］1991: 80）

ここでディマジオとパウエルは多元性という価値観に焦点を当てて，組織的

(制度的)同型化のメカニズムを適切に理解することが,組織形態の多元性を損なわないような方策を促進することになると期待している。そして,社会(公共)政策の研究者や政策担当者がそのような理解を進めることが重要であると考えている。多元的な価値を追究するディマジオとパウエルに対し,普遍性や平等を理念として重視してきた社会政策研究の立場から暫定的に応答するならば,場合に応じて水平的・垂直的な均質性を確保することも,多様性を確保すると同様に重要であり,競争的・制度的同型化を回避することのみの探求が求められるとは言えない。[5] しかし,いずれにしても組織の集合的なレベルで,多様性や一元性をいかに確保することができるかは,社会政策研究にとって極めて重要な問題であると考えられる。

　第1章で示したような形でサービス供給の拡大が進むとするならば,民間組織を経由することによって必要の充足がなされる局面の増加が予想される。そのときには,多元性が重視されることもあろうし,同質性が重要になることもあるだろう。どちらの場合でも,組織群や組織フィールドレベルで市場や政府以外の組織がどのように振る舞うかどうかの理解が一層必要となる。このような視点からのサービス供給者に関する多元性の理解は,社会政策の供給側面の理解に貢献するものとなるであろう。

(2) 規制とサードセクター

　本研究が示したように,複数のタイプの規範的秩序にサードセクターが従うことは,政府とサードセクター関係にも示唆を与える。

　既存研究が主張するような「費用負担者としての政府」と「サービス供給者」としてのサードセクター組織といった政府-サードセクターの協力モデルを提唱するだけでは不十分である。これまでの諸研究が主張してきたように政府が費用負担を担い,サービス供給をサードセクターに任せたとしても,サードセクターの組織構成によって全く異なる帰結が生じることは容易に想像できるためである。

　資源配分だけでは十分に公私関係を理解できないと考えられる際に,規制者としての政府やサードセクター自身の役割が重要になる。政府はルールの設定者としての役割をもつことを,サードセクター研究者はより自覚的になる必要がある

（これは政府とサードセクターの対等性を担保するルールといった通常指摘される内容以上のものを含意している）。例えば，本書で対象とした就労支援分野について検討しよう。何らかの理由で，社会福祉のロジック（専門職のロジック）の制度的要請にサービス供給組織を従わせたいとするならば，社会福祉専門職の配置を義務づけることが求められるだろう。あるいは民主主義のロジックの制度的要請に従わせることが必要であると考えるのならば，構成員の参加要件を求めることが必要になるだろう。また家族のロジックが必要であると判断されるならば，労働者やサービス受給者の家族会の設置を義務づけることがありうるかもしれない。

　ただし，ルールを設定したとしても，設定者の想定通りの帰結を生むとは限らない。例えば，近年の貧困ビジネスの問題化が示している通り，自律性を伴った民間事業者は様々な方法でルールの抜け道を探ろうとするからである。どのようなルールが設定されており，そのなかでサードセクターの組織がいかに振る舞うかに関する研究を我々は蓄積する必要がある。

　また，政府による規制だけではなく，民間組織が規制の主体になることもありうることにも，より注意が払われるべきである。例えば，アメリカにおける医療提供組織のように自主基準をサードセクターが整備し，認証を行うといったことや，またサードセクター組織が連合組織を形成してその入会を義務づけるような弱いルールがどのような効果をもつのかといったことも検討の対象になるだろう。また，明確なルールでないにしても，民間組織が望ましい活動について「表彰」や「お墨付き」を与えるようなことも，また重要な質のコントロールや望ましい活動の伝播のためには重要な役割をもつと考えられる。このような「正統性」にかかわる規制の構築や設計に関連して，サードセクター組織がどのように振る舞うのかを明らかにする作業は，社会政策供給の場面において重要な意味をもつと考えられる。

（3）サードセクターと福祉国家の歴史的展開

　本書でなしたようなサードセクターの捉え直しは，福祉国家と福祉社会をめぐる歴史的認識に対しても示唆を与えるものとなるだろう。

　これまでのサードセクター研究では，福祉国家の後退や市場主義への反発の所

産として，市民社会の成熟＝サードセクターの誕生と発展が語られてきた。ここではサードセクターの拡大が，「よい社会」を生み出すことが当然の想定とされてきた。しかし，政府や市場以外の領域に単一の原理を見出さないとするならば，このような「成熟説」は必ずしも説得力をもたない。サードセクターの拡大は，何かの単一の善い原理の拡大を意味するのではなくて，多様な合理性に従う組織群の拡大を意味すると考えられるためである。すなわち，後者の場合は，組織的な散らばりが増大することが意味される。

また，サードセクターへの関心が高まっていることを事実として受け取るとしても，ここで問題となることは，市場・政府以外の組織の集合のなかの何らかの部分集合への関心が高まったのか，あるいは政府・市場以外のサードセクター総体が問題になったのかで異なると考えられる。前者であれば，我々は特定の部分集合への関心がなぜ高まったのかを解き明かさなければならない。後者であれば，本書の理解に基づくとすると，サードセクターへの関心の高まりは，複数の価値の交差する曖昧な領域の拡大を意味する。その場合，サードセクターと概念化される組織群の拡大は，人々の必要を充足するうえで，単一のロジックに従う制度・組織の組み合わせでは満たされることがなくなったからではないかという仮説を提出することができる。

いずれにしても，サードセクターの成熟説は再考されなければならない。ボードが述べるようにいつの時代においても，福祉国家と福祉社会の連携は見られたのであり (Bode 2006)，現在，これが注目されているのならば，福祉国家と福祉社会の関係の変容が見られたと考える方が妥当である。我々は，福祉国家の再編期において，サードセクターが拡大する局面がいかなるメカニズムに基づいて現れ，いかなる帰結を生じさせるのかを歴史的文脈において考えなければならないと考える。そのためには福祉国家の再編期だけではなく，成立期や黄金期も含めた，福祉国家－福祉社会関係（福祉の複合体）の理論的・経験的研究が必要で，それは実りあるものとなるだろう。[6]

・・・

現代の福祉国家とサードセクターの関係を理解する問題系のなかで，サードセクターに関連して豊富な研究課題が存在する。市場でも政府でもない領域は，い

つの時代も存在してきた。サードセクターを焦点として，そのあり方を解き明かすことは，サードセクターへの理解だけではなくて，社会政策への理解に対しても，社会そのものへの理解に対しても大きな意味をもつことであると考える。本書で提示した研究プログラムは，これまでのサードセクターを支持し，研究してきた人々による研究アプローチとは異なり，その意味で論争的であるかもしれないが，より望ましい形でのサードセクターの認識が深まることを期待して取り組んだものである。

注

(1) 本書では，議論が複雑になるために検討の対象とすることができないが，三つのロジックのセット（市場—民主主義—家族）もありうる。媒介モデルのなかで単純化されてきた互酬の内容を解きほぐすことが求められると考えることが必要である。

(2) ボルタンスキーとシャペロは次のように市民体の概念を定式化している。「市民体の概念は，正義の問題に向けられている。この概念は，行為者たちを対立させている論争において，行為者たちが正当化の必要に迫られた際に彼らが取り組む作業をモデル化することを目標としている」(Boltanski and Chiapello 1999=2013: 57)。彼らによれば「偉大さの秩序」を序列化する論理として，「インスピレーション」「家政」「名声」「公民」「商業」「産業」の六つの市民体が存在してきて，さらに90年代においては，「自律的な人々が行う多様なプロジェクトからなるフレキシブルな世界」における価値秩序を示す「プロジェクト」の市民体が加わる (Boltanski and Chiapello 1999=2013: 147)。ボルタンスキーの市民体の枠組みと制度ロジックの類似性については (Thornton et al. 2012) を参照。

(3) ただし，市場のロジックが重視されることで，組織としての生産性が追求され，定水準以上の報酬支払いが可能な就労の場が創り出されていることにも注意が必要である。

(4) これは何らかの意味で半就労・半福祉が必要であることを意味する（岩田 2000）。しかし半就労・半福祉といっても，再分配資源の投入が組織に向けたものか，個人に向けたものかでも異なるだろうし，就労による収入と独立したものか，関連性をもつかでもその就労困難者にとっての意味は異なるだろう。

(5) 制度的同型化はサードセクター研究では独特に理解されることがある。セクターの独自性が失われることが意味されがちであるが，桜井が適切に指摘するように（桜井 2014: 88）本来の概念の用法とは異なる。ボードらも，オリジナルな意味における制

終章　ポスト福祉多元主義のサードセクター研究

度的同型化と，サードセクター研究が問題とする部門間の同型化（intersectoral isomorphism）が異なるものであると指摘している（Bode et al. 2006: 240）。
(6)　その際には，サードセクターを，行政だけではなく，社会ごとに異なる経済制度や家族制度との関連で理解することが必要であろう。例えば，女性労働力率や労働市場のあり方など，社会ごとに異なる「ジェンダー構造」や「経済諸制度」と，サードセクターと称されるものの展開は密接に関連していることが想定される。その際には，福祉レジームとの関連でサードセクターを分類しようとした「市民社会の社会起源理論」（Salamon and Anheier 1998）よりも，射程を広げた分析が必要となると考えられる。

参考文献

6, P. and Leat, D., 1997, "Inventing the British Voluntary Sector by Committee: From Wolfenden to Deakin," *Non Profit Studies*, 1(2): 33-45.
安立清史, 2008, 『福祉NPOの社会学』東京大学出版会.
Adema, W., 2001, "Net Social Expenditure 2nd Edition," *Labour Market and Social Policy Occasional Papers*, 52, OECD (= 2002, 勝又幸子・山田篤裕訳『総社会支出 第2版』国立社会保障・人口問題研究所).
Alber, J., 1995, "A Framework for the Comparative Study of Social Services," *Journal of European Social Policy*, 5(2): 131-149.
Alcock, P., 2010, "A Strategic Unity: Defining the Third Sector in the UK," *Voluntary Sector Review*, 1(1): 5-24.
Alcock, P., 2011, "Voluntary Action, New Labour and the 'Third Sector'," M. Hilton and J. Mckay eds., *The Ages of Voluntarism: How We Got to the Big Society*, Oxford University Press, 158-179.
Alcock, P., 2014, "Review Colin Rochester (2013), Rediscovering Voluntary Action: The Beat of a Different Drum," *Journal of Social Policy*, 43(4): 860-863.
Alexander, V. D., 1998, "Environmental Constraints and Organizational Strategies: Complexity, Conflict, and Coping in the Nonprofit Sector," W. W. Powell and E. S. Clemens eds., *Private Action and the Public Good*, Yale University Press, 272-290.
Alford, R. R., 1992, "The Political Language of the Nonprofit Sector," R. L. Merelman ed., *Language, Symbolism, and Politics*, Westview Press, 17-50.
Alter, K., 2007, *Social Enterprise Typologies*, Virtue Ventures LLC, http://www.4lenses.org/setypology (2015年5月5日最終アクセス)
天野正子, 1988, 「『受』働から『能』働への実験 ワーカーズ・コレクティブの可能性」佐藤慶幸編『女性たちの生活ネットワーク 生活クラブに集う人びと』文眞堂, 387-438。
天野正子, 1997, 「『新しい働き方』としてのワーカーズ・コレクティブ」天野正子編『高齢者と女性を中心とする新しい『働き方』についての研究』平成7-8年度科研費基礎研究研究成果報告書, 1-9。

Amin, A., 2009a, "Extraordinarily Ordinary: Working in the Social Economy," *Journal of Social Enterprise*, 5(1): 30-49.

Amin, A., 2009b, "Location the Social Economy," A. Amin ed., *The Social Economy: International Perspectives on Economic Solidarity*, Zed Books, 3-21.

Amin, A., A. Cameron, and R. Hudson, 2002, *Placing the Social Economy*, Routledge.

Ascoli, U. and C. Ranci, 2002, "The Context of New Social Policies, in Europe." U. Ascol and C. Ranci eds. *Dilemmas of the Welfare Mix: New Structure of Welfare in an Era of Privatization*, Klwer Academic/Prenm Publisher, 1-24.

Bates, Wells & Brathwaite and Social Enterprise London, 2003, *Keeping it Legal: Legal Forms for Social Enterprises*, Social Enterprise London.

Battilana, J. and M. Lee, 2014, "Advancing Research on Hybrid Organizing: Insights from the Study of Social Enterprises," *The Academy of Management Annuals*, 8(1): 397-441.

Beveridge, Sir W., 1942, *Social Insurance and Allied Services: Reported by Willam Beveridge*, H. M. Stationery Off（＝1969, 山田雄三監訳『ベヴァリジ報告 社会保健及び関連サービス』至誠堂）.

Beveridge, Sir W., 1944, *Full Employment in a Free Society : A Report by William H. Beveridge*, Allen & Unwin（＝1951, 井手生譯『自由社會における完全雇用（上）』日本大學經濟科學研究所）.

Beveridge, W. H., 1948, *Voluntary Action : A Report on Methods of Social Advance*, Allen & Unwin（＝1952, 厚生大臣官房総務課訳『社会保障の民間活動 ビーバリッヂ報告』厚生大臣官房総務課）.

Bode, I., 2006, "Disorganized Welfare Mixes: Voluntary Agencies and New Governance Regimes in Western Europe," *Journal of European Social Policy*, 16 (4): 346-359.

Bode, I., A. Evers, and A. Schulz, 2006, "Work Integration Social Enterprises in Europe: Can Hybridization be Sustainable," M. Nyssens ed., *Social Enterprise: At the Crossroads of Market, Public Policies and Civil Society*, Routledge, 237-258.

Boltanski, L. and E. Chiapello, 1999, *Le nouvel esprit du capitalisme*, Gallimard（＝2013, 三浦直希・海老塚明・川野英二・白鳥義彦・須田文明・立見淳哉訳『資本主義の新たな精神 上』ナカニシヤ出版）.

Boltanski L. and L. Thévenot, 1991, *De la justification. les économies de la grandeur*, Gallimard（＝2007, 三浦直希訳『正当化の理論 偉大さのエコノミー』新曜社）.

Borzaga, C. and S. Depedri, 2009, "Working for Social Enterprise: Does it Make a Difference," A. Amin ed., *The Social Economy: International Perspectives on*

　　　　Economic Solidarity, Zed Books, 66-91.
Borzaga, C. and M. Loss, 2006, "Profile and Trajectories of Participants in European Work Integration Social Enterprise," M. Nyssens ed., 2006, *Social Enterprise: At the Crossroads of Market, Public Policies and Civil Society,* Routledge, 169-194.
Borzaga, C. and A. Santurai, 2001, "Italy: From Traditional Co-operatives to Innovative Social Enterprise," C. Borzaga and J. Defourny eds., 2001, *The Emergence of Social Enterprise*（=2004, 内山哲朗・石塚秀雄・柳沢敏勝訳『社会的企業 雇用・福祉のEUサードセクター』日本経済評論社).
Brandsen, T., W. van de Donk, and K. Putters, 2005, "Griffins or Chameleons? : Hybridity as a Permanent and Inevitable Characteristic of the Third Sector," *International Journal of Public Administration*, 28(9-10): 749-765.
Bruce, M., 1968, *The Coming of the Welfare State Fourth Edition*, Batsford（=1984, 秋田成就訳『福祉国家への歩み イギリスの辿った途』法政大学出版局).
Cafaggi, F. and P. Iamiceli, 2008, "New Frontiers in the Legal Structure and Legislation of Social Enterprises in Europe: A Comparative Analysis," OECD ed., *Changing Boundaries of Social Enterprise* (= 2010, 連合総研訳『社会的企業の主流化「新しい公共」の担い手として』明石出版: 29-99).
Carmel, E. and J. Harlock, 2008, "Instituting the 'Third Sector' as a Governable Terrain: Partnership, Procurement and Performance in the UK," *Policy & Politics*, 36 (2): 155-171.
Castles, F. G., 1998, *Comparative Public Policy: Patterns of Post-war Transformation*, Edward Elgar.
Cooney, K., 2006, "The Institutional and Technical Structuring of Nonprofit Ventures: Case Study of a U.S. Hybrid Organization Caught Between Two Fields," *Voluntas*, 17(2):137-155.
Cooney, K., 2011, "An Exploratory Study of Social Purpose Business Models in the United States," *Nonprofit and Voluntary Sector Quarterly*, 40(1): 185-196.
Cooney, K., 2012, "Mission Control: Examining the Institutionalization of New Legal Forms of Social Enterprises in Different Strategic Action Field," B. Gidron and G. Hasenfeld eds., *Social Enterprises: An Organizational Perspective*, Palgrave Macmillan, 198-221.
Daly, M. and J. Lewis, 2000, "The Concept of Social Care and the Analysis of Contemporary Welfare States," *The British Journal of Sociology*, 51 (2): 281-298.
Dart, R., 2004, "The Legitimacy of Social Enterprise," *Nonprofit Management and*

Leadership, 14(4): 411-424.

Davister, C., J. Defourny, and O. Gregoire, 2004, "Work Integration Social Enterprises in the European Union: An Overview of Existing Models," *EMES Working Paper*.

Dees, J. G., 1998, "Enterprising Nonprofits," *Harvard Business Review*, 76(1): 54-67.

Dees, J. G., J. Emerson, and P. Economy, 2002, *Strategic Tools for Social Entrepreneurs: Enhancing the Performance of Your Enterprising Nonprofit*, J. Wiley.

Defourny, J., 2001, "Introduction: From Third Sector to Social Enterprise," C. Borzaga and J. Defourny, eds., *The Emergence of Social Enterprise*, Routledge, 1-28（= 2004, 内山哲朗・石塚秀雄・柳沢敏勝訳『社会的企業 雇用・福祉のEUサードセクター』日本経済評論社: 7-40）.

Defourny, J. and S.-Y. Kim, 2011, "Emerging Models of Social Enterprise in Eastern Asia: A Cross-Country Analysis," *Social Enterprise Journal*, 7(1): 86-111.

Defourny, J. and M. Nyssens, 2006, "Defining Social Enterprise," M. Nyssens ed., *Social Enterprise: At the Crossroads of Market, Public Policies and Civil Society*, Routledge, 3-26.

Defourny, J. and M. Nyssens eds., 2008, "Social enterprise in Europe: Recent Trends and Developments," *EMES working paper*.

DTI (Department of Trade and Industry), 2003, *Social Enterprise: Strategy for Success*.

DiMaggio, P., 1983, "State Expansion and Organization Fields," R. H. Hall and R. E. Quinn eds., *Organization Theory and Public Policy*, Sage Publications, 147-161.

DiMaggio, P., 1987, "Nonprofit Organizations in the Production and Distribution of Culture," W. W. Powell ed., *The Nonprofit Sector: A Research Handbook*, Yale University Press, 195-220.

DiMaggio, P., 1991, "Constructing an Organizational Field as a Professional Project: US Art Museums, 1920-1940," W. Powell and P. DiMaggio eds., *The New Institutionalism in Organizational Analysis*, The University Chicago Press, 267-292.

DiMaggio, P., 1997, "Culture and Cognition," *Annual Review of Sociology*, 23: 263-287.

DiMaggio, P. and H. K. Anheier, 1990, "The Sociology of Nonprofit Organizations and Sectors," *Annual Review of Sociology*, 16: 137-159.

DiMaggio, P. and W. W. Powell, 1983, "The Iron Cage Revisited: Institutional Isomorphism and Collective Rationality in Organizational Fields," *American Sociological Review*, 49 (2): 147-160. Reprinted in W. W. Powell and P. DiMaggio eds., 1991, *The New Institutionalism in Organizational Analysis*, The University Chicago Press, 63-82.

Eichhorst W., O. Kaufmann, and R. Konle-Seidl, 2008, "Bringing the Jobless into Work? : An Introduction to Activation Policies," W. Eichhorst, O. Kaufmann, and R. Konle-Seidl eds., *Bringing the Jobless into Work*, Springer, 1-16.

EMES Research network, n.d., *The International Comparative Social Enterprise Models*, (ICSEM) Project,
http://iap-socent.be/sites/default/files/ICSEM%20final%20130326-LO_1.pdf（2013年8月13日最終アクセス）

遠藤公嗣, 2016,「社会政策学会の労働研究」『社会政策』8(2): 1-3。

Esping-Andersen, G., 1990, *The Three Worlds of Welfare Capitalism*, Polity Press（=2001, 岡沢憲芙・宮本太郎監訳『福祉資本主義の三つの世界 比較福祉国家の理論と動態』ミネルヴァ書房）.

Evers, A., 1990, "Shifts in the Welfare Mix: Introducing a New Approach for the Study of Transformations in Welfare and Social Policy," A. Evers and H. Wintersberger eds., *Shifts in the Welfare Mix: Their Impact on Work, Social Services and Welfare Policies*, Westview Press, 7-30.

Evers, A., 1993, "The Welfare Mix Approach: Understanding the Pluralism of Welfare Systems," A. Evers and I. Svetlik eds., *Balancing Pluralism: New Welfare Mixes in Care for the Elderly*, Ashgate Publishing Limited, 3-32.

Evers, A., 1995, "Part of the Welfare Mix: The Third Sector as an Intermediate Area," *Voluntas*, 6(2): 159-182.

Evers, A., 2001, "The Significance of Social Capital in the Multiple Goal and Resource Structure of Social Enterprise," C. Borzaga and J. Defourny eds., *The Emergence of Social Enterprise*, Routledge（=2004, 内山哲朗・石塚秀雄・柳沢敏勝訳『社会的企業 雇用・福祉のEUサードセクター』日本経済評論社, 396-419）.

Evers, A., 2005, "Mixed Welfare Systems and Hybrid Organizations: Changes in the Governance and Provision of Social Services," *International Journal of Public Administration*, 28(9-10): 737-748.

Evers, A. and J. L. Laville, 2004a, "Defining the Third Sector in Europe," A. Evers and J. L. Laville eds., *Third Sector in Europe*, Edward Elgar, 11-42（=2007, 内山哲朗・柳沢敏勝訳『欧州サードセクター 歴史・理論・政策』日本経済評論社, 15-58）.

Evers, A. and J. L. Laville, 2004b, "Social Services by Social Enterprises: On the Possible Contribution of Hybrid Organizations and a Civil Society," A. Evers and J. L. Laville eds., *Third sector in Europe*, Edward Elgar, 237-55（=2007, 内山哲朗・柳沢敏勝訳『欧州サードセクター 歴史・理論・政策』日本経済評論社, 325-349）.

Friedland, R. and R. R. Alford, 1991, "Bringing Society Back in: Symbols, Practices and

Institutional Contradictions," W. W. Powell and P. DiMaggio eds., *The New Institutionalism in Organizational Analysis*, University of Chicago Press, 232-263.
Frumkin, P., 2002, *On Being Nonprofit: A Conceptual and Policy Primer*, Harvard University Press.
藤井敦史, 2007,「ボランタリーセクターの再編過程と『社会的企業』」『社会政策研究』(7): 85-107。
藤井敦史, 2010a,「社会的企業とは何か 2つの理論的潮流をめぐって」原田晃樹・藤井敦史・松井真理子編『NPO再構築への道 パートナーシップを支える仕組み』勁草書房, 103-123。
藤井敦史, 2010b,「日本における社会的企業概念の受容と研究の課題」原田晃樹・藤井敦史・松井真理子編『NPO再構築への道 パートナーシップを支える仕組み』勁草書房, 124-158。
藤井敦史, 2013a,「ハイブリッド組織としての社会的企業」藤井敦史・原田晃樹・大高研道編『闘う社会的企業 コミュニティ・エンパワーメントの担い手』勁草書房, 1-19。
藤井敦史, 2013b,「社会的企業概念はどのように捉えられてきたか」藤井敦史・原田晃樹・大高研道編『闘う社会的企業 コミュニティ・エンパワーメントの担い手』勁草書房, 20-55。
藤井敦史, 2013c,「日本におけるWISEの実態 ワーカーズ・コレクティブ調査から見るWISEの分析枠組みと制度・政策」藤井敦史・原田晃樹・大高研道編『闘う社会的企業 コミュニティ・エンパワーメントの担い手』勁草書房, 176-207。
藤井敦史, 2014,「社会的企業研究」堀越芳昭・JC総研編『協同組合研究の成果と課題 1980-2012』家の光協会, 353-374。
藤井敦史・原田晃樹・大高研道編, 2013,『闘う社会的企業 コミュニティ・エンパワーメントの担い手』勁草書房。
藤木千草, 2013,「共に働くことを促進する法制度の必要性 現場レポート (2)」藤井敦史・原田晃樹・大高研道編『闘う社会的企業 コミュニティ・エンパワーメントの担い手』勁草書房, 303-325。
藤村正之, 1999,『福祉国家の再編成「分権化」と「民営化」をめぐる日本的動態』東京大学出版会。
深澤和子, 2000,「訳者あとがき」パット・セイン『イギリス福祉国家の社会史―経済・社会・政治文化的背景』ミネルヴァ書房, 431-435。
福田志織・喜始照宣・長松奈美江, 2014,「国の福祉政策・労働政策の変遷」筒井美紀・櫻井純理・本田由紀編『就労支援を問い直す 自治体と地域の取り組み』勁草書房。
福原宏幸, 2005,「日本における自立支援と社会的包摂 社会的困難を抱える人々への支援を

めぐって」『経済学雑誌』106(2): 59-83。

福原宏幸, 2012, 「日本におけるアクティベーション政策の可能性 現状と展望」福原宏幸・中村健吾編『21世紀の福祉レジーム アクティベーション改革の多様性と日本』札の森書房, 249-288。

福原宏幸, 2013a, 「支援付きの中間的就労や社会的企業による就労の確保」ホームレス資料センター編『生活困窮者・孤立者の就労による生活再建の先進事例とあるべき仕組みに関する調査研究事業』。

福原宏幸, 2013b, 「日本社会の再生 社会的つながりと社会連帯経済, そして社会福祉の役割」『Human Welfare』5(1): 89-97。

福原宏幸・中村健吾編, 2012, 『21世紀の福祉レジーム アクティベーション改革の多様性と日本』札の森書房。

Galaskiewicz, J. and S. N. Barringer, 2012, "Social Enterprises and Social Categories," B. Gidron and G. Hasenfeld eds., *Social Enterprises: An Organizational Perspective*, Palgrave Macmillan, 47-70.

Gardin, L., 2006, "A Variety of Resource Mixes inside Social Enterprises," M. Nyssens ed., *Social Enterprise: At the Crossroads of Market, Public Policies and Civil Society*, Routledge, 111-136.

Garrow, E. and Y. Hasenfeld, 2012, "Managing Conflicting Institutional Logics: Social Service vs Market," B. Gidron and G. Hasenfeld eds., *Social Enterprises: An Organizational Perspective*, Palgrave Macmillan, 47-70.

Garrow, E. and Y. Hasenfeld, 2014, "Social Enterprises as an Embodiment of a Neoliberal Welfare Logic," *American Behavioral Scientist*, Published Online, 1-19.

玄田有史, 2003, 「NPOで働くということ」本間正明・金子郁容・山内直人・大沢真知子・玄田有史『コミュニティビジネスの時代 NPOが変える産業, 社会, そして個人』岩波書店, 45-92。

Gidron, B. and Y. Hasenfeld, 2012, "Introduction," B. Gidron and G. Hasenfeld eds., *Social Enterprises: An Organizational Perspective*, Palgrave Macmillan, 1-15.

Gilbert, N., 2004, *Transformation of the Welfare State: The Silent Surrender of Public Responsibility*, Oxford University Press.

五石敬路, 2011, 『現代の貧困 ワーキングプア 雇用と福祉の連携策』日本経済新聞出版社。

Hacking, I., 2004, *Historical Ontology*, Harvard University Press (＝2012, 出口康夫・大西琢朗・渡辺一弘訳『知の歴史学』岩波書店)。

Hacking, I., 2007, "Kinds of People: Moving Targets," *Proceedings of the British Academy*, 151: 285-318.

Hall, P. A. and D. Soskice eds., 2001, *Varieties of Capitalism: The Institutional Foundations of Comparative Advantage*, Oxford University Press（＝2007, 遠山弘徳・我孫子誠男・山田鋭夫訳『資本主義の多様性 比較優位の制度的基礎』ナカニシヤ出版）.

Hall, P. D., 1992, *Inventing the Nonprofit Sector and Other Essays on Philanthropy, Voluntarism, and Nonprofit Organizations*, Johns Hopkins University Press.

Hansmann, H. B., 1980, "The Role of Nonprofit Enterprise," *Yale Law Journal*, 89(5): 835-901.

原田晃樹, 2010, 「NPOと政府との協働」原田晃樹・藤井敦史・松井真理子編『NPO再構築への道 パートナーシップを支える仕組み』勁草書房, 26-53。

原田晃樹・藤井敦史・松井真理子編, 2010, 『NPO再構築への道 パートナーシップを支える仕組み』勁草書房。

長谷川貴彦, 2014, 『イギリス福祉国家の歴史的源流 近世・近代転換期の中間団体』東京大学出版会。

橋本理, 2007, 「コミュニティビジネス論の展開とその問題」『関西大学社会学部紀要』38(2): 5-42。

橋本理, 2013, 『非営利組織研究の基本視角』法律文化社。

Hasenfeld, Y., 2009, "The Attributes of Human Services Organizations," Y. Hasenfeld ed. *Human Services as Complex Organizations Second Edition*, Sage Publications, 9-32（＝2011, 木下武徳訳「対人サービス組織の特性」『北星論集』49: 193-219）.

Häusermann, S., 2012, "The Politics of Old and New Social Policies,"G. Bonoli and D. Natali, eds., The Politics of the New Welfare State, Oxford University Press.

Hicks, A. and G. Esping-Andersen, 2005, "Comparative and Historical Studies of Public Policy and the Welfare State," T. Janoski, R. R. Alford, A. M. Hicks, and M. A. Schwartz eds., *The Handbook of Political Sociology: States, Civil Societies, and Globalization*, Cambridge University Press, 509-525.

樋口明彦, 2004, 「現代社会における社会的排除のメカニズム 積極的労働市場政策の内在的ジレンマをめぐって」『社会学評論』55(1): 2-18。

Hill, M. and G. Bramley, 1986, *Analysing Social Policy*, Basil Blackwell.

平岡公一, 2004, 「福祉多元化とNPO」三浦文夫監修, 宇山勝儀・小林良二編『新しい社会福祉の焦点』光生館, 65-94。

ホームレス資料センター編, 2013, 『生活困窮者・孤立者の就労による生活再建の先進事例とあるべき仕組みに関する調査研究事業』ホームレス資料センター。

本田由紀, 2014a, 「まえがき」筒井美紀・櫻井純理・本田由紀編『就労支援を問い直す 自治体と地域の取り組み』勁草書房, i - ii 。

参考文献

本田由紀, 2014b, 「協同労働団体の連携による就労困難な若者の支援『くらしのサポートプロジェクトの挑戦』」筒井美紀・櫻井純理・本田由紀編『就労支援を問い直す 自治体と地域の取り組み』勁草書房, 91-111。

堀利和, 2012, 「社会的事業所の価値と意義」共同連編『日本発 共生・共働の社会的企業 経済の民主主義と公平な分配を求めて』現代書館, 102-113。

兵藤釗, 2008, 「新たな公共空間の創出に向けて」『社会政策』1(1): 3-5。

井手英策, 2013, 『日本財政 転換の指針』岩波書店。

市野川容孝, 2006, 『社会』岩波書店。

市野川容孝・宇城輝人編, 2013, 『社会的なもののために』ナカニシヤ出版。

猪飼周平, 2010, 『病院の世紀の理論』有斐閣。

岩田正美, 2000, 『ホームレス／現代社会／福祉国家「生きていく場所をめぐって」』明石書店。

岩田正美, 2006, 「福祉政策の中の就労支援 貧困への福祉対応をめぐって」『社会政策学会誌』16: 21-35。

岩田正美・指宿昭一・藤田孝典・河村遼平, 2013, 「自立支援をめぐる不安と期待」『Posse』21: 24-40。

Jensen, J., 2012, "A New Politics for the Social Investment Perspective: Objectives, Instruments and Areas of Intervention in Welfare Regimes," G. Bonoli and D. Natali eds., *The Politics of the New Welfare State*, Oxford University Press, 21-44.

Johnson, N., 1999, *Mixed Economies of Welfare: A Comparative Perspective*, Prentice Hall Europe (=2002, 青木郁夫・山本隆監訳『グローバリゼーションと福祉国家の変容』法律文化社).

加藤榮一, 2006, 『現代資本主義と福祉国家』ミネルヴァ書房。

Kautto, M., 2002, "Investing in Services in West European Welfare States," *Journal of European Social Policy*, 12(1): 53-65.

川口清史, 1999, 『ヨーロッパの福祉ミックスと非営利・協同組織』大月書店。

Kenworthy, L., 2010, "Labour Market Activation," F. G. Castles, S. Leibfried, J. Lewis, H. Obinger, and C. Pierson eds., *The Oxford Handbook of the Welfare State*, Oxford University Press, 435-447.

Kerlin, J., 2006, "Social Enterprise in the United States and Europe: Understanding and Learning from the Differences," *Voluntas*, 17(3): 247-263.

Kerlin, J. ed., 2009, *Social Enterprise: A Global Comparison*, Tufts University Press.

金成垣, 2012, 「後発福祉国家における雇用保障政策 韓国の選択」『社會科學研究』63 (5・6): 35-53。

北島健一, 2002,「福祉国家と非営利組織 ファイナンス／供給分離モデルの再考」宮本太郎編『福祉国家再編の政治』ミネルヴァ書房, 247-275。

北島健一, 2005,「社会的企業論の射程」「社会的排除とコミュニティケア」研究会編『中間報告書 社会的排除をめぐる諸問題』38-47,「社会的排除とコミュニティケア」研究会。

北島健一, 2008,「韓国の労働市場政策と社会的企業」『松山大学論集』20(4):37-57。

北島健一・藤井敦史・清水洋行, 2005,「解説」生協総合研究所『(生協総研レポートNo.48)社会的企業とは何か イギリスにおけるサードセクター組織の新潮流』生協総合研究所, 61-66。

Knapp, M., 1984, *The Economics of Social Care*, Macmillan.

Knutsen, W. L., 2012, "Adapted Institutional Logics of Contemporary Nonprofit Organizations," *Administration & Society*, 44(8): 985-1013.

Knutsen, W. L., 2013, "Value as a Self-Sustaining Mechanism: Why Some Nonprofit Organizations are Different from and Similar to Private and Public Organizations," *Nonprofit and Voluntary Sector Quarterly*, 42(5): 985-1005.

Knutsen, W. L., 2016, "The Non-profit Sector is Dead, Long Live the Non-profit Sector!," *Voluntas*, 27(4): 1562-1584.

厚生労働省, 2009,『緊急雇用対策』,
http://www.kantei.go.jp/jp/singi/kinkyukoyou/suisinteam/kangaekata.pdf(2015年5月5日最終アクセス)

厚生労働省, 2012,『生活困窮者対策と生活保護制度の見直しの方向性について』,
http://www.mhlw.go.jp/stf/shingi/2r98520000029cea-att/2r98520000029cjb.pdf(2015年5月5日最終アクセス)

厚生労働省, 2013,『就労訓練事業(いわゆる中間的就労)及び就労準備支援事業のモデル事業実施に関するガイドラインについて』。

雇用政策研究会, 2010,『雇用政策研究会報告書「持続可能な活力ある社会を実現する経済・雇用システム」』,
http://www.mhlw.go.jp/stf/houdou/2r9852000000cguk-img/2r9852000000ch2y.pdf(2015年5月5日最終アクセス)

雇用創出企画会議, 2004,『雇用創出企画会議第二次報告書 コミュニティ・ビジネスの多様な展開を通じた地域社会の再生に向けて』,
http://www.mhlw.go.jp/houdou/2004/06/h0618-4.html(2015年5月5日最終アクセス)

Kramer, R. M., 2000, "A Third Sector in the Third Millennium?," *Voluntas*, 11(1): 1-23.

Kramer, R. M., 2004, "Alternative Paradigms for the Mixed Economy: Will Sector

Matter?," A. Evers and J. L. Laville eds., *Third Sector in Europe*, Edward Elgar, 219-236 (=2007, 内山哲朗・柳沢敏勝訳『欧州サードセクター歴史・理論・政策』日本経済評論社, 299-324).

桑田耕太郎・松嶋登・高橋勅徳編, 2015, 『制度的企業家』ナカニシヤ出版.

共同連編, 1998, 『明日へ共働創る 共働事業所づくりハンドブック』共同連.

共同連編, 2010, 『明日へ 共働創る②入門編』共同連.

共生型経済推進フォーラム編, 2009, 『誰も切らない, 分けない経済 時代を変える社会的企業』同時代社.

Laratta, R., S. Nakagawa, and M. Sakurai, 2011, "Japanese Social Enterprise: Major Contemporary Issues and Key Challenges," *Social Enterprise Journal*, 7(1): 50-68.

Laville, J. L., A. Lemaître, and M. Nyssens, 2006, "Public Policies and Social Enterprises in Europe: The Challenge of Institutionalization," M. Nyssens ed., *Social Enterprise: At the Crossroads of Market, Public Policies and Civil Society*, Routledge, 272-295.

Lohman R. A., 1989, "And Lettuce is Nonanimal: Toward a Positive Economics of Voluntary Action," *Nonprofit and Voluntary Sector Quarterly*, 18(4): 367-383. Reprinted in J. S. Ott and L. A. Dicke, 2012, The *Nature of The Nonprofit Sector Second Edition*, Westview Press, 158-165.

Lohman, R. A., 1992, *The Commons: New Perspectives on Nonprofit Organizations and Voluntary Action*, Jossey-Bass Publishers (=2001, 溝端剛訳『コモンズ 人類の共働行為 NPOと自発的行為の新しいパースペクティブ』ふくろう出版).

松本典子, 2010, 「日本における労働統合型社会的企業の傾向と類型」『DIO』250: 8-10.

松本典子・西村万里子・橋本理・吉中季子, 2010, 「ワーク・インテグレーション・ソーシャル・エンタープライズをめぐる現状と課題 障害者およびホームレスを対象とした事例を中心に」『駒澤大学経済学論集』41(3): 45-80.

松永佳甫, 2012, 『新しい公共と市民社会の定量分析』大阪大学出版会.

McCabe, A. and S. Hahn, 2006, "Promoting Social Enterprise in Korea and the UK: Community Economic Development, Alternative Welfare Provision or a Means to Welfare to Work?," *Social Policy & Society*, 5(3): 387-398.

Mitchell, D., 1991, *Income Transfer in Ten Welfare States*, Avebury (=1993, 埋橋孝文・三宅洋一・伊藤忠通・北明美・伊田広行訳『福祉国家の国際比較研究 LIS10ヵ国の税・社会保障移転システム』啓文社).

三浦文夫, 1985, 『社会福祉政策研究 社会福祉経営論ノート』全国社会福祉協議会.

三菱UFJリサーチ&コンサルティング, 2013a, 『生活困窮者の就労支援に関するモデル事業

報告書』,
http://www.murc.jp/uploads/2013/04/koukai130424_04.pdf（2015年8月27日最終アクセス）

三菱UFJリサーチ＆コンサルティング, 2013b,『中間的就労のモデル事業実施に関するガイドライン』,
http://www.murc.jp/uploads/2013/04/koukai130424_05.pdf（2015年8月27日最終アクセス）

宮垣元, 2003,『ヒューマンサービスと信頼 福祉NPOの理論と実証』慶應義塾大学出版会.

宮本太郎, 2004,「ワークフェア改革とその提案 新しい連携へ？」『海外社会保障研究』147: 29-40.

宮本太郎, 2005,「『第三の道』以後の福祉政治 社会的包摂をめぐる三つの対立軸」山口二郎・宮本太郎・小川有美編『市民社会民主主義への挑戦 ポスト「第三の道」のヨーロッパ政治』日本経済評論社, 81-107.

宮本太郎, 2006,「ポスト福祉国家のガバナンス 新しい政治対抗」『思想』983: 27-47.

宮本太郎, 2008,『福祉政治 日本の生活保障とデモクラシー』有斐閣.

宮本太郎, 2013a,『社会的包摂の政治学 自立と承認をめぐる政治対抗』ミネルヴァ書房.

宮本太郎, 2013b,「福祉国家転換と『新しい公共』 脱商品化・脱家族化・脱集権化のガバナンス」『社会政策』5(1): 61-72.

みずほ情報総研編, 2013,『「社会的就労支援事業のあり方に関する調査・研究事業」報告書』,
http://www.mizuho-ir.co.jp/case/research/pdf/shurou2013.pdf（2015年8月27日最終アクセス）

Moody, M., 2007, "'Building a Culture': The Construction and Evolution of Venture Philanthropy as a New Organizational Field," *Nonprofit and Voluntary Sector Quarterly*, 37(2): 324-352.

Morel, N., B. Pailer, and J. Palme, 2012, "One Beyond the Welfare State as We Knew It?," N. Moral, B. Palier, and J. Palme eds., *Towards a Social Investment Welfare State: Ideas Policies and Challenges*, Polity Press, 1-30.

Morris, S., 2000, "Defining the Nonprofit Sector: Some Lessons from History," *Voluntas*, 11(1): 25-43.

Mullins, D., 2006, "Competing Institutional Logics?: Local Accountability and Scale and Efficiency in an Expanding Non-profit Housing Sector," *Public Policy and Administration*, 21(3): 6-24.

村田文世, 2009,『福祉多元化における障害当事者組織と「委託関係」 自律性維持のための戦略的組織行動』ミネルヴァ書房.

中野いく子, 2005,「社会福祉と公私関係」三重野卓・平岡公一編『改訂版 福祉政策の理

論と実際 福祉社会学研究入門』東信堂, 63-90。
中村和雄, 2013, 「生活困窮者自立支援法における『中間的就労』の問題点」242: 93-101。
中村和雄, 2014, 「生活困窮者自立支援法の『中間的就労』の危険性」『季刊労働者の権利』304: 112-117。
仲村優一, 1981, 「社会福祉における公私関係」『社会福祉研究』28: 53-58。
中田喜文・宮本大, 2004, 「日本におけるNPOと雇用 現状と課題」『季刊家計経済研究』61: 38-49。
Nicholls, A. ed., 2006, *Social Entrepreneurship: New Models of Sustainable Social Change*, Oxford University Press.
Nicholls, A. and A, Cho, 2006, "Social Entrepreneurship: The Structuration of a Field," A. Nicholls ed., *Social Entrepreneurship: New Paradigms of Sustainable Social Change*, Oxford University Press, 99-118.
仁平典宏, 2011, 『「ボランティア」の誕生と終焉〈贈与のパラドクス〉の知識社会学』名古屋大学出版会。
仁平典宏, 2014, 「社会保障 ネオリベラル化と普遍主義化のはざまで」小熊英二編『平成史 増補新版』河出書房新社, 267-364。
Nikolai, Rita, 2012, "Towards Social Investment? : Patterns of Public Policy in the OECD World," N. Moral, B. Palier, and J. Palme, eds., *Towards a Social Investment Welfare State: Ideas Policies and Challenges*, Polity Press, 91-117.
NPO人材開発機構編, 2011, 『新しい障害者の就業のあり方としてのソーシャルファームについての研究調査』NPO人材開発機構。
Nyssens, M. ed., 2006, *Social Enterprise: At the Crossroads of Market, Public Policies and Civil Society*, Routledge.
Nyssens, M. and J. Defourny, 2012, "The EMES Approach of Social Enterprise in a Comparative Perspective," *EMES Working Paper*.
尾玉剛士・角能・米澤旦, 2012, 「社会保障費の国際比較統計から見た福祉国家の変容」第125回社会政策学会報告配布資料。
OECD, 2006, *Boosting Jobs and Income: Policy Lessons from Reassessing the OECD Jobs Strategy and Employment Outlook 2006 Edition*, OECD (=2007, 樋口美雄監訳『世界の労働市場改革 OECD新雇用戦略』明石書店。
OECD, 2009, *Activation Policies in Japan*, OECD (=2011, 濱口桂一郎訳『日本の労働市場改革 OECDアクティベーション政策レビュー:日本』明石書店).
小笠原浩太・米澤旦・伊瀬卓, 2013, 「老人福祉センターにおける自主サークル化講座の効果と基盤 健康関連QOLに注目して」『季刊社会保障研究』49(1): 122-134。
奥田知志・稲月正・垣田裕介・堤圭史郎, 2014, 『生活困窮者への伴走型支援 経済的困窮と

　　　　社会的孤立に対応するトータルサポート』明石書店。
小野晶子，2006,「NPO法人活動者の個人属性・働き方・意識 NPO活動と就業に関する実態調査から」労働政策研究・研修機構編『NPOの有給職員とボランティア』労働政策研究研修機構，21-71。
大沢真知子，2003,「コミュニティビジネスの経済効果」本間正明・金子郁容・山内直人・大沢真知子・玄田有史『コミュニティビジネスの時代 NPOが変える産業，社会，そして個人』岩波書店，93-148。
大沢真理，1996,「社会政策のジェンダー・バイアス 日韓比較のこころみ」原ひろ子・前田瑞枝・大沢真理編『アジア・太平洋地域の女性政策と女性学』新曜社。
大沢真理，2007,『現代日本の生活保障システム 座標とゆくえ』岩波書店。
大沢真理，2013,『生活保障のガバナンス ジェンダーとお金の流れで読み解く』有斐閣。
大高研道，2013a,「労働者協同組合の展開過程と今日的特徴」藤井敦史・原田晃樹・大高研道編『闘う社会的企業 コミュニティ・エンパワーメントの担い手』勁草書房，225-249。
大高研道，2013b,「社会的企業としての労働者協同組合 労協調査から見る日本のWISEの実態と特質」藤井敦史・原田晃樹・大高研道編『闘う社会的企業 コミュニティ・エンパワーメントの担い手』勁草書房，250-277。
大高研道・北島健一，2013,「生活困窮者・孤立者の就労支援と社会的企業」ホームレス資料センター編『生活困窮者・孤立者の就労による生活再建の先進事例とあるべき仕組みに関する調査研究事業』ホームレス資料センター，10-18。
Osborne, S. P., 2013, "Editor's Introduction: The Voluntary Core of the Non-profit Sector," S. P. Osborne ed., *Voluntary and Non-Profit Management, Volume 1*, Sage Publications, xxi-xxxviii.
Pache, A. and F. Santos, 2013, "Inside the Hybrid Organization: Selective Coupling as a Response to Competing Institutional Logics," *Academy of Management Journal*, 56(4): 972-1001.
朴姫淑，2011,「『女縁』と生協の女性，そして地域福祉」千田有紀編『上野千鶴子に挑む』勁草書房，360-376。
パーソナル・サポート・サービス検討委員会，2010,『パーソナル・サポート・サービスについて モデル・プロジェクト開始前段階における考え方の整理』，
　　　　https://www.kantei.go.jp/jp/singi/kinkyukoyou/suisinteam/kangaekata.pdf（2015年8月27日最終アクセス）
Pestoff, V. A, 1998, *Beyond the Market and State: Social Enterprises and Civil Democracy in a Welfare Society*, Ashgate Publishing (=2000, 藤田暁男・川口清史・石塚秀雄・北島健一・的場伸樹訳『福祉社会と市民民主主義 協同組合と社会

的企業の役割』日本評論社).
Pestoff, V. A., 2009, *A Democratic Architecture for the Welfare State*, Routledge.
Pierson, P., 1994, *Dismantling the Welfare State?: Reagan, Thatcher, and the Politics of Retrenchment,* Cambridge University Press.
Polanyi, K, 1977, *The Livelihood of Man* (edited by Harry W. Pearson), Academic Press (=1980, 玉野井芳郎・栗本慎一郎訳『人間の経済 市場社会の虚構性』岩波書店).
Powell, W. and R. Steinberg eds., 2006, *The Nonprofit Sector: A Research Handbook Second Edition*, Yale University Press.
Ranci, C., 2002, "The Mixed Economy of Social Care in Europe," U. Ascol and C. Ranci eds., *Dilemmas of the Welfare Mix: New Structure of Welfare in an Era of Privatization*, Kluwer Academic/Plenum Publishers, 25-45.
Ridley-Duff, R. and M. Bull, 2011, *Understanding Social Enterprise: Theory and Practice*, Sage Publication.
Rochester, C., 2013, *Rediscovering Voluntary Action: The Beat of Different Drum*, Palgrave Macmillan.
Rose, R., 1986, "Common Goals but Different Roles: the State's Contribution to the Welfare Mix," R. Rose and R. Shiratori eds., *The Welfare State East and West*, Oxford University Press, 13-39 (=1990, 木島賢・川口洋子訳「混合福祉への国家の貢献」『世界の福祉国家 課題と将来』新評論, 19-52).
労働政策研究・研修機構編, 2010,『若者の就業への移行支援と我が国の社会的企業 ヒアリング調査による現状と課題の検討』労働政策研究・研修機構.
労働政策研究・研修機構編, 2011,『「若者統合型社会的企業」の可能性と課題』労働政策研究研修機構.
佐口和郎, 2008,『雇用と福祉の連携に関する総合的研究』平成17年度〜19年度科学研究費補助金研究成果報告書.
佐口和郎, 2012,「貧困の現在とWelfare to Work政策 雇用政策の観点から」『社会福祉研究』114: 51-60.
斎藤縣三,「共同連運動の歴史をふまえ 今, 社会的事業所を」共同連編『日本発 共生・共働の社会的企業 経済の民主主義と公正な分配を求めて』現代書館, 147-163.
斎藤槙, 2004,『社会起業家 社会責任ビジネスの新しい潮流』岩波書店.
Sakurai, M., 2010, "How do Social Enterprises Realize an Inclusive Society?: Mechanism of WISEs Generation and Development in Japanese Welfare State Model," Paper presented at 7th EASP international conference.
桜井政成, 2014,「書評：藤井敦史・原田晃樹・大高研道編著『闘う社会的企業 コミュニ

ティ・エンパワーメントの担い手」」『日本労働研究雑誌』642: 86-87。
Sakurai, M. and S. Hashimoto, 2009, "Exploring the Distinctive Feature of Social Enterprise in Japan," *EMES Conferences Selected Papers Series*.
Salamon, L. M., 1987, "Partners in Public Service: The Scope and Theory of Government-nonprofit Relations," W. W. Powell ed., *The Nonprofit Sector: A Research Handbook*, Yale University Press, 99-117.
Salamon, L. M., 1995, *Partners in Public Service*, Government-nonprofit Relations in the Modern Welfare State The John Hopkins University Press (=2007, 江上哲監訳『NPOと公共サービス 政府と民間のパートナーシップ』ミネルヴァ書房).
Salamon, L. M. and H. K. Anheier, 1994, *The Emerging Sector*, Johns Hopkins University Press (=1996, 今田忠監訳 『台頭する非営利セクター 12ヶ国の規模・構成・制度・資金源の現状と展望』ダイヤモンド社).
Salamon, L. M. and H. K. Anheier, 1998, "Social Origins of Civil Society: Explaining the Nonprofit Sector Cross-nationally," *Voluntas*, 9(3): 213-248.
Salamon, L. M., H. K. Anheier, R. List, S. Toepler, S. W. Sokolowski, and Associates, 1999, *Global Civil Society: Dimensions of the Nonprofit Sector*, Johns Hopkins Center for Civil Society Studies.
Salamon, L. M., S. W. Sokolowski, and Associates, 2004, *Global Civil Society: Dimensions of the Nonprofit Sector*, Volume 2, Kumarian Press.
産業構造審議会NPO部会, 2002, 『中間とりまとめ 「新しい公益」の実現に向けて』, http://www.meti.go.jp/report/downloadfiles/g20514bj.pdf (2015年5月5日最終アクセス)
産業構造転換・雇用対策本部, 1999, 『緊急雇用対策及び産業競争力強化対策について』, http://www.kantei.go.jp/jp/kakugikettei/990623koyou.html (2015年5月5日最終アクセス)
佐藤郁哉, 2003, 「制度固有のロジックから『ポートフォリオ戦略』へ 学術出版における意思決定過程に関する制度論的考察」『組織科学』36 (3): 4-17。
佐藤郁哉・山田真茂留, 2004, 『制度と文化 組織を動かす見えない力』日本経済新聞社。
佐藤慶幸, 1996, 『女性と協同組合の社会学 生活クラブからのメッセージ』文眞堂。
佐藤慶幸, 2002, 『NPOと市民社会 アソシエーション論の可能性』有斐閣。
Scott, W. R. and G. F. Davis, 2007 *Organizations and Organizing: Rational, Natural and Open Systems Perspectives*, Pearson Education.
Scott, W. R., S. Deschenes, K. Hopkins, A. Newman, and M. McLaughlin, 2006, "Advocacy Organizations and the Field of Youth Services: Ongoing Efforts to Restructure a Field," *Nonprofit and Voluntary Sector Quarterly*, 35(4): 691-714.

参考文献

Scott, W. R., M. Ruef, P. J. Mendel, and C. A. Caronna, 2000, *Institutional Change and Healthcare Organizations: From Professional Dominance to Managed Care*, University of Chicago Press.

生活困窮者の生活支援の在り方に関する特別部会, 2013, 『生活困窮者の生活支援の在り方に関する特別部会 報告書』,
http://www.mhlw.go.jp/stf/shingi/2r9852000002tpzu-att/2r9852000002tq1b.pdf
(2015年8月27日最終アクセス)

盛山和夫, 1995, 『制度論の構図』創文社.

白波瀬達也, 2015, 『宗教の社会貢献を問い直す ホームレス支援の現場から』ナカニシヤ出版.

Skelcher, C. and S. R. Smith, 2014, "Theorizing Hybridity: Institutional Logics, Complex Organizations, and Actor Identities: The Case of Nonprofits," *Public Administration*, Online version: 1-16.

Smith, D. H., 2000, *Grassroots Associations*, Sage Publishing.

Smith, S. R., 2010, "Hybridization and Nonprofit Organizations: The Governance Challenge," *Policy and Society*, 29(3): 219-229.

Smith, S. R., 2014, "Hybridity and Nonprofit Organizations: The Research Agenda," *American Behavioral Scientist*, 58(11): 1494-1508.

Suchman, M. C., 1995, "Managing Legitimacy: Strategic and Institutional Approaches," *Academy of Management Review*, 20(3): 571-610.

須田木綿子, 2001, 『素顔のアメリカNPO 貧困と向き合った8年間』青木書店.

須田木綿子, 2011, 『対人サービスの民営化 行政－営利－非営利の境界線』東信堂.

鈴木純, 2014, 『経済システムの多元性と組織』勁草書房.

高田実, 2012, 「『福祉の複合体』の国際比較史」高田実・中野智世編『近代ヨーロッパの探求⑮ 福祉』ミネルヴァ書房, 1-24.

高原基彰, 2007, 「日本特殊性論の二重の遺産 正社員志向と雇用流動化のジレンマ」本田由紀編『若者の労働と生活世界 彼らはどんな現実を生きているか』大月書店, 43-73.

武川正吾, 1998, 「福祉社会と社会保障」地主重美・堀勝洋『社会保障読本 第2版』東洋経済新報社, 3-31.

武川正吾, 1999, 『社会政策のなかの現代 福祉国家と福祉社会』東京大学出版会.

武川正吾, 2006, 「福祉社会のガバナンス グローバルとローカル」『福祉社会学研究』3: 49-66.

武川正吾, 2007, 『連帯と承認 グローバル化と個人化のなかの福祉国家』東京大学出版会.

武川正吾, 2011, 『福祉社会 新版 包摂の社会政策』有斐閣.

Takegawa, S., 2011, "Workfare in Japan," C. K. Chan and K. Ngok eds., *Welfare Reform in East Asia: Towards Workfare*, Routledge, 100-114.

田中夏子, 2004, 『イタリア社会的経済の地域展開』日本経済評論社。

谷本寛治編, 2006, 『ソーシャル・エンタープライズ 社会的企業の台頭』中央経済社。

Teasdale, S., 2011, "What's in a Name? Making Sense of Social Enterprise Discourses," *Public Policy and Administration*, 27(2): 99-119.

Thane, P., 1996, *The Foundation of the Welfare State Second Edition*, Longman (=2000, 深澤和子・深澤敦監訳『イギリス福祉国家の社会史 経済・社会・政治・文化的背景』ミネルヴァ書房).

Thornton, P. H., 2004, *Markets from Culture: Institutional Logics and Organizational Decisions in Higher Education Publishing*, Stanford University Press.

Thornton, P. H. and W. Ocasio, 1999, "Institutional Logics and the Historical Contingency of Power in Organizations: Executive Succession in the Higher Education Publishing Industry, 1958-1990," *American Journal of Sociology*, 105(3): 801-843.

Thornton, P. H. and W. Ocasio, 2008, "Institutional Logics," R. Greenwood, C. R. Oliver, K. Sahlin, and R. Suddaby eds., *The Sage Handbook of Organizational Institutionalism*, Sage Publications, 99-128.

Thornton, P. H., W. Ocasio, and M. Lounsbury, 2012, *The Institutional Logics Perspective: A New Approach to Culture, Structure and Process*, Oxford University Press.

Titmuss, Richard M., 1958, *Essays on the Welfare State*, Unwin University Books (=1967, 谷昌恒訳『福祉国家の理想と現実』東京大学出版会).

東京大学社会科学研究所編, 1984, 『福祉国家1 福祉国家の形成』東京大学出版会。

富永健一, 2001, 『社会変動の中の福祉国家 家族の失敗と国家の新しい機能』中央公論新社。

富沢賢治, 2008, 「市場統合と社会統合 社会的経済論を中心に」中川雄一郎・柳沢敏勝・内山哲朗編『非営利・共同システムの展開』日本経済評論社, 42-63。

Tortia, E. C., 2008, "Worker Well-being and Perceived Fairness: Survey-based Findings from Italy," *Journal of Socio-Economics*, 29(6): 351-372.

遠山真世, 2004, 「障害者の障害問題と社会モデル 能力をめぐる試論」『社会政策研究』4: 163-182。

Tracey, P., N. Phillips, and O. Jarvis, 2011, "Bridging Institutional Entrepreneurship and the Creation of New Organizational Forms: A Multilevel Model," *Organization Science*, 22(1): 60-80.

Tsukamoto, I. and M. Nishimura, 2009, "Japan," J. A. Kerlin ed., *Social Enterprise: Global Comparison*, Tufts University Press, 163-183.

筒井美紀・長松奈美江・櫻井純理, 2014, 「『就労支援の意味』を問うことの意味」筒井美紀・櫻井純理・本田由紀編『就労支援を問い直す 自治体と地域の取り組み』勁草書房,

1-17。

筒井美紀・櫻井純理・本田由紀編，2014，『就労支援を問い直す 自治体と地域の取り組み』勁草書房。

上野千鶴子，2011，『ケアの社会学 当事者主権の福祉社会へ』太田出版。

浦坂純子，2006，「団体要因・労働条件・継続意思 有給職員の賃金分析を中心に」労働政策研究・研修機構『NPOの有給職員とボランティア その働き方と意識』労働政策研究・研修機構，73-102。

浦坂純子，2007，「労働条件と継続意思 団体要因から考える」労働政策研究・研修機構編『NPO就労発展への道筋 人材・財政・法制度から考える』労働政策研究・研修機構，23-58。

後房雄，2009，『NPOは公共サービスを担えるか 次の10年への課題と戦略』法律文化社。

埋橋孝文，1997，『現代福祉国家の国際比較 日本モデルの位置づけと展望』日本評論社。

埋橋孝文，2007，「ワークフェアの国際的席捲 その論理と問題点」埋橋孝文編『ワークフェア 排除から包摂へ？』法律文化社，15-45。

埋橋孝文，2011，『福祉政策の国際動向と日本の選択 ポスト「3つの世界」論』法律文化社。

Weisbrod, B., 1975, "Toward a Theory of the Voluntary Nonprofit Sector in a Three Sector Economy," E. S. Phelps ed., *Altruism, Morality, and Economic Theory*, Russell Sage, 171-195.

Wilensky, H. L., 1975, *The Welfare State and Equality Structual an Ideological Roots of Public Expenditure*, University of California Press（=1984，下平好博訳『福祉国家と平等』木鐸社）．

山口二郎・宮本太郎・坪郷實編，2005，『ポスト福祉国家とソーシャル・ガヴァナンス』ミネルヴァ書房。

山内直人，2001，「ジェンダーからみた非営利労働市場 主婦はなぜNPOを目指すか」『日本労働研究雑誌』493: 30-41。

米澤旦，2011a，『労働統合型社会的企業の可能性 障害者就労における社会的包摂へのアプローチ』ミネルヴァ書房。

米澤旦，2011b，「イギリス・イタリア・韓国における社会的企業政策」労働政策研究・研修機構編『「若者統合型社会的企業」の可能性』労働政策研究・研修機構，77-89。

米澤旦，2013，「障がい者就労をめぐる諸制度から学ぶべき点」ホームレス資料センター編『生活困窮者・孤立者の就労による生活再建の先進事例とあるべき仕組みに関する調査研究事業報告書』ホームレス資料センター，24-28。

米澤旦，2014，「福井県における障害者への就労支援を通じた社会的包摂の試み コミュニティネットワークふくいを事例として」『社会科学研究』65(1): 117-133。

吉田拓野，2012，「パーソナル・サポート・モデル事業の現状と課題」『ホームレスと社会』

7: 13-17。

Young, D. R., 1998, "Contract Failure Theory," J. Rabin ed., *The International Encyclopedia of Public Policy and Administration*, Westview Press. Reprinted in J. S. Ott and L. A. Dicke eds., 2012, *Nature of The Nonprofit Sector Second Edition*, Westview Press, 154-157.

Young, D. R., 2012, "The State of Theory and Research on Social Enterprises," B. Gidron and G. Hasenfeld eds., *Social Enterprises: An Organizational Perspective*, Palgrave Macmillan, 19-46.

湯浅誠, 2008, 『反貧困「すべり台社会」からの脱出』岩波書店。

あ と が き

　本書は，基本的にはサードセクター（組織）研究の一つとして，あるいは社会政策研究の一つとして，またはその両者に重なる位置に置かれるものである。ただし，両方の要素が重なっているため，わかりづらい部分があるかもしれない。理解の助けとして，それぞれの研究の過程と研究意図を示しておきたい。

　第一にサードセクター研究に対して，前著から，筆者の問題意識は大きくは変化していない。サードセクターと呼ばれる組織群を，当事者，組織関係者，政策担当者，そして研究者にとって，どのように捉え，位置づけることが望ましいのかを，検討し直す必要がある。多くの場合，残余的なカテゴリとしてみなされがちな組織群，そしてだからこそ期待をかけられる組織群を上首尾に位置づけることはおそらく，サードセクター研究そのものにとって有意義であるという考えがある。

　近年のサードセクター研究においては，エヴァースらに代表されるEMESの研究者らが示してきたように複数の原理がせめぎあう場であるというのが，重要な転換点であったと考えている。本書ではそれを一歩進めて，さらに，ポランニーの枠組みにも収まらない多様性を何とか説明する道筋をつけようとした。

　本書が論敵としている「強い境界区分」，あるいは「独立モデル」は，実践者だけではなく，サードセクターが西欧社会とは異なる展開をした日本（なお，私は，サードセクターの文化が弱いとは考えていない）においては，とくに研究者にとってもサードセクター研究を強く後押しするようなものであったと思う。重要な外国語文献の翻訳も含め（外国語の得意ではない私には各種の翻訳書は非常に助けになった），本書で批判的に取り扱った研究なくしては，そもそも，サードセクター研究自体が成立せず，注目されることもなく，本書も書かれることはなかった。終章でも述べた通り，人々の認識にズレがないと想定し，それが国家や市場とは異なり対抗する「何らかのよきもの」であるという考え方は明らかに「わか

りやすい」ものであり，だからこそ，そのようなアイディアは人々を惹きつける。

しかし，そのような「わかりやすさ」に抗して，本書のような提案をするのは，サードセクターの内部の多様化および境界の曖昧化に対して，そのような「わかりやすい」枠組みが破綻をきたしていると考えているためである。このようなアイディアの原体験としては学部生時代に参加していた，非営利組織（大学生協）に遡ることができる。そこでは組織内部で明らかに異なる規範的秩序の対立と妥協があり，それが組織の特徴を示していた。そしてこのような考え方をうまく表現し，説明する理論は，当時の日本ではあまり主流ではないように感じられた。その後，大学院に進学し，修士論文の執筆に悪戦苦闘していた際に，大学院の先輩であった朴姫淑さんから紹介していただいた共同連の活動に触れ，その考えは一層強くなった。共同連に関してEMESの枠組みを援用した分析を，前著では行ったが，共同連との出会いがなければEMESの議論（媒介モデル）をリアリティをもったものとして捉えることはできなかっただろう。

さらに，同じく朴姫淑さんによってご紹介いただいた，生活クラブ風の村のユニバーサル就労プロジェクトにもかかわることによって，葛藤の場は複数あり得ることがおぼろげながら感じられるようになった。さらに福原宏幸先生を中心とする研究プロジェクト（本文でも参照したホームレス資料センター調査）や，風の村を対象とする研究プロジェクトにもかかわらせていただくなかで，EMESの枠組みにもやや窮屈さが感じられるようになった。その前後から少しずつ，主としてアメリカで蓄積されている組織研究や新制度派社会学の勉強を始め（全くこの分野の素人であった私に対して，読書会などを通じて辛抱強く指導していただいた，須田木綿子先生には感謝してもしきれない），制度ロジックという分析概念や，サードセクターの構築主義的な視点などを分析に含めることが，有効なのではないかとの考えに至った。本書はこのように，現場（調査）と理論との往復によって少しずつ，形になっていったものである。

第二に，（二次分配の）社会政策研究・社会福祉研究としても，本書は位置づけられる。「わかりやすい」サードセクター理解は，社会政策や社会福祉のサードセクターに関連して，「わかりやすい」研究や政策提言を生んできた（実際に政策として採用されたかは別としても）。前著出版後，私がサードセクターや社会的企業

あとがき

を対象とした研究をしているからか，様々な先生方から「就労支援においてサードセクターは有効である」「これから社会的企業が福祉では重要だ」のような発言を（好意的に）私に対して話していただく機会が増えた。うまく説明することができないので，その場では曖昧に答えることが多かったが（今でもそうなのだが），このような言い方には違和感があった。

そのような違和感は，博士論文とそれに連なる各論を執筆するなかで少しずつ氷解していった。社会政策研究で言われるサードセクター・社会的企業という概念は，どのような「組織の分類」を指しているのか話者によって一致しない場合が多いのである。必ずしも，明確な合意がないまま，ある概念が使用されること自体は，普段の生活や研究でもよく見られることであるが，とくにサードセクターの「わかりやすい」理解は多様な組織を過度に一元化し，曖昧にしたままで議論を進め，政策的な提言までつながってしまう。しかし，そのままでは，有効な研究にも政策提言にもつながらないであろうという問題意識は，論文を書くなかで一層強くなった（一つの解法はサードセクターに操作的定義を与えてしまうことだが，私の考えるその問題点は第3章で述べた通りである）。そのような問題に対して，一定の貢献をなしたかった。

「組織の分類」を曖昧なまま済ませてしまうことは，とくにサービス給付化が進展する社会政策においては大きな問題となると考えられる。そのことを示す際に役に立ったのが「福祉の生産モデル」であった。組織が様々に福祉の生産局面にかかわり，その場面が重要になるということは，比較的シンプルなアイディアであると考えるが，このような問題について体系的には研究が蓄積されてこなかったと考えている。しかし，サービス給付化が進展するなかで社会政策・社会福祉研究では一層，「組織（群）が重要になる」(organizations matter) と考えられる。そして，その考えが妥当ならば，ここでサードセクターが指すものが何か，それが論者・実践者・利用者・政策担当者によって異なるとすると，そのズレを腑分けすることは不可欠である。

そして，「福祉の生産モデル」を採用することで，サードセクター研究が陥りがちな「だから何？」式の問題にうまく答えることにもつながると気づいた。「市民性」や「公共性」といった価値を社会において成熟させるものとしてサー

ドセクターを捉えるならば，このような問題に答える必要はないかもしれない（そうであっても「市民性」や「公共性」の内実が問われると考えられる。その合意は図られていないことが多いと考えられるが，ここではそれは問わない）。しかし，本書の枠組みでは，サードセクターとそのような価値との関係は多元的かつ葛藤的なものである。そうであれば，一層，サードセクターを研究することの意義は示しづらい。この際，研究を支える台として，資源とアウトプット・アウトカムをつなぐ「福祉の生産」局面における多元性の分析の一部にサードセクター研究を位置づけるアイディアを得たことは，本書をまとめるための最後のステップとなった。

最後に，より広く社会学的研究との関連について，本書を書くなかで思い当たった点を述べておきたい。本書のような分析は，社会政策・社会福祉への「社会学的」接近についても捉え直すきっかけになるのではないかとも考えている。「社会政策の社会学的研究」は，社会政策研究ではこれまで主流にはならなかったことはよく指摘されることでもあり，福祉社会学も，研究としても学会組織としても歴史が長いものとは言えない。私個人としても，社会政策・社会福祉分野における社会学の独自性がいかなるものであるかを摑めないでいた。

しかし，本書をまとめるなかで，認識や規範的秩序といったもの——さらには「制度」といった概念——に注目した本研究のようなアプローチは，社会学が隣接諸科学とは異なる形で，社会政策・社会福祉のメカニズムの探求に貢献できる余地があると考えられるようになった。そして，社会政策・社会福祉の社会学は，独自性をもちつつも，「制度」という概念を重視する他の社会科学（制度派労働研究，制度派社会保障研究，制度を重視する財政学など）ともゆるやかにつながり，社会の様態を明らかにし，より公正な社会を作り上げる力をもちうるのではないかと（徐々にではあるが）考えられるようになった。

以上，本書の執筆経緯などを説明してきた。これらのアイディアを論拠に基づいて示すことが本書の課題であり，それが説得力をもったものであったかどうかの判断は，もちろん，読者にゆだねられる。本書で私が展開した理論枠組みや分析結果と解釈にはもちろん批判もあるだろう。問題点に関しては，批判をいただき，サードセクター研究，社会政策研究，社会政策・社会福祉の社会学がよりよ

あとがき

い形で進展することを願っている。

　＊本研究はJSPS科研費：特別研究員（DC2：2010-2011年）10J09307，若手研究B（2014-2016年）26780288の助成を受けたものである。また，研究の一部は生協総合研究所の助成を受けて実施した。

・・・

　本書は2016年度に東京大学人文社会系研究科社会学専修過程から博士号を授与された博士論文『労働統合型社会的企業の成立と展開——社会政策におけるサードセクターの位置』を修正したものである。また，筆者にとって，本書は2011年に本書と同じくミネルヴァ書房より出版した『労働統合型社会的企業の可能性——障害者就労における社会的包摂のアプローチ』に続く二冊目の著作である。

　前著に引き続いて，本書でも多くの人にお世話になった。まず，本書で中心的に取り上げた，斎藤縣三さんをはじめとする「共同連」のみなさまと，平田智子さん（現在はユニバーサル就労ネットワークちば所属）をはじめとする「生活クラブ風の村」のみなさまに感謝を申し上げたい。それぞれ，異なる形ではあるが，貴重な時間を割いて研究にご協力いただいた。両団体とも調査以外でも接点があり，多様な意味で調査者と被対象者という関係には収まらないと考えている。また，両団体以外にも，様々な「就労の場への包摂」に取り組んでいる団体の方々からお話をいただくなかで思考のヒントを与えていただいた。

　博士論文の執筆にあたっては，在籍した東京大学人文社会系研究科の社会学研究室の先生方から充実した指導を受けることができた。指導教員であり，博士論文の主査をお引き受けいただいた武川正吾先生には，学部生時代から継続して指導を受けている。武川先生の助言は私の研究を方向付け，研究生活全般においても見習わせていただいている部分が大きい。

　また，お忙しいなか，副査として博士論文の審査をお引き受けいただいた佐藤健二先生，白波瀬佐和子先生，祐成保志先生からは，論文に関して本質的なコメントをいただいた。力足らずで全てを改善することはできてはいないが，審査時のコメントがあったからこそ改善できた部分は大きい。博士課程時代には，他の先生のゼミや社会調査実習にも参加し，博士論文セミナーや博士論文提出資格審査の際には厳しくも教育的なコメントをいただいた。

社会学研究室以外の東京大学各所の先生方にもお世話になった。博士論文審査でも副査になっていただいた社会科学研究所の大沢真理先生には，修士課程時代から指導をいただいている。先生の，最近の研究動向を踏まえつつ現実社会との対話のなかで研究を進められる真摯な姿勢は，真似をしようとも真似ができないでいるが，背伸びして見習いたいと考えている。また，経済学研究科の佐口和郎先生には博士課程からゼミに参加させていただき，それまでは独学で体系的理解のなかった，雇用・労働・企業に関しての基礎を指導していただいた。佐口先生は，まとまらない私の研究構想に対して，過大な評価と期待を寄せていただき，また，文献の読み方や現代社会の捉え方に関して刺激を与えていただいた。

　博士論文の構想や各論の執筆に際しては，東京大学地下院生室で取り組むことが多かった。お世話になった研究室の院生の方々の名前を全て挙げることはできないが，常松淳さん，高橋康二さん，武岡暢さん，河村賢さんをはじめとする社会学研究室の先輩，同級生，後輩たちの研究内容・研究姿勢からは学ぶところが多かった。また，修論検討会，ソシオロゴスの査読会議，日常的に開催されていた研究会（あり研，ふわ研，教科書研など）ではコメントの作法を学び，専門外の研究の広がりを感じることができた。

　実際に，必ずしもまとまりがなかった各論をまとめ上げて博士論文を執筆することになったのは，2013年度から勤務している明治学院大学社会学部社会福祉学科においてである。慣れない学生指導や学務に四苦八苦しながらも，なんとか本書をまとめ上げることができたのは学問的探究やその自由を尊重する明治学院大学社会学部の研究・教育環境があってこそであった。同僚の先生方からはいつも研究・教育・学務に関して寛容な態度で接していただき，適宜，助言をいただいた。大学をとりまく情勢が厳しさを増すなか，「リベラル」で「学術的」な環境を維持している学部・学科の先生方およびスタッフのみなさまには頭が下がる思いである。

　継続的に参加させていただいているいくつかの研究会の参加者のみなさまにもお礼を述べたい。2009年頃から続いている社会政策研究会では，角能さん，尾玉剛士さん，小川和孝さんをはじめとして，継続的にコメントをいただいた。とくに，2016年の夏には検討会を開いていただき，中川宗人さんと佐藤和宏さんには

あとがき

　草稿全体を読んだうえでコメントをいただいた。また，社会保障研究会でも本書の一部を報告させていただき，田多英範先生や土田武史先生をはじめとするベテランの先生からもコメントをいただいた。これ以外にも，様々な学会や研究会で報告させていただいた内容が本書の元になっている，切磋琢磨しながらよりよい社会認識に近づけようとする研究者コミュニティの重要性を日々感じながら，研究を進めることができたことは幸いであった。

　出版情勢の厳しい状況のなかで，前著に続き，本書も引き続き出版を引き受けていただいたミネルヴァ書房にもお礼を申し上げたい。なかでも，本書でも編集作業をご担当いただいた河野菜穂さんによる的確かつ厳格，それでいて柔軟な執筆管理と構成・文章表現に関するアドバイスによって，博士論文が本書のような形で公刊されることになった。

　最後に家族に。本書は家族の支えがなくては書くことができなかった。妻・かおりは，助産に関する看護学と歴史研究を並行させて進めており，それだけでも大変な作業で頭が下がるが，それに加えて健康にすぐれないときもあった私を支えてくれた。博論執筆修正中に誕生した息子・保は今のところ元気に育っているが，やはりなれない育児は大仕事で，妻の家族にも助けていただいている。遠方に住む，私の家族もまた気にかけてくれている。

　本書は，そのように様々な人々に支えられてなんとか仕上げることができたものであり，本書の調査・執筆過程でかかわっていただいた方々には深く謝意を表したい。

2017年4月　　　　　　　　　　　　　　　　　　　　　　　米澤　旦

索　引
（＊は人名）

欧　文

B-corporation　19, 128
CIC　128
EMES　19, 21, 34, 86-88, 93, 102, 134-135, 172-173
JHCNSP　47-48, 50-51, 61, 81, 108
L3C　19, 128
NPO法　33, 145-146
NPO法人　15, 57, 81, 108, 110, 116, 126, 145-146, 160-161, 184-185, 198, 235, 239, 258
OECD　23, 34, 44-45, 50-51, 61
SOCX　44-45, 50-51
WNJ（ワーカーズ・コレクティブネットワークジャパン）　154

あ　行

アイデンティティなき非営利組織　65-66
＊アイヒホルスト, W.　23-25
アウトカム（成果）　53-54, 61-62, 114, 124, 131-132, 205, 257
アウトプット　53-57, 62, 131-132, 205, 250, 257
アクティベーション　3, 23-24, 27, 34
　――戦略の支援的手段　24, 26-27, 186
　――戦略の要求的手段　24-25, 186
＊アスコリ, U.　46
新しい公共　144, 147, 149, 166
新しい社会的リスク　23, 43-44, 46, 60
アドヴォカシー　59, 69, 253
＊天野正子　199
＊アミン, A.　132, 236, 245, 248,
＊アルフォード, R.　77, 85, 89-91, 96, 102, 193
＊アンハイアー, K.　57-58, 68-69, 79, 131-132, 135
遺族年金　246
一次分配　40, 59

一次理論　16, 126-127, 129-130, 174, 256, 260
＊ウィレンスキー, H.　40, 54
＊ウェイズブロッド, B.　66, 99
＊上野千鶴子　6, 8-9, 33, 52, 70-73, 97, 101, 109-110
＊埋橋孝文　44-45, 53, 56, 62
＊浦坂純子　236, 239, 248
ウルフェンデン報告　5, 78, 101
＊エヴァース, A.　5, 11, 15, 49, 71, 81, 85-88, 99, 101, 103, 115, 117, 124, 128, 134, 253, 256, 258
＊エスピン-アンデルセン, G.　40, 54, 61-62
＊遠藤公嗣　62
＊大沢真理　23, 41-42, 44, 53, 56, 61
＊大高研道　162, 168, 237
＊オカシオ, W.　90-91, 102
＊小野晶子　235
＊オルコック, P.　14, 78-79, 81, 101

か　行

介護保険　32, 72, 109
家族成員による収入　246
家族のロジック　258, 266
稼得所得学派　113, 115, 117-119
ガバナンス　42, 58, 88, 112, 114, 182
株式会社　63, 81, 116, 121, 161, 214
＊ガラスキーウィックツ, J.　121-122
＊カーリン, J.　20, 113, 133
完全雇用　4, 22, 43
規制　16, 31-32, 53-54, 131, 196, 224, 262, 265-266
＊北島健一　20-22, 34, 101, 162
技能形成　246, 252
規範的秩序　93, 256, 258, 261, 265
キャリアアップのための支援　208
キャリア形成　248
境界一元性の前提　73-74, 80

299

境界区分の曖昧さ　74
境界無き非営利組織　65
供給サイドの理論　66
供給組織（主体）　5-6, 39, 43, 53, 55-56, 60, 131
共済組合　61, 108-109
協セクター　8-10, 32, 70-72, 100-101, 109-110
協同組合　1-2, 10, 15, 18, 20-21, 47, 61, 68, 78, 120-123, 127, 133, 141, 147, 154, 156, 166, 168, 173, 179, 195, 198, 214, 234
共同連　31, 154-157, 168, 179, 189-190, 198, 231-234
協同労働　156, 187, 231-233
緊急雇用対策（1999年）　146
緊急雇用対策（2009年）　147-148, 167
緊急人材育成就職支援基金事業　148
緊張の領域　10, 86
＊クーニー, K.　126, 128-129, 133, 200
草の根団体（grassroots association）　68
＊クレイマー, R.　64, 77, 80, 86, 123
『ケアの社会学』　70
継続雇用創出型　173
継続的就労を図る社会的企業　172-173
契約の失敗理論　66
結社　61, 75, 77, 82
＊ゲロウ, E.　21, 92, 191, 195, 203, 228
現金給付　23, 34, 43, 45-46, 49, 53, 55, 59
原理共有モデル　67-69, 94, 99, 102
原理のハイブリッド　85, 92, 116-117, 119
公益法人　108
公私関係　3, 27, 78, 265
構築主義（社会的構築）　15, 64, 132
公的扶助　4, 23, 25
互酬　2, 6, 10-11, 13, 15, 53-54, 60, 69, 86-88, 93-94, 103, 117, 131, 174, 255-256, 258, 268
＊小杉礼子　149
個別支援計画　210, 212
個別相談　175, 188, 208
コミューター確認書　212
コミュニティ　3, 7, 13, 19, 69, 82, 86, 88, 93,

96, 103, 115, 117, 121, 146, 156
固有合理性の前提　73-74
雇用支援　147-148, 167
雇用政策研究会　149
雇用創出企画会議　146

さ　行

サードセクター　1-2
　――の雇用創出機能　145-146, 148, 151
　――の就労支援機能　146, 148-149
　――の制度化　2, 80, 260
　――制度モデル　17
　――強い境界区分　14, 29, 63-65, 73, 80, 97-99, 127, 258
　――の相対優位　70-74
　――の定義の外因的アプローチ　80-84
　――の定義の内因的アプローチ　80-81, 83
　――の独立モデル　6, 8, 9-14, 16, 56, 65, 69-73, 86-87, 94-95, 102
　――の媒介モデル　6, 10-14, 65, 86, 88-89, 91-99, 102, 256, 258, 268
　――の発見　73-75, 79
　――の発明　15, 33, 75-80, 84, 255, 260
　――の弱い境界区分　12, 15, 29, 63, 74-75, 84-85, 97-99, 110, 255-256
サービスインテンティブ　186
サービス給付　29, 43-56, 60, 62, 255
サービス供給　8, 20, 42, 46-49, 52, 55, 57, 59, 62, 67, 72, 195, 265-266
最低賃金　203, 205, 208, 210, 212-215, 219, 221, 223, 225, 227, 232, 238, 245, 257
＊斎藤縣三　234
再分配　6, 10, 13, 22, 40, 54, 60-61, 86-87, 93-94, 117, 119, 258, 268
裁量（仕事の）　235, 237, 244, 248, 250
搾取　101, 193, 203-204, 210, 219, 222, 262
＊佐口和郎　23, 166
＊桜井政成　128, 133, 268
＊佐藤郁哉　17, 90-91, 102, 153, 167, 195, 200
＊佐藤慶幸　8, 33, 68, 70, 75, 95, 97, 103
＊サラモン, L.　47-51, 60-61, 67-68, 99, 269
参加型供給組織　6, 19, 52
参加的な運営　179

索引

参加的性格　62, 75, 83, 114
産業構造審議会NPO部会　146, 166
残余モデル　66-69, 71, 99-100
支援型社会的企業　31, 175, 177, 183-185,
　　189, 193-194, 196-197, 200-202, 204,
　　224-225, 229, 249-250, 257, 262
ジェンダー　49, 52, 61, 269
支援付き就労　31, 177, 184, 190, 198, 202,
　　208, 210, 217, 221, 257
支援への反発　186-187
事業収入　20, 93, 114, 125-126
市場型供給組織　6, 52
市場交換　6, 10, 13, 86-87, 93-94, 117, 174,
　　256, 258
市場の失敗理論　66, 101
市場のロジック　31, 192-194, 197, 201, 203,
　　223-225, 228, 249-250, 252, 257-258,
　　262, 268
＊シックス, P.　15, 78-79, 101
自発的就業者（層）　241, 247, 252
資本主義の多様性　121
市民社会　2, 64, 75, 77, 103, 115, 134
社会イノベーション学派　113-114, 121
社会起源理論　49, 269
社会支出　29, 32, 39, 43-44, 46, 49, 54, 58
社会調査　101
社会的企業　1-3
　　──育成法　22, 33, 128
　　──イニシアティブ　18
　　──スペクトラム　117-118
　　──のEMESによる定義　19
　　──の雑誌記事　143-145, 166
　　──の社会的目的の規定　180, 182
　　──の情報公開の規定　180-183, 196
　　──の新聞記事　143-147
　　──のマルチステークホルダー性の規定
　　　180-182
　　──の利潤分配の規定　180-182
社会的協同組合　18-19, 128, 147, 166, 168,
　　173, 234
社会的経済　42, 109, 156
　　──学派　113-115, 117, 119-120, 134-135
社会的事業者等訓練コース　148

社会的事業所　155-156, 158, 168, 182, 194,
　　230-231, 233-235, 237, 250
　　──制度（滋賀県）　234
　　──促進法案大綱　155, 172, 175, 178, 181,
　　　182-183, 192-193, 231, 235
社会的就労　158-160, 162, 169, 197-198
「社会的なもの」　259
社会的排除　20-21, 156, 165
社会的バランスシート　181
社会的包摂　3, 17, 31, 34, 124, 131-132, 150,
　　178-179, 182, 245, 250, 257, 262
社会的リスク　22, 45
社会の成員　9, 16-17, 73-74, 129, 259
社会福祉推進事業　158, 168
社会福祉法人　9, 46-47, 81, 108-109, 145,
　　150, 160-161, 166, 198, 206, 226, 237
社会保険　4, 22, 60, 232, 239
宗教（的）組織　10, 42, 101
就労継続支援事業A型　238, 245
就労困難者　18, 21, 26, 30-31, 131-132, 140-
　　143, 145, 147-148, 152, 157-158, 162,
　　165, 168, 171, 177-180, 183, 186, 188-
　　189, 191-193, 196-197, 201-203, 205,
　　207-210, 212-213, 215, 219-222, 224-
　　225, 228, 233-237, 248, 252-253, 257,
　　261-263
就労支援政策　22, 25-27, 30, 140, 143
就労支援の手法　162
就労準備支援事業　26, 175
就労体験　176, 184-185, 198, 208
授産施設（所）　141, 232
障害学　187, 233
障害者運動　231
障がい者協働事業（札幌市）　234
障害者雇用　141-142, 238
障害者就労継続支援事業　141-142, 169, 245
障害者総合支援法　142, 245
障害者手帳　217-218, 238
障害者年金　246, 249
条件整備国家　41-42
消費者統制の理論　66
「職業的移行」を図る社会的企業　172
職業（的）移行　172, 246

301

所得保障　4, 22-24, 43-44, 217, 220-221, 246, 249, 252-253, 262-263
所有形態　64-65
自立支援　18, 22, 24-26, 149
シルバーサービス振興指導室　33
シングルマザー　21, 24-25, 27, 178, 242
人事考課　204, 213, 227
新自由主義（ネオリベラリズム）　5, 24, 195
新制度派経済学　17, 86
新制度派政治学（政治学の新制度論）　17, 40, 89
新制度派組織論（新制度派社会学）　17, 30, 89, 102, 134, 199, 264
シンポジウム　155-157, 206
スキル　189, 198, 227, 241
＊スケルシャー, C.　89, 91-92, 99
＊スコット, W. R.　90, 103, 167
＊須田木綿子　7, 57, 76, 108-109, 263
ステークホルダー　86, 102, 120, 180-182
ステップアップ　150, 185, 188, 197, 205, 208, 210, 212-214, 217, 219, 222, 227-228, 250, 257
ステップダウン　186, 198-199, 208, 212-213
＊スミス, D. H.　67, 99, 101
＊スミス, S. R.　89, 91-92, 99
生活クラブ風の村　31, 189, 204-207, 209, 211-214, 219-220, 224-226
生活困窮者自立支援全国ネットワーク　163, 169
生活困窮者自立支援法　26, 150-152, 158, 163, 165, 172, 201
生活困窮者の生活支援のあり方に関する特別部会　150, 167, 175
生活保護　25, 34, 43, 55, 149-150, 161, 179
生活保障システム　22, 41-42
生産活動への参与　179, 225, 250, 252, 257
正統性　107, 122, 127, 134, 139-140, 143, 152-153, 164-165, 171, 266
制度的環境　89, 103, 195, 200
制度的同型化　102, 199, 265, 268
制度ロジック　12, 15-16, 30-32, 53-54, 65, 74, 89-99, 102-103, 131-132, 172, 191, 193-197, 199-201, 228, 257, 261, 268

——・モデル　16, 89, 91-92, 95-99, 192, 194-195, 199, 221, 256, 258-259, 261
政府の失敗理論　66, 101
＊盛山和夫　16, 126-127
セクター境界の曖昧化　7, 100, 292
セクター単位での最適混合　70-72, 74
セクター単位での政策提言　73-74
セクター内部の多様化（性）　7, 56, 101
セクター本質主義　8-10, 12, 14, 17, 29, 56
積極的な労働市場政策　3, 21-27, 34, 131
潜在能力（capability）　62, 205, 218, 225
専門職　15, 55, 62, 91, 93-94, 100, 154, 184-186, 191, 193, 196, 199, 209
——（社会福祉）のロジック　31, 191-192, 194-195, 199, 224, 228, 262, 266
——化　169, 224
——集団　10
戦略的な統一性　79
相対的貧困　245
ソーシャル・ガヴァナンス　41
ソーシャル・キャピタル　2
ソーシャル・ファーム　162
ソーシャルビジネス　82, 133
＊ソーントン, P.　90-91, 102, 191-192, 268
組織（事業所）レベルでの生産性　189, 234, 247, 253
組織アイデンティティ　97, 121, 128-129, 174
組織形態の混合型　122
組織形態の純粋型　122
組織形態のハイブリッド　107, 116, 119, 121-123
組織行動　15, 27, 63, 89-90, 98, 199-222, 249-250, 252
組織的性格のハイブリッド　116, 119, 123
組織の分類　81, 85, 98, 109, 112, 126-127, 141-142, 166, 174, 260-261
組織フィールド　17, 30, 32, 140, 152-154, 158, 160, 163-165, 167-169, 197, 257, 261, 263-265
——の（半）構造化　140, 152-153, 158, 163-165, 197, 256
組織文化　247

索引

た 行

第三の就労の場　229-230
対象特定の制度的アプローチ　16-17, 126-129, 166, 256
対象特定の操作的定義アプローチ　125-126
対象特定の組織アイデンティティ・アプローチ　128
対象特定の探索的アプローチ　12, 124-125, 166
対象特定の法制度アプローチ　127
対象特定問題　16, 105-107, 110, 256
対等性の三つの水準　188
＊高田実　42, 60
＊武川正吾　5, 24-25, 41, 111
＊田中夏子　18, 199
男性稼ぎ主　23, 43
地域社会雇用創造事業　147-148, 151, 166-167
地域福祉支援積立金　213, 226
中位投票者　66, 101
中間集団　14
中間的就労
　——（就労訓練事業）　26, 150-151, 154, 158-160, 173, 175-179, 181-184, 186-187, 189-190, 192-194, 196-198, 201-206, 214, 219-222, 224-227, 229
　——（就労訓練事業）のガイドライン　150-152, 167, 175-176, 182, 188, 192-193
　——の「社会的企業型」　151, 167, 176, 226
　——の雇用型　198, 203
　——の非雇用型　198, 203-204
＊筒井美紀　197-199, 204
ディーキン委員会（報告）　78, 101
ディーズ, J.　20, 114-115, 118, 120
ティースデイル, S.　133
低賃金問題　245, 247-249, 252
＊ディマジオ, P.　57-58, 64, 69, 79, 105, 130-131, 152-154, 163, 167, 197, 199, 264
動的唯名論　166
＊ドゥフルニ, J.　3, 20, 108, 113, 115, 117, 120, 123, 133-134, 141, 165, 172
同僚関係　187-188

＊遠山真世　188, 233
特異な組織形態としての非営利組織　65, 67
＊富永健一　60
共働事業所　155, 168, 231-234

な 行

ニート　149, 178, 234
＊ニコルス, A.　114-115, 118
二次データ　28
二次分配　40, 59
二次理論　126-127, 130, 256, 260
＊ニッセンス, M.　3, 18-20, 86, 99, 113-115, 117, 120, 133-134, 165, 172, 226
＊仁平典宏　6, 25, 102, 196
日本労働者協同組合連合会（ワーカーズコープ）　154-157, 161, 168, 173, 198
認知　17, 28, 82, 90, 128, 133, 134, 140, 160, 162, 164, 183
＊ヌッセン, W.　11, 65-66, 68-69, 86, 89, 92, 94, 97, 99, 196
能力主義　188-189, 238, 253

は 行

パーソナル・サポート・サービス　26, 35
媒介モデル　10-14, 65, 86, 88-89, 91-99, 102, 256, 258, 268
ハイブリッド組織　107, 114-116, 119, 121-124, 130
＊パウエル, W.　152, 199, 264
＊朴淑姫　70, 100
＊橋本理　47, 66, 70, 121, 133, 146
＊ハセンフェルド, Y.　21, 92, 130, 191, 195, 200, 203, 228
働き方の柔軟性　242, 244, 248
＊ハッキング, I.　142, 166
＊原田晃樹　101, 173
半就労・半福祉　246, 268
＊ハンスマン, H.　66, 99, 101
伴走型支援　26, 34, 177, 185
反能力主義　179, 188-189, 233-234, 247, 250, 253, 257
非営利性　79
非営利組織の起源　105-106, 110, 125, 128-

303

非営利組織の構造・操作的定義　47
非営利組織の行動　105-106, 125-126, 127, 129-131, 135
非営利のロジック　15, 97
ひきこもり　178, 234
非就労困難層　31, 186, 188, 237, 257
必要充足　3, 40, 52, 186, 211, 222, 225, 249-250, 262-264
人々の分類　83, 142
平等　179, 265
＊兵藤釗　60
＊平岡公一　4-5, 33, 46-47
貧困ビジネス　181, 253, 266
ファイラー委員会　76
福祉（小規模）作業所　141, 165, 231-233
福祉国家　3-4, 22-23, 40, 43-45, 266-267
　――（の）再編　3, 21-24, 27, 52, 106, 111, 255, 267
　――の危機　5, 21
福祉多元主義（論）　2, 5, 8, 12, 17, 29, 32-33, 41, 52, 58-60, 111, 255
福祉トライアングル　10, 81-82, 86
福祉の生産　4-5, 17, 29, 31, 53-54, 57, 59, 61-62, 125, 131-132, 135, 139, 165, 171-172, 174, 183, 186, 191, 193, 196-197, 201, 204-205, 224-226, 229-231, 250, 255, 257-258
福祉の生産モデル　53-54, 59, 61-62, 131, 139
福祉の複合体　42, 60, 267
福祉ミックス　10, 32, 46, 59, 71, 80, 93, 131, 256
福祉レジーム　49, 61, 269
＊福原宏幸　24-25, 173-174, 194, 196, 229
＊藤村正之　6-7
＊藤井敦史　3, 18-20, 62, 103, 105, 109, 133, 141, 146, 155, 157, 165, 173-174, 196, 229-230, 237, 249, 259
普遍性　265
扶養家族　245, 248
＊フランキン, P.　77, 84
＊ブランゼン, T.　87, 99, 121
＊フリードランド, R.　15, 89-90, 96, 102, 199

131, 135
「プロジェクト」のロジック　259
ベヴァリッジプラン　22
＊ベヴァリッヂ, W.　4, 22-23, 101
ベーシックインカム　23
＊ペストフ, V.　10, 52, 82, 88, 181
法人格　7, 9, 55, 81-82, 108-112, 124, 126, 128, 133, 160-163, 179, 182, 190, 198, 206, 256
＊ボード, I.　267, 269
ホームレス　18, 24-27, 141, 155-156, 159, 160-161, 179, 183-186, 189-191, 198-199, 234
　――資料センター（調査）報告書　159-160, 161-162, 184-186, 189-190, 199
＊ホール, P. D.　15, 76-79, 101
母子家庭等自立支援大綱　24-25
ボランタリーセクター　5, 32, 77-79, 109
ボランタリーの失敗理論　67
＊ポランニー, K.　86, 93, 117, 134
堀利和　179, 229
＊ボルザガ, C.　235, 245-246
＊ボルタンスキー, L.　259, 268
＊本田由紀　201, 204

ま行

マタイ効果　154, 163
マッチング・ワークショップ　208
＊松本典子　141, 165
みずほ情報総研報告書　159-162, 169
＊ミッチェル, D.　41, 53, 61
三菱UFJリサーチ＆コンサルティング報告書　159, 161-162, 176, 178, 184, 226
＊宮本太郎　22-23, 25, 41, 43-45, 60, 111, 149, 167, 173-175, 186, 196, 198, 202
民主主義のロジック　31, 90, 193, 248-250, 252, 257, 266
民主制　109, 183
メゾレベルの研究　32, 263-264

や行

＊山田真茂留　17, 90, 102, 153, 167, 195, 200
やりがい（仕事への）　235, 241, 244-246, 248, 250

ゆったりとした働き方　242, 244, 246
ユニバーサル就労　31, 199, 202, 204-223,
　　225-227
　──支援室　209-210, 226, 228
　──の一般賃金職員　205, 208, 212-216,
　　220, 223, 227
　──の最賃保障職員　205, 208, 212-216,
　　220-221, 222-223, 227
　──の報酬　212, 218-220, 227
　──の無償コミューター　205, 208, 212-
　　216, 221
　──の有償コミューター　205, 208, 212-
　　216, 221, 223
　──の労働時間　218-220, 223
　──の二重の支援　209, 214, 224-225
寄り添い型支援　26

ら・わ 行

＊ラヴィル, J. L.　11, 22, 49, 88, 101, 115,
　　117, 124, 128, 134, 145, 178
＊ランス, C.　46, 49, 61
＊リート, D.　15, 78-79, 101
利潤の非分配制約　63, 66-68, 100, 108-109,
　　120, 123

連帯型社会的企業　31, 131, 171-174, 179,
　　183, 187-190, 193-194, 196-197, 229-
　　230, 237, 248-250, 252-253, 257, 260,
　　262
　──への入職経路　239
連帯経済　173, 229
労働者協同組合　141, 168
労働政策研究・研修機構　134, 162, 235
労働統合型社会的企業　2-3, 18, 21-22, 26-28
　──の制度化　3, 18, 22, 29-30, 132, 139,
　　145, 153, 164-165, 171, 174-175, 183,
　　194, 196, 201, 256
　──の発見　141
　──の発明　3, 142-143
労働党政権(イギリス)　78
労働力の商品化　192, 195, 203, 228
＊ローマン, R.　67-68, 99
ロックフェラー財団　76
ワーカーズ・コレクティブ　81-82, 133, 141,
　　154-157, 161, 168, 173, 198, 237, 258
ワークファースト　25, 186
ワークフェア　23, 185
若者統合型社会的企業　162

305

《著者紹介》

米澤　旦（よねざわ・あきら）
　1984年　広島県生まれ
　2013年　東京大学大学院人文社会系研究科社会学専門分野博士課程単位取得退学
　現　在　明治学院大学社会学部社会福祉学科准教授・博士（社会学）
　主　著　『労働統合型社会的企業の可能性──障害者就労における社会的包摂へのアプローチ』ミネルヴァ書房，2011年．
　　　　　「障害者と一般就労者が共に働く『社会的事業所』の意義と課題──共同連を事例として」『日本労働研究雑誌』646: 64-75, 2014年.
　　　　　「サードセクター研究の『第三ステージ』──サードセクター組織と規範性をめぐって」『福祉社会学研究』13: 28-41, 2016年．

MINERVA人文・社会科学叢書⑳	
社会的企業への新しい見方	
──社会政策のなかのサードセクター──	

2017年5月20日　初版第1刷発行　　　〈検印省略〉

定価はカバーに
表示しています

著　者　　米　澤　　　旦
発行者　　杉　田　啓　三
印刷者　　藤　森　英　夫

発行所　株式会社　ミネルヴァ書房
607-8494 京都市山科区日ノ岡堤谷町1
電話代表 (075)581-5191番
振替口座 01020-0-8076番

Ⓒ 米澤旦, 2017　　　　　亜細亜印刷・新生製本

ISBN978-4-623-08016-8
Printed in Japan

労働統合型社会的企業の可能性
――障害者就労における社会的包摂へのアプローチ
米澤　旦　著　本体A5判二四〇頁六〇〇〇円

福祉多元化における障害当事者組織と「委託関係」
――自律性維持のための戦略的組織行動
村田文世　著　本体A5判三四〇頁六〇〇〇円

社会的包摂の政治学
――自立と承認をめぐる政治対抗
宮本太郎　著　本体A5判二九〇頁三八〇〇円

現代資本主義と福祉国家
加藤榮一　著　本体A5判三六〇頁六〇〇〇円

福祉資本主義の三つの世界
――比較福祉国家の理論と動態
G.エスピン-アンデルセン　著
岡沢憲芙・宮本太郎　監訳　本体A5判三四〇頁三〇〇〇円

NPOと公共サービス
――政府と民間のパートナーシップ
L.M.サラモン　監訳
江上哲　監訳　本体A5判三二八頁五五〇〇円

ミネルヴァ書房
http://www.minervashobo.co.jp/